财政部规划教材

国际贸易基础

（视频指导版）

赵 轶 主编

中国财经出版传媒集团
经济科学出版社
Economic Science Press

图书在版编目（CIP）数据

国际贸易基础：视频指导版/赵轶主编．—北京：经济科学出版社，2021.7
财政部规划教材
ISBN 978-7-5218-2624-1

Ⅰ.①国… Ⅱ.①赵… Ⅲ.①国际贸易-高等职业教育-教材 Ⅳ.①F74

中国版本图书馆CIP数据核字（2021）第115551号

责任编辑：刘殿和
责任校对：杨 海
责任印制：范 艳

国际贸易基础
（视频指导版）
赵 轶 主编
经济科学出版社出版、发行 新华书店经销
社址：北京市海淀区阜成路甲28号 邮编：100142
总编部电话：010-88191217 发行部电话：010-88191522
网址：www.esp.com.cn
电子邮件：esp@esp.com.cn
天猫网店：经济科学出版社旗舰店
网址：http://jjkxcbs.tmall.com
北京密兴印刷有限公司印装
787×1092 16开 13.75印张 350000字
2021年8月第1版 2021年8月第1次印刷
ISBN 978-7-5218-2624-1 定价：45.00元
（图书出现印装问题，本社负责调换。电话：010-88191510）
（版权所有 侵权必究 打击盗版 举报热线：010-88191661
QQ：2242791300 营销中心电话：010-88191537
电子邮箱：dbts@esp.com.cn）

前言

40多年的改革开放，使中国成为世界上增长最快的经济体之一。加入世界贸易组织20年，中国与其他新兴经济体一起，成为推动世界经济增长日益重要的力量。根据海关总署发布的数据，2020年我国进出口总值32.16万亿元，同比增长1.9%。其中，出口17.93万亿元，增长4%；进口14.23万亿元，下降0.7%。进出口规模均创历史新高，12月当月进出口3.2万亿元，也创下单月最高水平。据世贸组织最新数据，2020年前3季度，中国出口增速高于全球9.6个百分点，国际市场份额大幅跃升，货物贸易第一大国地位更加巩固。

中国对外贸易的迅速发展为国际商务类专业进行职业化教学改革奠定了坚实的社会基础。作为"双高"建设项目成果，本教材围绕高等职业教育改革方向，与合作企业共同进行内容开发，以国际贸易职业工作活动为参照，借鉴德国"学习领域"课程开发思想，构建了"理实一体化"教学素材框架。在编写过程中，遵循职业学习规律，运用职业教育技术，从内容设计的角度，为经管类专业教学解决"工学结合"难题提供了借鉴。

与传统高职教育教材相比，本教材做到了以下创新。

(1) 学习任务驱动教学过程。以任务驱动统领教学过程的实施，极大地诱发了学生学习的自主性、积极性，由过去单一的教师讲学生听的被动行为部分转变为学生的主动探索行为（完成某项实训活动），使学生通过课程学习逐步养成所需的职业能力。完成了"从实践到理论、从具体到抽象、从个别到一般"和"提出问题、解决问题、归纳总结"的教学程序。

(2) 职业技能衔接行业证书。行业、企业技术专家参与教材编写，使教学目标具体、明确、系统，教学内容先进、取舍合理，理论的基础地位变为了服务地位。结构清晰、层次分明，信息传递高效简洁。在方便学生职业技能养成的同时，也兼顾了学生获取相应职业资格证书的需要。

(3) 体例创新增强趣味性。教材一方面吸纳了国外教学参考书的优点，另一方面则考虑到我国高职学生的文化背景和基础教育养成的吸纳知识的习惯，增强了趣味性。在心理结构构建、兴趣动机发展等方面也做了有益的尝试，形成了任务分解、学习目标、课前阅读、正文及服务于正文的资讯、任务小结、学生自我总结等完整的教材功能体系。

（4）思政资源催化育人功能。切实贯彻"课程思政"理念，发挥好专业课程的育人功能，承担起专业课教师在课程教学中的育人责任。设置了思政园地，致力于挖掘国际贸易职业活动中的思想政治教育资源，使其与专业课程的功能同向同行，形成育人合力。

本教材由郝美彦教授审定，赵轶担任主编并编写任务1、任务2、任务3、任务4，且负责大纲修订与全书总撰；郝美彦编写任务5、任务6；郑洁编写任务7、任务8；苏徐编写任务9、任务10。在编写过程中，广泛吸纳了国内同行们的建议，也参阅了国内外一些专家学者的研究成果及相关文献，多家校外实训基地和广东省商会馈赠了一些国内外专业贸易公司的宝贵资料。在此一并表示衷心的感谢。

作为一种探索，尽管我们力求完美，但由于对高职学生职业成长规律的把握、对国际贸易职业活动的认识、理解与分析方面难免存在偏差，敬请读者不吝赐教。

编者

2021年3月

目 录

任务1 国际贸易 ····· (1)
  1.1 国际贸易的含义与分类 ····· (4)
  1.2 国际贸易工作 ····· (9)
  1.3 国际贸易职业 ····· (14)
  小结 ····· (17)
  教学做一体化练习 ····· (17)
  课程思政园地 ····· (20)
  学生自我总结 ····· (21)

任务2 国际分工与贸易政策 ····· (23)
  2.1 国际分工 ····· (26)
  2.2 国际分工理论 ····· (30)
  2.3 国际贸易政策 ····· (34)
  小结 ····· (38)
  教学做一体化练习 ····· (39)
  课程思政园地 ····· (41)
  学生自我总结 ····· (43)

任务3 世界市场 ····· (45)
  3.1 世界市场的构成 ····· (48)
  3.2 世界市场的发展 ····· (50)
  3.3 世界主要市场 ····· (54)
  小结 ····· (59)
  教学做一体化练习 ····· (59)
  课程思政园地 ····· (61)
  学生自我总结 ····· (62)

任务4 关税措施 ····· (65)
  4.1 关税 ····· (68)
  4.2 关税的征收 ····· (73)
  4.3 关税的影响 ····· (78)

小结 ……………………………………………………………………… (81)
　　　教学做一体化练习 ……………………………………………………… (81)
　　　课程思政园地 …………………………………………………………… (84)
　　　学生自我总结 …………………………………………………………… (85)

任务 5　非关税壁垒 …………………………………………………… (87)
　　5.1　数量限制措施 ………………………………………………………… (90)
　　5.2　其他非关税措施 ……………………………………………………… (93)
　　5.3　新型非关税措施 ……………………………………………………… (96)
　　　小结 ……………………………………………………………………… (101)
　　　教学做一体化练习 ……………………………………………………… (101)
　　　课程思政园地 …………………………………………………………… (104)
　　　学生自我总结 …………………………………………………………… (105)

任务 6　出口管理措施 ………………………………………………… (107)
　　6.1　出口鼓励措施 ………………………………………………………… (110)
　　6.2　出口限制措施 ………………………………………………………… (115)
　　6.3　出口管理工作 ………………………………………………………… (118)
　　　小结 ……………………………………………………………………… (121)
　　　教学做一体化练习 ……………………………………………………… (121)
　　　课程思政园地 …………………………………………………………… (124)
　　　学生自我总结 …………………………………………………………… (125)

任务 7　国际贸易协调 ………………………………………………… (127)
　　7.1　国际贸易条约 ………………………………………………………… (130)
　　7.2　关税与贸易总协定 …………………………………………………… (133)
　　7.3　世界贸易组织 ………………………………………………………… (136)
　　　小结 ……………………………………………………………………… (142)
　　　教学做一体化练习 ……………………………………………………… (142)
　　　课程思政园地 …………………………………………………………… (145)
　　　学生自我总结 …………………………………………………………… (146)

任务 8　国际经济现象 ………………………………………………… (149)
　　8.1　经济一体化 …………………………………………………………… (152)
　　8.2　跨国公司 ……………………………………………………………… (156)
　　8.3　国际要素移动 ………………………………………………………… (160)
　　　小结 ……………………………………………………………………… (163)
　　　教学做一体化练习 ……………………………………………………… (164)
　　　课程思政园地 …………………………………………………………… (166)
　　　学生自我总结 …………………………………………………………… (167)

目 录

任务 9　中国对外贸易 ……………………………………………………………（169）
　9.1　中国对外贸易概况 …………………………………………………………（172）
　9.2　中国对外贸易战略 …………………………………………………………（177）
　9.3　中国对外贸易管理 …………………………………………………………（181）
　小结 ………………………………………………………………………………（185）
　教学做一体化练习 ………………………………………………………………（186）
　课程思政园地 ……………………………………………………………………（188）
　学生自我总结 ……………………………………………………………………（189）

任务 10　部分国家对外贸易 ……………………………………………………（191）
　10.1　美国对外贸易 ……………………………………………………………（194）
　10.2　欧盟对外贸易 ……………………………………………………………（196）
　10.3　日本对外贸易 ……………………………………………………………（199）
　小结 ………………………………………………………………………………（203）
　教学做一体化练习 ………………………………………………………………（203）
　课程思政园地 ……………………………………………………………………（206）
　学生自我总结 ……………………………………………………………………（207）

参考文献 …………………………………………………………………………（209）

任务 1　国际贸易

任务1　国际贸易

学习目标

1. 知识目标

能认识国际贸易的含义；能认识国际贸易的分类；能认识国际贸易的作用。

2. 技能目标

能分析国际贸易的发展状况；能初步认识国际贸易工作内容；能初步认识国际贸易职业概况。

3. 思政目标

结合对外贸易作用理解我国开放战略；体会我国对外贸易变化，增强民族自豪感；了解我国对外贸易状况，增强民族自信心。

任务解析

根据国际贸易认知活动工作顺序和职业教育学习规律，国际贸易可以分解为以下子任务。

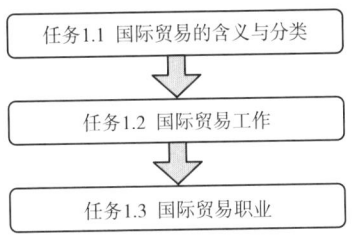

```
任务1.1 国际贸易的含义与分类
        ↓
任务1.2 国际贸易工作
        ↓
任务1.3 国际贸易职业
```

课前阅读

故事要从丝绸之路讲起。公元前139年，张骞受命率人前往西域，寻找并联络曾被匈奴赶跑的大月氏，合力进击匈奴。当他们来到河西走廊一带后，就被占据此地的匈奴骑兵发现。张骞和随从100多人全部被俘。整整过了11个春秋，匈奴的看管才放松了。张骞乘机和他的贴身随从甘父一起逃走，离开匈奴地盘，继续向西行进。一直奔波了好多天，终于越过沙漠戈壁，翻过冰冻雪封的葱岭（今帕米尔高原），来到了大宛国（今费尔干纳盆地）。高鼻子、蓝眼睛的大宛王听说汉朝使者来到时，喜出望外，在国都热情地接见了张骞。在大宛王的帮助下，张骞先后到了康居（今撒马尔罕）、大月氏、大夏等地。但大月氏在阿姆河上游安居乐业，不愿再东进和匈奴作战。张骞未能完成与大月氏结盟夹击匈奴的使命，但却获得了大量有关西域各国的人文地理知识。

张骞在东归返回的途中，再次被匈奴抓获，后又设计逃出，终于历尽千辛万苦，于13年后回到长安。这次出使西域，使生活在中原内地的人们了解到西域的实况，激发了汉武帝"拓边"的雄心，发动了一系列抗击匈奴的战争。

公元前119年，汉王朝为了进一步联络乌孙，断"匈奴右臂"，便派张骞再次出使西域。这次，张骞带了300多人，顺利地到达了乌孙。并派副使访问了康居、大宛、大月氏、大夏、安息、身毒等古国。但由于乌孙内乱，也未能实现结盟的目的。汉武帝派名将霍去病带重兵攻击匈奴，消灭了盘踞河西走廊和漠北的匈奴，建立了河西四郡和两关，开通了"丝绸之路"。并获取了匈奴的"祭天金人"，带回长安。

张骞不畏艰险，两次出使西域，沟通了亚洲内陆交通要道，与西欧诸国正式开始了友好往来，促进了东西经济文化的广泛交流，开拓了丝绸之路。丝绸之路是历史上横贯欧亚大陆的贸易交通线，在历史上促进了欧亚非各国和中国的友好往来。中国是丝绸的故乡，在经由这条路线进行的贸易中，中国输出的商品以丝绸最具代表性。19世纪下半期，德国地理学家李希霍芬（Ferdinand von Richthofen）就将这条陆上交通路线称为"丝绸之路"。此后中外史学家都赞成此说，沿用至今。

问题：
1. 历史上的"丝绸之路"是一条什么样的路？
2. 今天我们所讲的"一带一路"倡议又是什么？

课前阅读

1.1 国际贸易的含义与分类

> **任务提示**：认识国际贸易，特别是从经济意义的角度，认识国际贸易的含义与分类。在此基础上，能够初步理解国际贸易活动。

通过已有知识的积累，我们已经知道，只有当社会生产力发展到一定程度，出现了一定数量的剩余商品，交换才成为可能。这些剩余商品的交换活动扩大到世界范围内的国与国之间，就形成了国际贸易。所以，国际贸易产生的条件是：有可供交换的产品和进行交换的社会实体——国家。

国际贸易的产生与发展是世界各国在国际分工基础上进行广泛联系的重要特征之一，也是经济全球化和贸易自由化范围不断扩大的标志。

1.1.1 国际贸易的含义

一般来讲，人们常常提及的国际贸易是指狭义的国际贸易，即有形商品贸易（货物贸易），主要表现为国家（或地区）之间货物的进口和出口。广义的国际贸易是指除了实物商品的国际交换外，还包括无形贸易，即在国际运输、保险、金融、旅游、通信、技术、劳务输出等方面相互提供的服务。

> **重要概念 1-1**　　　　　　　　　　**国际贸易**
>
> 国际贸易是指世界范围内不同国家（和/或地区）之间所进行的商品、服务和生产要素的交换活动。

我们可以从以下三种称谓来进一步理解国际贸易的含义。

1. 对外贸易

从一个国家或地区的角度来看商品、服务和生产要素的交换活动，又可将其称作对外贸易。某些海岛国家和地区如日本、英国、新西兰等，常用"海外贸易"来表示对外贸易。

2. 国际贸易

从世界角度看，国际贸易是由世界上大多数国家（地区）所参与的一项世界性的交换活动，因此也可将其称作国际贸易、世界贸易或全球贸易。

3. 进出口贸易

对外贸易包括进口贸易和出口贸易。一国（地区）从他国输入商品用于国内生产和消费的全部贸易活动称为进口，而一国向他国输出本国商品的全部贸易活动称为出口。因此，对外贸易也被称为进出口贸易。

相关资讯 1-1　　　　　　　　国际贸易的产生与发展

原始社会末期，由于社会生产力的发展，出现了以畜牧部落从其他部落分离出来为标志的人类社会的第一次大分工，产生了部落与部落之间的交换。人们把这叫作初级对外贸易。人类社会的第二次大分工是手工业从农业中分离出来，于是也就出现了以交换为目的的生产活动，也产生了货币。这样，产品交换就逐渐变成了以货币为媒介的商品生产和商品流通；再随着商品流通的日益扩大，又产生了专门从事商品交换活动的商人和商业。这就是人类社会的第三次大分工，其发生在人类奴隶社会的末期。当这种商品流通的规模扩大到奴隶社会初期已形成的国家的界限以外时，就产生了国际贸易。

国际贸易是在一定的历史条件下产生和发展起来的。形成国际贸易的两个基本条件是：

（1）社会生产力的发展导致可供交换的剩余产品的出现；

（2）国家的形成。

社会生产力的发展产生出用于交换的剩余商品，这些剩余商品在国与国之间交换，就产生了国际贸易。

1.1.2　国际贸易的分类

1. 按照货物流向划分

按照货物流向分为出口贸易、进口贸易、过境贸易、复出口与复进口、净出口与净进口。

（1）出口贸易，是指一国本国生产和加工的货物输往国外市场销售。不属于外销的商品则不算。

例 1-1　一些特殊的商品，如运出国境供驻外使领馆使用的货物、旅客个人使用带出国境的货物均不列入出口贸易。

（2）进口贸易，是指一国从国外市场购进外国货物在本国国内市场销售。不属于内销的货物则不算。

例 1-2　一些特殊的商品，如外国使领馆运进供自用的货物、旅客带入供自用的货物均不列入进口贸易。

（3）过境贸易，是指从甲国经过丙国国境向乙国运送的货物，而货物所有权不属于丙国居民，对丙国来说，是过境贸易。这种贸易对丙国来说，既不是进口，也不是出口，仅仅是货物的过境而已。有些内陆国家同非邻国的贸易，其货物必须经过第三国境。对过境国来说，必须加强对过境贸易货物的海关监管。

（4）复出口与复进口。复出口是指输入本国的外国货物未经加工而再输出。出口商往往属于中间商，赚取进出口差价。复进口是指输出国外的本国货物未经加工而再输入。

例 1-3 国际贸易活动中，货物出口后遭退货、未售出的货物的退回等，都属于复进口。这些情形往往会给出口商带来经济损失。

（5）净出口与净进口。一国在某种货物贸易上既有出口也有进口，如果出口值大于进口值，称为净出口；反之，如果进口值大于出口值，则称为净进口。某项商品出口值大于进口值的国家，称为该货物贸易的净出口国，表明该国在该种货物贸易中整体居于优势；反之，某项货品进口值大于出口值的国家，称为该项货物贸易的净进口国，表明该国在该项货物整体贸易中居于劣势地位。

2. 按照贸易统计标准划分

按照贸易统计标准分为总贸易、专门贸易。

（1）总贸易，是指以国境为标准划分和统计的进出口贸易。凡进入国境的外购商品一律列为进口，称为总进口；凡离开国境的外销商品一律列为出口，称为总出口。总进口值与总出口值相加就是一国的总贸易值。这种对外贸易统计标准被日、美、英、加等国采用，我国也采用这种统计方法。

（2）专门贸易，是指以关境为标准划分和统计的进出口贸易。一般来说，国家的关境与国境是一致的。但实际上却有很多国家的关境与国境并不完全一致，因为建有自由贸易区或保税区。以关境为标准统计对外贸易的国家规定，当外国商品进入国境后，如果暂时存放在保税区，不进入关境，则这些商品一律不列入进口。只有从国外进入关境后的商品，以及从保税区提出后进入关境的商品，才列入进口，称为专门进口。相反，从国内运出关境的商品，即使没有运出国境，也被列入专门出口。专门出口值与专门进口值相加即为专门贸易值。这种对外贸易统计标准被意、法、德、瑞士等国采用。

由于各国的统计标准不同，联合国发布的各国对外贸易值资料，一般都注明是总贸易值还是专门贸易值。目前，采用总贸易值统计标准的国家居多，大约有90多个国家（地区）。

3. 按照贸易内容划分

按照贸易的内容分为货物贸易、服务贸易和技术贸易。

（1）货物贸易，指有形商品的国际交易，也称为有形贸易。

例 1-4 《联合国国际贸易标准分类》把国际货物分为10大类。这10大类货物分别为：0类为食品及主要供食用的活动物；1类为饮料及烟类；2类为燃料以外的非食用粗原料；3类为矿物燃料、润滑油及有关原料；4类为动植物油脂及油脂；5类为未列名化学品及有关产品；6类为主要按原料分类的制成品；7类为机械及运输设备；8类为杂项制品；9类为没有分类的其他商品。在国际贸易统计中，一般把0~4类商品称为初级产品，把5~8类商品称为制成品。海关统计的是有形贸易数字。

（2）服务贸易，指无形商品的国际交易，也称为无形贸易。服务业包括12个部门，即商业、通信、建筑、销售、教育、环境、金融、卫生、旅游、娱乐、运输及其他。服务贸易值在各国国际收支表中只得到部分反映，不计入各国海关统计。

（3）技术贸易，是指技术跨越国界进行有偿转让的交易。主要包括许可贸易，工业产权、非工业产权的转让，技术服务与技术咨询，合作生产与合作设计，工程承包，与设备买卖相结合的技术贸易。

4. 按照有无第三方参与划分

按照有无第三方参与分为直接贸易、间接贸易和转口贸易。

（1）直接贸易，是指商品生产国和商品消费国不通过第三国而直接买卖商品的行为。直接贸易的双方直接谈判、直接签约、直接结算、货物直接运输。此概念也泛指贸易活动的买卖双方的直接交易。

（2）间接贸易，是指商品生产国和商品消费国通过第三国所进行的商品买卖行为。此类贸易因为各种原因，出口国与进口国之间不能直接进行洽谈、签约和结算，必须借助于第三国的参加。

（3）转口贸易，是指商品生产国和商品消费国不是直接买卖商品，而是通过第三国进行买卖，对第三国来说，称为转口贸易。转口贸易的货物可以直接运输或转口运输。直接运输是指货物直接从生产国运往消费国；转口运输是指货物从生产国先运进转口国，但未加工或只经简单改装（如唛头、重新包装等），再运往消费国。

转口贸易不同于过境贸易。转口贸易的货物的所有权因转口商的买卖而发生转移，而过境贸易的货物的所有权没有发生转移。

例 1-5 转口贸易已有数百年历史，伦敦、鹿特丹、新加坡是著名的转口贸易港。第二次世界大战后转口贸易在我国香港特别行政区、新加坡、日本等地发展甚为迅速，并成为这些地区对外贸易的一个重要组成部分。

5. 按参与贸易国家的多少划分

按参与贸易国家的多少划分为双边贸易和多边贸易。

（1）双边贸易，是指由两国参加，双方的贸易是以相互出口和相互进口为基础进行的，贸易支付在双边交易基础上进行结算，自行进行外汇平衡。这类方式多适用于外汇管制的国家。有时，双边贸易也泛指两国间的贸易关系。

（2）多边贸易，是指三个以上国家之间相互进行若干项目的商品交换、相互进行多边清算的贸易行为。此类方式有助于若干个国家相互贸易时，用对某些国家的出超支付对另一些国家的入超，从而寻求外汇平衡。当贸易项目的多边结算仍然不能使外汇平衡时，也可用非贸易项目的收支来进行多边结算。

例 1-6 甲、乙、丙三国，甲对乙出超 1 000 万美元，乙对丙出超 1 000 万美元，丙对甲出超 1 000 万美元。从双边贸易角度看，任何一国都有 1 000 万美元出超，也有 1 000 万美元入超，但任何两国之间都不能保持贸易平衡。通过签订多边贸易协定，相互以其出超抵偿入超，则三国的贸易收支都能得到平衡。

6. 按照运输方式划分

按照货物运输方式划分，可以分为陆路贸易、海路贸易、空运贸易和邮购贸易。

（1）陆路贸易，是指采用汽车、火车和管道等陆路运输方式的贸易。陆地相邻国家的贸易通常采用陆路运送货物的方式。

（2）海洋贸易，是指利用各种船舶通过海洋运输商品的贸易。由于海运具有运量大、运费低等优点，国际贸易中 80% 以上的货物是通过海洋贸易完成的。

（3）空运贸易，是指利用飞机运送商品的贸易。航空运输运费较高，一般适用于贵重物品、紧急药品、精密元件和保鲜商品等的贸易。

（4）邮购贸易，是指采用邮政包裹的方式寄送货物的贸易。对数量不多而又急需的商品可采用邮购贸易。其速度比空运慢，但费用较之低廉。

相关资讯 1-2　　　　　　　　国际贸易的作用

对于一国和世界来讲，国际贸易具有以下作用：

（1）国际贸易对国民的作用：①增加国民福利。②满足国民不同的需求偏好。③提高国民生活水平。④影响国民的文化和价值观。⑤提供就业岗位。

（2）国际贸易对企业的作用：①强化品质管理，提高企业效益。②在产品品质竞争中立于不败之地。③有利于国际间的经济合作和技术交流。④有利于企业自我改进能力的提高。⑤有效地避免产品责任。

（3）国际贸易对单一国家的作用：①调节各国市场的供求关系。②延续社会再生产。③促进生产要素的充分利用。④发挥比较优势，提高生产效率。⑤提高生产技术水平，优化国内产业结构。⑥增加财政收入。⑦加强各国经济联系，促进经济发展。

（4）国际贸易对世界的作用：①国际贸易是世界各国参与国际分工，实现社会再生产顺利进行的重要手段。②国际贸易是世界各国间进行科学技术交流的重要途径。③国际贸易是世界各国进行政治、外交斗争的重要工具。④国际贸易是世界各国对外经济关系的核心。⑤国际贸易是国际经济中"传递"的重要渠道。

同步实训

实训目的：

加深学生对国际贸易含义的理解。

实训安排：

1. 要求学生网络搜索国际贸易的起源、形成与发展资料，讨论其变化历程；
2. 写出书面作业并展示、讨论、评价。

教师注意事项：

1. 由一般贸易事例导入对国际贸易活动的认知；
2. 分组搜索资料，查找世界上、我国进出口贸易活动的早期表现；
3. 组织其他相应学习资源。

资源（时间）：

1 课时、参考书籍、案例、网页。

评价标准

表现要求	是否适用	已达要求	未达要求
小组活动中，外在表现（参与度、讨论发言积极程度）			
小组活动中，对概念的认识与把握的准确程度			
小组活动中，分工任务完成的成效与协作度			
小组活动中，作业或报告制作的完整与适用程度			

1.2 国际贸易工作

> 任务提示：认识国际贸易工作，特别是从企业进出口经营环境的角度，认识国家国际贸易统计工作。在此基础上，能够理解国际贸易发展状况对业务活动的影响。

一个国家政府出于管理对外贸易的需要，常常会对国际贸易活动进行数据统计与分析，在此基础上，制定出台一系列有针对性的政策与措施。这些政策与措施对我们业务活动的开展有着重大影响，作为进出口贸易一线人员，我们应该能够看懂这些数据背后隐含的事实和可能对业务活动带来的影响。

1.2.1 国际贸易的统计

国家政府部门，如商务部、海关总署对国际贸易进行统计分析，一般会运用以下指标。

1. 贸易额

贸易额，又称贸易值，是指用货币表示的反映贸易规模的指标。它通常分为对外贸易额与国际贸易额。

（1）对外贸易额，又称对外贸易值，是指一国（或地区）在一定时期内以货币表示的进出口商品的总值。各国一般都用本国货币表示本国的对外贸易额，但由于美元长期以来是国际贸易中主要结算货币与国际储备货币，在国际上使用最为广泛。因此，也有一些国家是用美元来表示本国对外贸易额的，联合国编制和发表的世界各国对外贸易额的资料也是以美元来表示的，我国也是如此。

例 1-7　据商务部网站统计数据，2020 年我国货物贸易进出口总额达到 46 470.63 亿美元，其中：出口总额达到 25 903.87 亿美元，进口总额达到 20 566.75 亿美元，贸易顺差为 3 337.12 亿美元。[①]

（2）国际贸易额，又称国际贸易值，是指在世界范围内，所有国家和地区在一定时期内以货币表示的进出口商品价值总额。从世界范围看，一国的出口就是另一国的进口。如果把世界各国各地区的进口额加上出口额，就会造成重复计算。因此，根据世界贸易组织的规定，通常是将世界各国在一定时期内以离岸价格（FOB）计算的出口贸易额之和，作为国际贸易额。

例 1-8　世界贸易组织 2019 年 4 月 2 日发布报告称，2018 年全球贸易量较上年增加 3.0%，增幅较 2017 年回落 1.6 个百分点。受美中贸易摩擦直接影响，全球贸易增速放缓。2019 年增幅将进一步回落，预计降至 2.6%。中国货物贸易进出口总额达到 4.623 万亿美元，连续 2 年居世界第一。位列第二的美国为 4.278 万亿美元，日本以 1.487 万亿美

[①] 商务部网站。

元排在第四。①

以货币表示的贸易额，由于受价格变动的影响，常常不能真实地反映贸易的实际规模，因此，需要以贸易量指标来反映国际贸易的规模。

2. 贸易量

贸易量分为对外贸易量与国际贸易量。

对外贸易量是指一国在一定时期内用计量单位（如数量、重量、面积、容积）表示的进出口贸易规模的指标。由于它是按照实物的计量单位进行计算，因而准确度较高。

国际贸易量是指以一定时期的不变价格为标准，来计算各个时期世界进出口贸易额。具体做法是用出口价格指数除以出口额，这样就得出了以不变价格计算的国际贸易实际规模的近似值。由于这个数值消除了价格变动的影响，只反映数量的变化，因而被称为国际贸易量。以一定时期为基期的贸易量与各个时期的贸易量相比较，就得出了表示贸易量变动的物价指数。西方国家一般都用这种方法来计算贸易量的变动，反映贸易规模实际变动情况。

3. 贸易差额

贸易差额是指在一定时期内（通常为1年），一个国家的出口总值与进口总值之间的差额。如果出口值大于进口值，就是存在贸易出超，或者称为贸易顺差、贸易盈余；反之，如果进口值大于出口值，称为贸易入超，或者称为贸易逆差、贸易赤字。当一国的进口额与出口额相等时，则称之为贸易平衡。通常贸易顺差用正数来表示，贸易逆差用负数表示。

例 1-9 2012 年中国对外贸易处于顺差地位，顺差额为 2 311 亿美元；而同期美国的对外贸易则处于逆差地位，逆差额达 5 404 亿美元，比 2011 年的 5 599 亿美元减少 3.5%。②

贸易差额是衡量一国对外贸易状况的重要指标。一般来说，贸易顺差表明一国在对外贸易收支上处于有利地位，而贸易逆差则表明一国在对外贸易收支上处于不利境地。单纯从国际收支的角度来看，当然是顺差比逆差好。但是，长期保持顺差也不一定是件好事。首先，长期顺差则意味着大量的资源通过出口而输往了外国，得到的只是资金积压；其次，巨额顺差往往会使本币升值，从而不利于扩大出口，且还会造成同其他国家的贸易关系紧张。

4. 贸易条件

贸易条件是指一个国家或地区以出口交换进口的条件，即出口与进口的交换比例。它有两种表示方法：一是用物物交换表示，即用实物形态来表示的贸易条件，它不涉及货币因素和物价水平的变动。当出口产品能交换到更多的进口产品时，称作贸易条件改善；反之，如出口产品只能交换到较少的进口产品时，则称为贸易条件恶化。二是用价格或价格指数来表示的贸易条件，通常是用一定时期内一国（或地区）出口商品价格指数与进口商品价格指数之比，即贸易条件指数（或系数）来表示。

$$贸易条件指数 = 出口价格指数 \div 进口价格指数 \times 100\%$$

例 1-10 某国以 2019 年为基准年，其进出口价格指数均定为 100。到 2020 年，出口商品价格上涨 6%，进口价格指数下降 3%，即 2020 年出口价格指数为 106，进口价格指数为 97。则贸易条件指数 = 106 ÷ 97 × 100 = 109.3。

---

① 世界贸易组织《2019 全球贸易报告》。
② 商务部网站。

2020年进出口贸易条件指数大于基准年进出口价格指数9.3%，这表明该国贸易条件改善，交易比率上升，即同等数量的出口商品能换回比基期更多的商品。如果出现相反的情况，则视为贸易条件恶化。

5. 对外贸易依存度

> **重要概念 1-2　　　　　　　　外贸依存度**
>
> 　　外贸依存度是指用一国对外贸易额在其国民生产总值（或国内生产总值）中所占的比重来表示一国国民经济对进出口贸易的依赖程度，或国际贸易对经济增长的贡献度。它主要用于反映一国对外贸易在国民经济中的地位。

对外贸易依存度简称外贸依存度，又称外贸系数、外贸率、外贸贡献度和经济开放度。一般而言，从横向比较，若一国外贸依存度越高，则对外贸易在国民经济中的作用越大，与外部的经贸联系越多，经济开放度也越高；从纵向比较，若一国外贸依存度提高，则不仅表明其外贸增长率高于国民生产总值（或国内生产总值）增长率，还意味着其对外贸易对经济增长的作用加大，其经济开放度提高。

相关资讯 1-3　　　　　　　　外贸依存度的计算

外贸依存度 = 一国一定时期进出口总额/同期 GDP × 100%

出口依存度 = 一国一定时期出口总额/同期 GDP × 100%

进口依存度 = 一国一定时期进口总额/同期 GDP × 100%

外贸依存度还可分为出口依存度和进口依存度，前者是指一国出口额在其国民生产总值（或国内生产总值）中所占的比重；后者是指一国进口额在其国民生产总值（或国内生产总值）中所占的比重。

6. 贸易商品结构

（1）对外贸易商品结构，是指一定时期内一个国家（或地区）进出口贸易中各种商品的构成，即某大类或某种商品进出口贸易与整个进出口贸易额之比，以份额表示。一国对外贸易商品结构可以反映出该国的经济发展水平、产业结构状况、科技发展水平等。

发达国家对外贸易商品结构是以进口初级产品、出口工业制成品为主；而发展中国家的对外贸易商品结构则是以出口初级品、进口工业成品为主。

例 1-11　2018 年，中国出口商品结构显示，机电产品出口 9.65 万亿元，增长 7.9%，占我国出口总值的 58.8%，比 2017 年提升 0.4 个百分点。其中，汽车出口增长 8.3%，手机出口增长 9.8%。同期，服装、玩具等 7 大类劳动密集型产品合计出口 3.12 万亿元，增长 1.2%，占出口总值的 19%。[①]

（2）国际贸易商品结构，是指一定时期内各大类商品或某种商品在整个国际贸易中的构成，即各大类商品或某种商品贸易额与整个世界出口贸易额之比，以比重表示。国际贸易商品结构可以反映出整个世界的经济发展水平、产业结构状况和科技发展水平。

7. 贸易地理方向

（1）对外贸易地理方向，又称对外贸易地区分布或国别结构，是指一定时期内各个国

[①] 商务部网站。

家或区域集团在一国对外贸易中所占有的地位，通常以它们在该国进出口总额或进口总额、出口总额中的比重来表示。对外贸易地理方向指明一国出口商品的去向和进口商品的来源，从而反映一国与其他国家或区域集团之间经济贸易联系的程度。

例 1-12 据中国海关统计，2018 年，除了欧盟、美国、东盟等传统贸易伙伴之外，我国外贸市场多元化取得了积极进展，与"一带一路"沿线国家、非洲、拉丁美洲进出口增速分别高出了整体 3.6 个、6.7 个和 6 个百分点。[①]

（2）国际贸易地理方向，亦称国际贸易地区分布，用以表明世界各洲、各国或各个区域集团在国际贸易中所占的地位。计算各国在国际贸易中的比重，既可以计算各国的进出口额在世界进出口总额中的比重，也可以计算各国的进出口总额在国际贸易总额（世界进出口总额）中的比重。

1.2.2 企业对外贸易工作

企业对外贸易工作主要包括询价与报价、订货签约、确定付款方式、备货与包装、办理通关手续、装船、运输保险、制单结汇等。

1. 询价与报价

企业对外贸易工作一般是由产品的询价、报价作为开始。其中，对于出口产品的报价主要包括产品的质量等级、产品的规格型号、产品是否有特殊包装要求、所购产品量的多少、交货期的要求、产品的运输方式、产品的材质等内容。

2. 订货签约

贸易双方就报价达成意向后，买方企业正式订货并就一些相关事项与卖方企业进行协商，双方协商认可后，需要签订《购货合同》。在签订《购货合同》过程中，主要对商品名称、规格型号、数量、价格、包装、产地、装运期、付款条件、结算方式、索赔、仲裁等内容进行商谈，并将商谈后达成的协议写入《购货合同》。这标志着进出口业务的正式开始。通常情况下，签订购货合同一式两份由双方盖本公司公章生效，双方各保存一份。

3. 确定付款方式

贸易双方还必须确定好付款方式，并写入合同。比较常用的国际付款方式有三种，即信用证付款方式、电汇付款方式和直接付款方式。

4. 备货与包装

备货在整个贸易流程中，占到举足轻重的地位，须按照合同逐一落实。备货的主要核对内容为：货物品质、规格，应按合同的要求核实；货物数量保证满足合同或信用证对数量的要求；备货时间应根据信用证规定，结合船期安排，以利于船货衔接。

根据货物的不同，来选择包装形式（如纸箱、木箱、编织袋等）。不同的包装形式其包装要求也有所不同。

5. 办理通关手续

通关手续极为烦琐又极其重要，如不能顺利通关则无法完成交易。须由通过中国海关报关协会组织的报关员水平测试的有关人员持箱单、发票、报关委托书、出口结汇核销单、出

---

① 中国海关总署。

口货物合同副本、出口商品检验证书等文本去海关办理通关手续。

6. 装船、运输与保险

在货物装船过程中，可以根据货物的多少来决定装船方式，并根据《购货合同》所定的险种来进行投保。通常双方在签订《购货合同》中已事先约定运输保险的相关事项。

7. 制单结汇

提单是出口商办理完出口通关手续、海关放行后，由外运公司签出、供进口商提货和结汇所用单据。进口海运货物时，进口商必须持正本提单、箱单、发票来提取货物（须由出口商将正本提单、箱单、发票寄给进口商）。

出口货物装船之后，进出口公司即应按照信用证的规定，正确缮制（箱单、发票、提单、出口产地证明、出口结汇等）单据。在信用证规定的交单有效期内，递交银行办理议付结汇手续。

相关资讯 1-4　　　　　　　　国际贸易产生与发展的原因

（1）生产力进步，分工细化，导致生产效率的极大提高，在满足本国之后有剩余出口；

（2）科技进步，包括交通运输、冷冻技术、重型货轮等，为长途贸易提供必要条件；

（3）两次世界大战打破了原有的殖民体系，成立了联合国和WTO，为各国自由竞争创造了条件；

（4）人类思想的不断进步，包括经济学说等。

同步实训

实训目的：

加深学生对国际贸易工作的理解。

实训安排：

1. 网络搜索2012年我国对外贸易发展状况资料，并对比讨论其变化；
2. 讨论企业进出口贸易工作的内容。

教师注意事项：

1. 由一般贸易发展事例导入对国际贸易工作的认知；
2. 分组搜索资料，查找企业进出口贸易活动、管理工作内容；
3. 组织其他相应学习资源。

资源（时间）：

1课时、参考书籍、案例、网页。

评价标准

表现要求	是否适用	已达要求	未达要求
小组活动中，外在表现（参与度、讨论发言积极程度）			
小组活动中，对概念的认识与把握的准确程度			
小组活动中，分工任务完成的成效与协作度			
小组活动中，作业或报告制作的完整与适用程度			

1.3 国际贸易职业

任务提示：认识国际贸易职业，特别是从企业进出口工作的角度，认识国际贸易职业活动的岗位、职责。在此基础上，能够初步认识国际贸易职业。

1.3.1 国际贸易职业岗位

国际贸易业务活动中，主要有以下职业岗位。

1. 国际货运代理

国际货运代理是国际贸易业务活动中的重要岗位之一，其主要职责是接受进出口货物收货人、发货人的委托，以委托人或自己的名义，为委托人办理国际货物运输及相关业务，并收取劳务报酬。

从基本性质看，国际货运代理人主要是接受委托方的委托，就有关货物运输、转运、仓储、装卸等事宜，与货物托运人订立运输合同，同时又与运输部门签订合同的人，对货物托运人来说，国际货运代理人又是货物的承运人。相当部分的货物代理人掌握各种运输工具和储存货物的库场，在经营其业务时办理包括海陆空在内的货物运输。

2. 国际商务单证员

国际商务单证员，是指在对外贸易结算业务中，买卖双方凭借在进出口业务中应用的单据、证书来处理货物的交付、运输、保险、商检、结汇等工作的人员。国际商务单证员岗位主要职责有审证、制单、审单、交单与归档等一系列业务活动，具有工作量大、涉及面广、时间性强与要求高等特点。具体包括：负责进出口相关单证的制作、管理及信用证审核；收集和整理各种单证；跟踪每票货物的送货情况，统计核对相关数据；及时准确与货代公司联系装箱，送仓工作；在整个过程中，完成与业务员、跟单员以及客户、货代各方面的协调工作；协助参与收付汇，外汇核销以及退税的跟踪。

3. 外贸业务员

在进出口业务中，外贸业务员岗位的主要职责是：从事寻找客户、贸易磋商、签订合同、组织履约、核销退税、处理争议等进出口业务全过程操作和管理。外贸业务员完成的是一个业务面的工作。

外贸业务员应具备市场营销能力、商务谈判能力、函电处理能力、业务操作能力、综合管理能力、信息处理能力、人际沟通能力、持续学习能力等职业能力。

4. 外贸跟单员

外贸跟单员的主要职责是在出口贸易业务环节，在外销员签订贸易合同后，承担各类单证运转，衔接合同、货物、单证、订船、报检、保险、报关等环节，协助外销员按贸易合同规定交货的业务助理。外贸跟单员是21世纪以来随着中国国际贸易发展、业务细分出现的一个新岗位。

跟单员分为业务跟单员、外贸跟单员、生产跟单员。

5. 报关员

报关员岗位主要职责：按照规定如实申报出口货物的商品编码、商品名称、规格型号、实际成交价格、原产地及相应优惠贸易协定代码等报关单有关项目，并办理填制报关单、提交报关单证等与申报有关的事宜；申请办理缴纳税费和退税、补税事宜；申请办理加工贸易合同备案（变更）、深加工结转、外发加工、内销、放弃核准、余料结转、核销及保税监管等事宜；申请办理进出口货物减税、免税等事宜；协助海关办理进出口货物的查验、结关等事宜；应当由报关员办理的其他报关事宜。

2014年起，全国报关员资格考试改称"报关水平测试"，并由中国报关协会组织进行。

6. 报检员

报检员岗位主要职责：在外贸企业、代理报检企业等企业和机构中专业从事出入境检验检疫报检业务。具体包括：负责进出口货物的申报、查验、包装、验证、检验、检疫等工作；接收并核对客服提供的报检单据；陪同检疫人员查货；配合报检录入员做好系统的录入工作；与客户确认相关的货物信息；整理报检单及相关报检文件。

2014年起，全国报检员考试改称"报检水平测试"，并由中国出入境检验检疫协会组织进行。

1.3.2　国际贸易与国内贸易的区别

从职业活动的角度看，作为贸易本身来讲，国际贸易和国内贸易有许多同属于流通领域的共同特征。但作为跨越国界的经济活动，国际贸易职业活动又有许多独特之处。

1. 文化环境差异大

（1）语言不同。国际贸易中各国如果使用同一种语言，将不会有语言困难。但实际上各国语言差别很大。为了使交易顺利进行，必须采用一种共同的语言。当今国际贸易通行的商业语言是英语。

（2）社会制度、宗教、风俗习惯不同。在国际贸易中，宗教的影响显而易见。在国际上具有重大影响的宗教有基督教、伊斯兰教、印度教、佛教，这些宗教对人们的价值观、态度、风俗习惯和审美观产生了重大影响。比如，在商务谈判中，美国人常将不行动或者沉默理解为消极的迹象，而日本人却以沉默来促使商务伙伴改善交易条件。

2. 政策环境影响大

（1）贸易政策与措施不尽相同。为了争夺市场，保护本国工业和市场，各国往往采取"奖出限入"的贸易政策与措施。在WTO规则的管理下，不利于国际贸易发展的政策与措施正在逐步取消，一些政策与措施正在逐步规范。在规范的前提下，仍然允许各国根据本国情况，保留一些过渡性的政策与措施。总之，世界各国贸易政策与措施在趋向一致的同时，仍然具有很大的差异性。

（2）各国的货币与度量衡差别很大。国际贸易双方因国度不同，所使用的货币和度量衡制度会有所不同。在浮动汇率下，对外贸易以何种货币计价？两国货币如何兑换？各国度量衡不一致时如何换算？采用何种单位为准？等等，使得对外贸易比国内贸易更加复杂。

（3）海关制度及贸易法规不同。各国都设有海关，对于货物进出口都有准许、管制或禁止等规定。货物出口不但要在输出国家的输出口岸履行报关手续,而且出口货物的种类、品质、规格、包装和商标也要符合输入国家的各种规定。通常货物进口报关手续比出口报关手续更为复杂、烦琐。

(4) 国际汇兑复杂。国际贸易货款的清偿多以外汇支付,而汇价依各国采取的汇率制度和外汇管理制度而定,这使国际汇兑相当复杂。

(5) 贸易环节众多。如国际贸易运输,一要考虑运输工具,二要考虑运输合同的条款、运费、承运人与托运人的责任,还要办理装卸、提货手续。为了避免国际贸易货物运输中的损失,还要对运输货物进行保险。

3. 对外贸易风险大

(1) 信用风险。在国际贸易中,自买卖双方接洽开始,要经过报价、还价、确认而后订约,直到履约。在此期间,买卖双方的财务状况可能发生变化,有时甚至危及履约,导致信用风险。

(2) 商业风险。在国际贸易中,因货样不符、交货期晚、单证不符等,进口商往往拒收货物,从而给出口商造成商业风险。

(3) 汇兑风险。在国际贸易中,交易双方必有一方要以外币计价。如果外汇汇率不断变化,信息不灵,就会出现汇兑风险。

(4) 运输风险。国际贸易货物运输里程一般超过国内贸易,因此,在运输过程中发生的风险也随之增多。

(5) 价格风险。贸易双方签约后,货价可能上涨或下跌,对买卖双方造成风险。而对外贸易是大宗交易,故价格风险更大。

(6) 政治风险。一些国家政治变动,贸易政策法令不断修改,常常使经营贸易的厂商承担很多政治变动带来的风险。

相关资讯1-5　　　　　　国际贸易职业相关资格考试

(1) 国家货代从业人员岗位资格考试。报考条件:具有高中以上学历,有一定的国际货运代理实践经验,或已接受过国际货运代理业务培训并有志于从事国际货运代理业务的人员。报名时间为每年5~6月;考试时间为11月。

(2) 国际商务单证员统一考试。报考条件:具有一定的国际商务单证实践经验或已接受过国际商务单证业务培训的从事国际商务单证业务的在职人员。具有高中以上学历并有志从事国际商务单证工作的求职人员或在校学生。报名时间为每年3~5月;考试时间为6月。

(3) 全国外贸跟单员考试。考试内容包括外贸跟单基础知识(含英语)、外贸跟单操作实务(含英语)。

(4) 报检水平测试。报考条件:年满18周岁,具有完全民事行为能力,且具有高中毕业或中等专业学校毕业及以上学历。考试内容:基础知识,包括检验检疫有关法律、报检业务基础等;职业技能,包括国际贸易基础知识、商品编码、法检目录、外贸合同、信用证、检验检疫证书等。

(5) 报关水平测试。报考条件:年满18周岁,具有完全民事行为能力,且具有大专及以上学历。考试内容:报关基础知识,主要包括对外贸易及对外贸易管理、海关及海关管理、报关及报关管理等;报关业务技能,主要包括进出境报关、保税加工报备报核、商品归类、报关单填制、报关核算等。

任务1 国际贸易

同步实训

实训目的：
加深学生对国际贸易职业的理解。

实训安排：
1. 网络搜索我国对外贸易职业发展状况，并对比讨论其变化；
2. 讨论企业进出口贸易职业岗位工作的内容。

教师注意事项：
1. 由一般贸易发展事例导入对国际贸易职业发展的认知；
2. 分组搜索资料，查找企业进出口贸易职业岗位任务、管理工作内容；
3. 组织其他相应学习资源。

资源（时间）：
1课时、参考书籍、案例、网页。

评价标准

表现要求	是否适用	已达要求	未达要求
小组活动中，外在表现（参与度、讨论发言积极程度）			
小组活动中，对概念的认识与把握的准确程度			
小组活动中，分工任务完成的成效与协作度			
小组活动中，作业或报告制作的完整与适用程度			

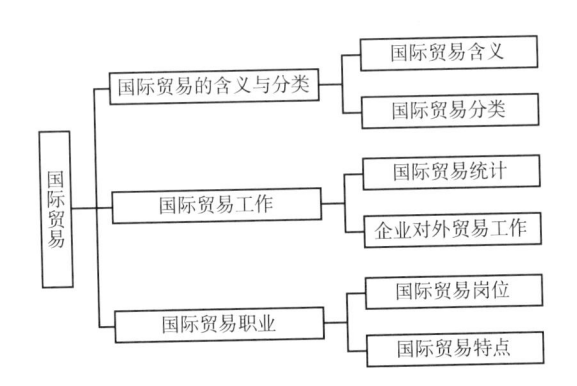

小　　结

```
                          ┌─ 国际贸易含义
        ┌─ 国际贸易的含义与分类 ─┤
        │                  └─ 国际贸易分类
        │
国际贸易 ─┤                  ┌─ 国际贸易统计
        ├─ 国际贸易工作 ────────┤
        │                  └─ 企业对外贸易工作
        │
        │                  ┌─ 国际贸易岗位
        └─ 国际贸易职业 ────────┤
                           └─ 国际贸易特点
```

教学做一体化练习

重要概念
国际贸易　对外贸易　对外贸易依存度

课堂讨论

1. 国际贸易与对外贸易。
2. 社会发展分工与国际贸易。
3. 贸易条件的意义。
4. 对外贸易依存度的意义。
5. 你所了解的贸易事例。

课后自测

选择题

1. 对外贸易差额包括（　　）情况。
   A. 贸易顺差　　　B. 贸易逆差　　　C. 贸易平衡　　　D. 出超
   E. 入超
2. 对外贸易按照货物流向可分为（　　）。
   A. 进口贸易　　　　　　　　　　　B. 出口贸易
   C. 净出口与净进口　　　　　　　　D. 复出口与复进口
3. 对外贸易按照交易内容可分为（　　）。
   A. 货物贸易　　　B. 服务贸易　　　C. 技术贸易　　　D. 有形贸易
   E. 无形贸易
4. 对外贸易按照是否有第三方参加可分为（　　）。
   A. 直接贸易　　　B. 转口贸易　　　C. 间接贸易　　　D. 有形贸易
5. 跟单员分为（　　）。
   A. 业务跟单员　　B. 外贸跟单员　　C. 生产跟单员　　D. 海关跟单员
6. 对外贸易风险主要有（　　）。
   A. 信用风险　　　B. 汇兑风险　　　C. 运输风险　　　D. 商业风险
   E. 价格风险
7. 对外贸易依存度又称为（　　）。
   A. 外贸系数　　　B. 外贸率　　　　C. 外贸贡献度　　D. 经济开放度

判断题

1. 国际贸易和对外贸易实质上是一样的。　　　　　　　　　　　　　　（　）
2. 狭义的国际贸易即指无形贸易。　　　　　　　　　　　　　　　　　（　）
3. 我国也采用总贸易统计方法。　　　　　　　　　　　　　　　　　　（　）
4. 由于海运具有运量大、运费低等优点，国际贸易中80%以上的货物是通过海洋贸易完成的。　　　　　　　　　　　　　　　　　　　　　　　　　　　　　　（　）
5. 根据世界贸易组织的规定，通常是将世界各国在一定时期内以离岸价格（FOB）计算的出口贸易额之和，作为国际贸易额。　　　　　　　　　　　　　　　　（　）
6. 企业对外贸易工作一般是由产品的询价、报价作为开始。　　　　　　（　）
7. 通关手续极为烦琐又极其重要。　　　　　　　　　　　　　　　　　（　）
8. 单证员的主要工作具有工作量大、涉及面广、时间性强与要求高等特点。（　）

简答题

1. 国际贸易形成的原因有哪些？

2. 国际贸易的作用有哪些？
3. 对外贸易依存度能够说明什么？
4. 国际贸易形成与发展的原因是什么？
5. 国际贸易职业岗位有哪些？
6. 国际贸易职业资格考试有哪些？

案例分析

中国青年报客户端北京2021年1月14日电（中青报·中青网见习记者 赵丽梅），在国新办新闻发布会上，海关总署新闻发言人、统计分析司司长李魁文表示，2020年，我国成为全球唯一实现经济正增长的主要经济体，外贸进出口明显好于预期，外贸规模再创历史新高。"交出了一份亮眼成绩单"。

据海关统计，2020年，我国货物贸易进出口总值32.16万亿元，比2019年增长1.9%。其中，出口17.93万亿元，增长4%；进口14.23万亿元，下降0.7%；贸易顺差3.7万亿元，增加27.4%。

具体来看，2020年我国外贸进出口情况主要呈现六方面特点：进出口规模创历史新高、外贸主体活力持续增强、贸易伙伴更趋多元、贸易方式更加优化、传统优势产品出口继续保持增长、防疫物资出口有力支持全球抗疫斗争。

在进出口规模方面，从2020年6月起，我国外贸进出口连续7个月实现正增长，全年进出口、出口总值双双创历史新高，国际市场份额也创历史最高纪录，成为全球唯一实现货物贸易正增长的主要经济体，货物贸易第一大国地位进一步巩固。根据WTO和各国已公布的数据，2020年前10个月，我国进出口、出口、进口国际市场份额分别达12.8%、14.2%、11.5%，均创历史新高。

民营企业第一大外贸主体地位更加巩固。数据显示，2020年，我国有进出口实绩企业53.1万家，增加6.2%。其中，民营企业进出口14.98万亿元，增长11.1%，占我国外贸总值的46.6%，比2019年提升3.9个百分点，成为稳外贸的重要力量；外商投资企业进出口12.44万亿元，占38.7%；国有企业进出口4.61万亿元，占14.3%。

此外，在新冠肺炎疫情的冲击下，我国发挥全球抗疫物资最大供应国的作用，积极开展抗疫国际合作，尽己所能向全球200多个国家和地区提供和出口防疫物资。

李魁文表示，2021年，疫情变化和外部环境存在诸多不确定性，将扎实做好"六稳"工作、全面落实"六保"任务，强化监管优化服务，持续优化口岸营商环境，服务高水平对外开放，推动外贸高质量发展，为"十四五"外贸开好局、起好步作出应有贡献。

阅读以上材料，回答问题：
1. 请分析、概括我国2020年对外贸易发展状况（用统计指标意义表示）。
2. 你能从哪几个方面说明中国2020年对外贸易所取得的成绩？

拓展实训：企业对外贸易工作

实训目的：
参观企业，认识其货物贸易管理工作。

实训安排：
1. 教师与企业接洽；

2. 引领学生访问企业外贸业务人员，了解其工作职责。

教师注意事项：

1. 指导学生，认识贸易职业岗位设置；
2. 聘请业务人员讲解职业工作内容；
3. 组织其他相应学习资源。

资源（时间）：

1课时、参考书籍、案例、网页、实践基地企业。

评价标准

表现要求	是否适用	已达要求	未达要求
小组活动中的工作表现（参与度、讨论发言）			
整个认知活动过程的表现			
对整体职业学习活动的认识与把握			
学习活动过程知识与经验的运用与反思			

课程思政园地

思政关键词： 爱国主义　　四个自信

根据央视网报道，加入WTO近20年，中国全面履行加入承诺，大幅开放市场，发展自己的同时，也造福了世界。今天，我们就透过数字，来看看20年发生的巨变。

6 000万元！这是今天的中国平均每分钟的货物贸易量。2020年我国货物进出口总额为46 463亿美元，继续稳居全球货物贸易第一。而2001年，这个数字是5 098亿美元。2001～2020年，我国货物贸易年均增速达12.68%。

100家！这是今天的中国平均每天新设的外资企业数。加入WTO以来，我国利用外资从2001年的468.8亿美元增加到2020年的1 443.74亿美元，年均增长6.1%。2020年中国成为全球最大外资流入国。

与此同时，对外投资也实现跨越式发展。2001年，我国对外直接投资只有69亿美元，而2020年达到了1 329.4亿美元。对外直接投资年度流量全球排名从加入WTO之初的第26位上升至2019年的第2位。

20年巨变的背后，是中国全面履行加入WTO承诺、坚定不移扩大对外开放。

加入WTO以来，中国依据加入WTO议定书，中央政府清理了法律法规和部门规章2 300多件，地方政府清理地方性政策法规19万多件，覆盖贸易、投资和知识产权保护等各个方面。

加入WTO以来，中国关税总水平由2001年的15.3%大幅降至7.5%以下。其中，工业品平均税率由14.8%降至7.8%；农产品平均税率由23.2%降至15.2%，约为世界农产品平均关税水平的1/4，接近发达国家、发达市场对外开放水平。

加入WTO以来，中国广泛开放服务市场，截至2007年，中国服务贸易领域开放承诺已全部履行完毕；贸易便利化水平不断提升，目前中国进口货物平均通关时间缩短至 20 小时以内，出口货物平均通关时间不到 2 小时。

一个更加开放的中国，为世界经济注入了强劲动力。加入 WTO 以来，中国对全球经济增长的年均贡献率接近 30%，是拉动世界经济复苏和增长的重要引擎。2020 年，中国经济总量突破百万亿大关，是全球唯一实现经济正增长的主要经济体，占世界经济的比重预计超过 17%。站在新时代的历史起点上，中国将以更大力度、更高水平的对外开放促进全球共同发展，为各国分享中国红利创造更多机会。

问题：
1. 加入 WTO 以来，我国对外贸易经历了哪些变化？
2. 你能从以上数据中概括出我国对外贸易取得哪些巨大成就？

课程思政

学生自我总结

通过完成任务 1 国际贸易，我能够作如下总结：

1. 主要知识

概括本任务的主要知识点：
(1)
(2)

2. 主要技能

概括本任务的主要技能：
(1)
(2)

3. 主要原理

你认为，国际贸易工作复杂的主要原因是：
(1)
(2)

4. 相关知识与技能

你在完成本任务中：
(1) 对国际贸易产生的理解有：
(2) 国际贸易统计分析的关键指标有：
(3) 国际贸易职业岗位主要有：

5. 成果检验

你完成本任务的成果：
（1）完成本任务的意义是：
（2）学到的经验有：
（3）自悟的经验有：
（4）你对我国对外贸易发展变化的认识是：

任务 2　国际分工与贸易政策

任务 2　国际分工与贸易政策

学习目标

1. 知识目标

能认识国际分工的含义；能认识国际分工理论；能认识国际贸易政策。

2. 技能目标

能解释国际分工的形成；能理解国际分工理论的实践意义；能分析国际贸易政策对业务的影响。

3. 思政目标

理解我国在国际分工中的地位；理解"双循环"战略的意义；理解"中国制造2025"的重大意义。

任务解析

根据国际贸易认知活动工作顺序和职业教育学习规律，国际分工与贸易政策可以分解为以下子任务。

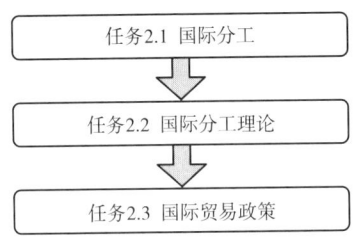

```
任务2.1 国际分工
    ↓
任务2.2 国际分工理论
    ↓
任务2.3 国际贸易政策
```

课前阅读

故事要从我国参与的国际分工活动讲起。故事的主人公——城里的一户有钱人，雇用了一名进城务工的打工妹做保姆。每天打工妹可以得到10美元的工资，她感到十分满足。但打工妹却不清楚：雇主由于雇用了她，就从那些辛苦而又不得不做的家务活中解脱出来，到外面去从事一些轻松体面、收入却10倍于保姆角色的工作。城里的其他有钱人家也纷纷效仿，雇用一些打工者为自己做家务，他们自己则解脱出来，去从事收入更高、干起来也更轻松的工作。财大气粗的大户人家甚至会同时雇用很多个保姆。

看起来简单的故事，其实是一则寓言：那个有钱的雇主，就像是美国著名企业"耐克"，而那个"打工妹"，则是一家为耐克公司代工的中国工厂。打工妹所精心照料的"孩子"，意指一个众所周知的运动第一品牌——"耐克"。而其他的所谓有钱"大户"，是包括宝洁、可口可乐、摩托罗拉、惠普等在内的众多著名的跨国企业，它们所雇用的"打工者"，与耐克的"保姆"一样都是成千上万的中国代工工厂。

故事中的现实是：耐克公司每卖出一双耐克鞋，价格都在100美元以上，而它为此支付给中国代工企业的报酬却只有10美元。作为世人眼中的"世界工厂"，中国成千上万的企业实际上不过是在为欧美企业做着"保姆式"的服务工作。由贸易大国向贸易强国转化，还需要我们更多的努力。

读后问题：
1. 故事里包含什么样的经济学原理？
2. 我国为什么要力争向贸易强国转变？

2.1 国际分工

> **任务提示：** 认识国际分工现象，特别是从国际贸易的角度，认识国际分工的作用与影响。在此基础上，能够在进出口市场、客户选择、商品价格制订等方面，考虑到国际分工的影响。

在今天，许多新兴职业犹如雨后春笋，一夜之间冒了出来。这其中很大程度上就是因为社会分工进一步细化的推动。和社会分工一样，国际分工是社会化大生产的历史必然，也是当代经济全球化、贸易自由化的基础。国际分工的深化有力地推动了国际贸易的发展。

2.1.1 国际分工的含义

正像劳动分工一样，世界上，国与国或地区与地区之间也有分工。国际分工是国际贸易的基础，也是与各国（地区）进行经济联系的基础。它是社会生产力发展到一定阶段的产物，是社会分工超越国界的结果，是生产社会化向国际化发展的趋势。

> **重要概念 2-1　　　　　　　　　国际分工**
> 国际分工是指世界上各国（地区）之间的劳动分工，是社会分工发展到一定阶段，国民经济内部分工超越国家界限发展的结果，是国际贸易和世界市场的基础。

1. 国际分工的条件

国际分工的产生与发展主要取决于以下两个条件。

（1）社会经济条件。主要包括各国的科技和生产力发展水平，国内市场的大小，人口的多寡和社会经济结构。

（2）自然条件。主要包括资源、气候、土壤、国土面积的大小等。这里，生产力的发展是促使国际分工发生和发展的决定性因素，科技的进步是国际分工得以发生和发展的直接原因。

2. 国际分工的四个阶段

（1）国际分工萌芽阶段。15 世纪末至 16 世纪上半期的地理大发现，促使欧洲一些国家的手工业生产向工场手工业生产过渡，同时也为近代国际分工提供了地理条件和准备了国际市场。由于自然经济在各国仍占统治地位，当时的那种国际分工和交换明显带有地域分工的性质。

（2）国际分工形成阶段。18 世纪开始的第一次科技革命，由于机器的发明及其在生产上的应用，生产力水平大幅度提高，分工空前加深。这次科技革命首先在英、法等国进行，它们发展为工业国，而其他广大国家则处于农业国、原料国的地位。这是资本主义国际分工的形成阶段。

（3）国际分工发展阶段。19世纪末至20世纪初开始的第二次科技革命，特别是发电机、电动机、内燃机的发明及其广泛应用，生产力更加提高，分工更加精细。这次科技革命是在英、美、德等国进行的，其他国家在引进技术与机器设备的推动下，某些基础设施与某些轻工业和采矿业有一定发展，但仍不同程度处于初级产品供应国的地位。这是资本主义国际分工的发展阶段。

（4）国际分工深化阶段。20世纪40年代和50年代开始的第三次技术革命，它导致了一系列新兴工业部门的诞生，如高分子合成工业、原子能工业、电子工业、宇航工业等。对国际加工的型号深化产生了广泛的影响，使国际加工的形式和趋向发生了很大的变化，使国际加工的形式从过去的部门间专业分工向部门内专业化分工方向迅速发展。主要表现在：不同型号规格的产品专业化；零配件和部件的专业化；工艺过程的专业化。任何一个专业发达技术进步的国家也不可能生产出自己所需的全部工业产品。当今世界，少数经济发达国家成为资本（技术）密集型产业国，广大发展中国家成为劳动密集型产业国。21世纪初，以大数据、云计算、人工智能为代表的第四次技术革命来临。在其影响下，社会生产方式将发生深刻的变化，行业之间互相渗透，国际分工将会呈现更加复杂的变化趋势。

2.1.2 国际分工的类型

1. 按参与国家国情差异划分

按参与国资源、原材料、生产技术水平和工业发展情况的差异来分类，可划分为三种不同类型的国际分工形式。

（1）垂直型国际分工。即指经济技术发展水平相差悬殊的国家（如发达国家与发展中国家）之间的国际分工。如部分国家供给初级原料，而另一部分国家供给制成品的分工形态。

例2-1 日本是垂直型的典型代表。日本资源缺乏，工业生产所需要的原料大部分依赖进口。日本在进口中，原料占80%以上，而制成品中，工业制成品占90%左右，这就形成了日本用进口的原料大批生产制成品的工业结构。

（2）水平型国际分工。经济发展水平相同或接近的国家（如发达国家以及一部分新兴工业化国家）之间在工业制成品生产上的国际分工。

例2-2 空客的飞机由德国、法国、西班牙与英国四个国家完成。2008年8月，中国总装线也开始总装空客320飞机。

（3）混合型国际分工。混合型国际分工是把"垂直型"和"水平型"结合起来的国际分工方式。

例2-3 德国是"混合型"的典型代表。它对第三世界是"垂直型"的，向发展中国家进口原料、出口工业品，而对发达国家则是"水平型"的。在进口中，主要是机器设备和零配件。其对外投资主要集中在西欧发达的资本主义国家。

2. 按照产业内外划分

按照国际分工是在产业之间还是产业内部来分类，可以分为以下两种。

（1）产业间国际分工。是指不同产业部门之间生产的国际专业化。

例 2-4 第二次世界大战以前，国际分工基本上是产业间国际分工，表现在亚、非、拉国家专门生产矿物原料、农业原料及某些食品，欧美国家专门进行工业制成品的生产。

（2）产业内部国际分工。相同生产部门内部各分部门之间的生产专业化。产业内部国际分工主要有3种形式：①同类产品不同型号规格专业化分工。在某些部门内某种规格产品的国际生产专业化，是部门内国际分工的一种表现形式。②零部件专业化分工。许多国家为其他国家生产最终产品而生产的配件、部件或零件的专业化。目前，这种国际生产专业化在许多种产品的生产中广泛发展。③工艺过程专业化分工。这种专业化过程不是生产成品而是专门完成某种产品的工艺，即在完成某些工序方面的专业化分工。以化学产品为例，某些工厂专门生产半制成品，然后将其运输到一些国家的化学工厂去制造各种化学制成品。

例 2-5 2009年5月，首架在中国总装的空客A320飞机成功试飞。飞机的机头、机身、机尾和机翼等部件，分别在英国、法国、荷兰、西班牙等国生产，总装在天津完成。

2.1.3 国际分工对国际贸易的影响

国际分工必然会引起国际贸易，并促进世界市场的发展；同时，国际贸易和世界市场的发展又促进了国际分工的进一步深化。

1. 国际分工促进国际贸易的发展

国际分工是国际贸易发展的基础。由于国际分工的深化和拓展，生产的各个环节已变成全球范围内的生产活动，生产的国际专业化分工不仅提高劳动生产率，增加世界范围内的商品数量，而且增加了国际交换的必要性，从而促进国际贸易的迅速增长。同时，现代国际分工的发展，在客观上对国际贸易发展提出了减少贸易障碍的要求，反映在国际贸易政策上，推动了贸易自由化。

2. 国际分工影响国际贸易的商品结构

国际分工的深度和广度不仅决定国际贸易发展的规模和速度，而且还决定国际贸易的结构和内容。第一次科技革命以后，形成以英国为中心的国际分工。在这个时期，由于大机器工业的发展，国际贸易商品结构中出现了许多新产品，如纺织品、船舶、钢铁和棉纱等。

第二次科技革命以后，形成了国际分工的世界体系，使国际分工进一步深化，使国际贸易的商品结构也发生了相应的变化。首先，粮食贸易大量增加；其次，农业原料和矿业材料，如棉花、橡胶、铁矿、煤炭等产品的贸易不断扩大。此外，机器、电力设备、机车及其他工业品的贸易也有所增长。第三次科技革命使国际分工进一步向深度和广度发展，国际贸易商品结构也随之出现新的特点。这主要表现在工业制成品在国际贸易中的比重不断上升，新产品大量涌现，技术贸易得到了迅速发展。

3. 国际分工影响国际贸易的地理分布

世界各国的对外贸易地理分布是与它们的经济发展及其在国际分工中所处的地位分不开的。第一次科技革命后，以英国为核心的国际分工，使英国在世界贸易中居于垄断地位。此后，法国、德国、美国在国际贸易中的地位也显著提高。第二次世界大战后，由于第三次科技革命，发达国家工业部门内部分工成为国际分工的主导形式，因而西方工业发达国家相互间的贸易得到了迅速发展，而它们同发展中国家间的贸易则是下降趋势。

任务 2　国际分工与贸易政策

4. 国际分工影响国际贸易政策走向

国际分工状况如何，是各个国家制定对外贸易政策的依据。第一次科技革命后，英国工业力量雄厚，其产品竞争能力强，同时它又需要以工业制品的出口换取原料和粮食的进口，所以，当时英国实行了自由贸易政策。而美国和欧洲的一些国家工业发展水平落后于英国，它们为了保护本国的幼稚工业，便采取了保护贸易的政策。第二次科技革命，资本主义从自由竞争阶段过渡到垄断阶段，国际分工进一步深化，国际市场竞争更加剧烈，在对外贸易政策上，便采取了资本主义超保护贸易政策。19世纪70年代中期以前，以贸易自由化政策为主导倾向；19世纪70年代中期以后贸易保护主义又重新抬头。西方国家贸易政策的这种演变，是和世界国际分工深入发展分不开的，也是与各国在国际分工中所处地位的变化密切相关。

相关资讯 2-1　　　　国际分工的影响因素

（1）自然条件是国际分工产生和发展的基础。

（2）社会生产力是国际分工形成和发展的决定性因素：生产力的发展决定国际分工的广度、深度和形式；各国生产力水平决定其在国际分工中的地位；科学技术在国际分工中的地位日益重要。

（3）人口、生产和市场规模影响国际分工的规模。

（4）跨国公司是当代国际分工深入发展的巨大推动力量。

（5）经济贸易政策是推进或延缓国际分工形成和发展的影响性因素。

同步实训

实训目的：
加深学生对国际分工实践意义的理解。

实训安排：
1. 分析说明国际分工的形成；
2. 讨论这些分工情形对我国贸易的影响。

教师注意事项：
1. 由一般劳动分工事例导入对国际分工的认知；
2. 分组搜索资料，分析我国目前所处的国际分工定位；
3. 组织其他相应学习资源。

资源（时间）：
1课时、参考书籍、案例、网页。

评价标准

表现要求	是否适用	已达要求	未达要求
小组活动中，外在表现（参与度、讨论发言积极程度）			
小组活动中，对概念的认识与把握的准确程度			
小组活动中，分工任务完成的成效与协作度			
小组活动中，作业或报告制作的完整与适用程度			

2.2 国际分工理论

> **任务提示**：认识国际分工理论，特别是从理论的角度，揭示国际分工现象。在此基础上，能够在进出口市场、客户选择、商品价格制定等方面，考虑到国际分工的影响。

经典国际分工理论是在非常朴素的物物交换基础之上产生的，大多以自由贸易为背景进行分析与阐述。这些理论将告诉我们三个方面的答案，即国际贸易为什么会产生、怎样进行贸易和如何进行贸易利益的分配。

2.2.1 绝对成本理论

1. 理论背景

绝对成本理论提出人亚当·斯密（Adam Smith，1723~1790）是西方经济学古典学派主要奠基人之一，也是国际贸易理论的创立者。

亚当·斯密处在英国资本主义原始积累完成、以机器生产逐步替代手工生产的时代。这一时期，随着产业革命的开展，英国的经济实力超过了其他西欧国家。新兴的资产阶级为了从海外市场获得更多的廉价原料并销售其产品，迫切要求扩大对外贸易，而重商主义的一系列贸易保护政策却严重束缚了对外贸易，阻碍了资本主义大工业的发展。这种要求，必然要反映到经济思想上来，就是重商主义衰落和古典学派兴起的大背景。亚当·斯密站在产业资产阶级立场上，于1776年出版了《国富论》一书，提出了"自由放任"的口号，在理论上为国际贸易的自由化发展铺平道路。

2. 主要观点

为了尽快获得人们的认同，亚当·斯密举了一些人们日常生活中司空见惯的事例，将深奥的经济学原理用通俗易懂的生活常识演绎出来。主要理论观点表现为以下内容。

（1）分工可以提高劳动效率。亚当·斯密认为，劳动人数在短期不能迅速增加的情况下，怎样才能提高劳动者的熟练程度和技能呢？只能是依靠劳动分工。以个体作坊手工制作缝衣针为例，推及整个国家的生产，从而提出了分工对提高劳动生产率、增加物质财富的积极作用。

（2）交换促进分工。亚当·斯密认为，人们为了交换自己所需要的产品，就应根据自己的特点进行社会分工，然后出售彼此在优势条件下生产的产品，这对双方都会有利。由此，论述了国际分工和国际贸易的必要性。

（3）分工应建立在绝对优势基础上。各国参与国际分工，应根据各国自身生产的绝对优势，生产出成本绝对低廉的产品，即按照所谓绝对成本或绝对利益的原则进行分工。因此，亚当·斯密这个理论也被称为绝对成本理论。

3. 理论综述

亚当·斯密认为，每个国家或每个地区都有对自己有利的自然资源和气候条件，如果各国各地区都按照各自有利的生产条件进行生产，然后将产品相互交换，互通有无，将会使各国、各地区的资源、劳动力和资本得到最有效的利用，将会大大提高劳动生产率和增加物质财富。但是，绝对成本理论的运用有一个前提条件——双方可以自由地交易他们的产品，如果没有自由贸易，没有商品的自由流通，就不可能获得地域分工带来的益处。

相关资讯 2-2　　　　　　　　亚当·斯密生平

亚当·斯密出生于英国苏格兰地区克尔卡第小镇一个海关官员家庭，父亲去世早，由母亲抚养大。1737 年进入格拉斯哥大学学习，3 年后转入牛津大学攻读哲学与政治经济学。1746 年毕业后被爱丁堡大学聘为讲师，后由格拉斯哥大学聘为教授。1759 年出版《道德情操论》，为他赢得了很高的声誉。后去巴黎，接触了一些法国重农学派的主要人物，受到启发，逐渐形成了自己经济学体系的轮廓。回国后，1776 年 3 月出版《国富论》，影响巨大。1778 年担任格拉斯哥大学校长，1790 年去世，终生未婚。

4. 理论评价

绝对成本理论建立在劳动价值理论基础之上，在历史上第一次从生产领域出发，揭示了国际贸易为什么发生与发展，为科学的国际贸易理论的建立作出了宝贵贡献。但又具有很大的片面性和局限性，只说明在生产上处于绝对优势的国家参与国际分工与国际贸易，才能获得利益，而对那些在生产上并不具备绝对优势的国家，能否参加国际分工与国际贸易，斯密的理论并未作出回答。

2.2.2　比较成本理论

1. 理论背景

比较成本理论提出人大卫·李嘉图（David Ricardo，1772~1823）也是英国古典经济学家，他对斯密的绝对成本理论作出了极为重要的修正、补充和发展，具体内容集中反映在他的代表性著作——1817 年出版的《政治经济学及赋税原理》一书中。该理论形成于英国工业革命深入发展时期，并对后来马克思经济思想产生过重要影响，因此人们称大卫·李嘉图为"共产主义之父"。

李嘉图生活年代，机器大工业已取代工场手工业，各国经济技术差距拉大，甚至出现先进国家比后进国家处于全面优势的新格局。在这种历史背景下，经济、技术发展程度不同的先进国家与后进国家，是否仍然能够或有必要参与国际分工与国际贸易，就成为迫切需要解决的问题。于是，"比较成本理论"应运而生了。李嘉图在对现实观察的基础上，作出了明确的、肯定的回答。这一理论的提出，为科学的国际贸易理论的建立奠定了坚实的基础，对推动国际贸易的发展起到了积极的作用。

2. 主要观点

李嘉图全面继承了斯密的经济思想，并在诸多问题上有了更深一步的发展和提高。主要观点如下。

（1）李嘉图认为，决定国际分工与国际贸易的一般基础不是绝对成本，而是比较成本或比较利益。

（2）一个国家不仅能以具有"绝对优势"的产品进入国际分工体系，而且能以具有

"相对优势"的产品参加到国际分工体系中来。

（3）即使一国与另一国相比，在商品生产成本上都处于绝对劣势，但只要本国集中生产那些成本劣势较小的商品，而另一个在所有商品生产成本上都处于绝对优势的国家，则集中生产那些成本优势最大的商品，即按照"有利取重，不利择轻"的原则，进行国际分工与国际贸易，同样不仅会增加社会财富，而且交易双方也都能获得利益。

3. 理论综述

李嘉图认为，一国不仅可以在本国商品相对于别国同种商品处于绝对优势时出口该商品，在本国商品相对于别国同种商品处于绝对劣势时进口该商品，而且即使一个国家在生产上没有任何绝对优势，只要它与其他国家相比，生产各种商品的相对成本不同，那么，仍可以通过生产相对成本较低的产品并出口，来换取它自己生产中相对成本较高的产品，从而获得利益。这一学说当时被大部分经济学家所接受，时至今日仍被视作决定国际贸易格局的基本规律，是西方国际贸易理论的基础。

4. 理论评价

（1）比较成本理论在历史上起过进步作用。它为国际分工和国际贸易自由化提供了理论基础，促进了当时英国的资本积累和生产力的发展。

（2）比较成本学说坚持了劳动价值论。认为劳动是商品价值的源泉，劳动时间是衡量商品价值量的尺度，这是科学的、合理的。

（3）比较成本理论未能揭示出国际分工形成和发展的主要原因。比较成本理论属于静态分析法，把世界看作一成不变。这与历史事实和经济发展规律明显不符。

（4）比较成本理论建立了许多假设，如两个国家、两种产品等，将复杂的经济情况过于简单化了。

相关资讯 2-3   **大卫·李嘉图生平**

大卫·李嘉图出生于伦敦证券交易所一个经纪人的家庭里。幼年仅在商业学校读过 2 年书，14 岁参加交易所活动。由于善于作投机买卖，25 岁时就成为拥有百万英镑的大资产者。生意之余，自学数学、物理、地质等知识。1799 年接触到《国富论》，开始研究政治经济学，厚积薄发，1810 年发表第一篇论文《金块的高价》，1814 年代表作《政治经济学及赋税原理》问世，对经济学的影响不亚于《国富论》，尽管文法、结构方面稍显逊色。两年后当选为议员，1821 年创办政治经济学俱乐部。1823 年因患耳疾逝世。

2.2.3 要素禀赋论

1. 理论背景

要素禀赋理论出现在 20 世纪 30 年代，国际分工与国际贸易活动不断出现新的情形与变化，古典国际分工理论与经济活动现实之间出现了偏离。现代意义上的国际贸易就应运而生。要素禀赋论又称赫克歇尔—俄林理论（Heckscher-Ohiln theory，H-O），也称要素比例学说，由瑞典经济学家赫克歇尔首先提出基本论点，由其学生俄林系统创立。主要通过对相互依存的价格体系的分析，用生产要素的丰缺来解释国际贸易的产生和进出口类型。是现代国际贸易理论的新开端，被誉为国际贸易理论的又一大柱石。

2. 主要观点

（1）赫克歇尔认为，假如两个国家生产要素禀赋一样，各生产部门的技术水平一样，当不考虑运输成本等因素时，则国际贸易既不会给任何国家带来利益，也不会造成损失。所以，产生比较成本差异必须有两个前提条件：一是两个国家的要素禀赋不同；二是不同产品生产过程中使用的要素比例不同。在这两个前提下，国际间才会发生贸易联系。俄林接受了赫克歇尔的观点，提出了生产要素禀赋理论，故被称为赫克歇尔—俄林定理或模型。

（2）俄林在1936年出版的《地区间贸易和国际贸易》一书中提出，各个地区生产要素禀赋不同，是地区间或国际上开展贸易的前提。他认为国际贸易首先是在地区间展开的，地区是进行国际贸易的基本单位。而地区划分是以生产要素的天然禀赋或天然供给为标准，同一地区生产要素基本相似，不同地区具有不同生产要素禀赋。

（3）各地区由于要素供给不同生产出不同产品，这将引起彼此对对方产品的需求，要求通过交换以弥补本地区某些产品的不足。

3. 理论综述

根据要素禀赋论，一国的比较优势产品是应出口的产品，是它需在生产上密集使用该国相对充裕而便宜的生产要素生产的产品，而进口的产品是它需在生产上密集使用该国相对稀缺而昂贵的生产要素生产的产品。简言之，劳动丰富的国家出口劳动密集型商品，而进口资本密集型商品；相反，资本丰富的国家出口资本密集型商品，进口劳动密集型商品。

4. 理论评价

要素禀赋论是在比较利益论的基础上的一大进步，有其合理的成分和可借鉴的意义。用生产要素禀赋的差异寻求解释国际贸易产生的原因和国际贸易商品结构以及国际贸易对要素价格的影响，研究更深入、更全面，认识到了生产要素及其组合在各国进出口贸易中居于重要地位。但是，理论也有明显的局限性。如所依据的一系列假设条件都是静态的，忽略了国际国内经济因素的动态变化以及技术的不断进步。

同步实训

实训目的：
加深学生对国际分工理论实践意义的理解。

实训安排：
1. 举例说明国际分工理论的现实指导意义；
2. 讨论自己所在地区的产业分工情形。

教师注意事项：
1. 由一般劳动分工事例导入对国际分工理论的认知；
2. 分组搜索资料，运用国际分工理论判断分析我国制造业的定位；
3. 组织其他相应学习资源。

资源（时间）：
1课时、参考书籍、案例、网页。

评价标准

表现要求	是否适用	已达要求	未达要求
小组活动中，外在表现（参与度、讨论发言积极程度）			
小组活动中，对概念的认识与把握的准确程度			
小组活动中，分工任务完成的成效与协作度			
小组活动中，作业或报告制作的完整与适用程度			

2.3　国际贸易政策

> **任务提示**：认识国际贸易政策的发展，特别是从贸易管理的角度，认识国际贸易政策的新动向。在此基础上，能够在业务活动中，考虑到国际贸易政策的影响。

国际分工理论的发展为世界各国制定不同的国际贸易政策找到了充足的理论依据。于是，不同发展阶段的国家，在国际贸易活动中都制定了相应的政策，以便管理与协调其对外贸易的发展。

> **重要概念 2-2　　　　　　　　国际贸易政策**
>
> 国际贸易政策是指世界上各国（地区）之间进行商品与劳务交换时所采取的政策。从一国的角度看，国际贸易政策即指一国的对外贸易政策。

一国的对外贸易政策集中体现为一国在一定时期内对进出口贸易所实行的法律、规章、条例及措施等。它既是一国总经济政策的一个重要组成部分，又是一国对外政策的一个重要组成部分。主要目的有：保护本国的市场、扩大本国产品的出口市场、促进本国产业结构的改善、积累资本或资金、维护本国对外的经济和政治关系、促进经济发展与稳定等。

从对外贸易政策的内部构成看应包括三个层次：对外贸易总政策、对外贸易国别（或地区）政策、对外贸易具体政策，即进出口商品政策。

从国际贸易的历史考察，以国家对外贸的干预与否为标准，可以把对外贸易政策归纳为三种基本类型：自由贸易政策、保护贸易政策和管理贸易政策。

2.3.1　自由贸易政策

自由贸易政策是指国家取消对进出口贸易和服务贸易的限制和障碍，取消对本国进出口贸易和服务贸易的各种特权和优待，使商品自由进出口，服务贸易自由经营。也就是说，国家对贸易活动不加或少加干预，任凭商品、服务和有关要素在国内外市场公平、自由的竞争。自由贸易政策是自由放任经济政策的一个重要组成部分。

任务 2 国际分工与贸易政策

1. 自由贸易政策的产生

18 世纪中叶,英国开始了工业革命,成为 19 世纪最强大的工业国家,商品销向全世界,原料、食品购自全世界。这就决定英国必须冲破国内保护贸易的限制,积极推行自由贸易政策。由此,出现了自由贸易政策。

自由贸易政策常常为经济实力强制国家所采用,为国内成长产业集团所推动,它们是主要受益者。对经济实力薄弱的国家及幼稚产业,却意味着市场被外国占领,它们是主要受害者。因而自由贸易被认为是"强者"的政策。

2. 自由贸易政策的理论

随着西欧资本主义尤其是英国资本主义的发展,一些资产阶级思想家开始探寻对外贸易与经济发展的内在联系,古典政治经济学派代表亚当·斯密在其名著《国富论》中首先提出了为获取国际分工利益,实行自由贸易的理论,后由大卫·李嘉图加以继承和发展。

古典派自由贸易理论的要点有:

(1) 自由贸易可以形成互相有利的国际分工。在自由贸易下,各国可以按照绝对优势、比较优势专业生产其最有利和比较有利的产品,进行各国生产的专业化,获取国际分工和国际贸易所带来的利益。

(2) 扩大真实国民收入。自由贸易理论认为,在自由贸易环境下,每个国家都根据自己的条件发展最具优势的生产部门,劳动和资本就会得到合理的分配和运用,再通过国际贸易以比较少的花费换回较多的东西,增加国民财富。

(3) 在自由贸易条件下,可以进口廉价商品,减少国民消费开支。

(4) 自由贸易可以阻止垄断,加强竞争,提高经济效益。

(5) 自由贸易有利于提高利润率,促进资本积累。李嘉图认为,随着社会的发展,工人的名义工资会不断上涨,从而引起利润率的降低。要避免这种情况,并维持资本积累和工业扩张的可能性,唯一的办法就是实行自由贸易。

2.3.2 保护贸易政策

保护贸易政策是和自由贸易政策相反的一种对外贸易政策,是指国家广泛利用各种限制进口的法规和措施限制商品的进口,保护本国商品免受外国商品的竞争,同时对本国的出口商品给予补贴和优待,以鼓励出口。保护贸易政策的实质是"奖出限入"。在不同的历史阶段,由于其所保护的对象、目的和手段不同,保护贸易政策可以分为以下类别。

1. 重商主义

重商主义是 15~17 世纪资本主义生产方式准备时期欧洲各国普遍实行的保护贸易政策。重商主义的发展经历了两个阶段,即早期重商主义阶段与晚期重商主义阶段。

(1) 早前重商主义。早期重商主义注重货币差额,主张扩大出口、减少进口或根本不进口,因为出口可以增加货币收入,而进口必须支出货币。规定本国商人外出贸易必须保证有一部分金银或外国货币带回国内;外国商人来本国贸易必须把销售所得全部用于购买本国商品。禁止货币和贵金属出口,由国家垄断全部货币贸易。

(2) 晚期重商主义注重贸易差额,从管制货币进出口转为管制商品进出口。主张通过奖励出口,限制进口,保证出超,以达到金银货币流入的目的。

2. 幼稚工业保护政策

幼稚工业保护政策是18~19世纪资本主义自由竞争时期美国、德国等后起的资本主义国家实行的保护贸易政策。当时，这些国家的工业处于刚刚起步阶段，没有足够的优势与英国的工业品竞争，这些国家的政府代表产业资产阶级利益，为发展本国工业，实行保护贸易政策。保护的方法主要是建立严格的保护关税制度，通过高关税削弱外国商品的竞争能力；同时也采取一些鼓励出口的措施，提高国内商品的竞争力，以达到保护民族幼稚工业发展的目的。

（1）汉密尔顿的保护贸易理论。该理论强调发展工业的重要性，主张必须实行保护政策，推行保护关税，把关税作为保护工业发展的重要手段，这一主张对美国工业进一步发展产生了重大影响。

（2）李斯特的保护贸易理论。李斯特对古典贸易理论提出批评，指出"比较成本理论"忽视国家、民族的长远利益，只注重交换价值，不注重生产能力的形成，因而不利于德国生产力水平的提升，不利于国际竞争实力的增强，不利于德国实现真正意义上的政治经济独立。认为各国对外贸易政策的选择应全面考虑该国所具备的各种条件、所达到的经济发展水平，以及对国民经济发展的影响。

李斯特根据国民经济发展程度，把国家经济发展可划分为五个阶段：原始未开化时期、畜牧时期、农业时期、农工业时期、农工商时期。

主张国家干预经济活动，政府对国民经济活动进行部分限制，保证国家经济利益，从而保证个人持久利益。保护贸易理论的观点为：①农业不需要保护。②一国工业虽然幼稚，但在没有强有力的竞争者时，也不需要保护。③只有刚刚开始发展且遭遇国外强有力的竞争对手的工业才需要保护。

保护时间以30年为最高期限，如果在此期限内，被保护的产业始终发展不起来，那就放弃保护。保护手段为通过禁止输入与征收高额关税的方法来保护幼稚工业，以免税或征收少量进口关税的方式鼓励复杂机器进口。

3. 超保护贸易政策

超保护贸易政策是19世纪末至第二次世界大战期间资本主义垄断时期，各资本主义国家普遍实行的保护贸易政策。在这一时期，垄断代替了自由竞争，成为社会经济生活的基础。同时，资本主义社会的各种矛盾进一步暴露，世界市场的竞争开始变得激烈。于是，各国垄断资产阶级为了垄断国内市场和争夺国外市场，纷纷要求实行保护贸易政策。但是，这一时期的保护贸易政策与自由竞争时期的保护贸易政策有明显的区别，是一种侵略性的保护贸易政策，因此称其为超保护贸易政策。

超保护贸易政策具有以下特点：

（1）保护的对象不再是国内幼稚工业，而是国内高度发达或出现衰落的垄断工业。

（2）保护的目的不再是培植进而提高国内工业的自由竞争能力，而是垄断国内外市场。

（3）保护的手段不仅仅是关税壁垒，而且出现了各种各样的限进奖出的非关税贸易壁垒措施。

4. 新贸易保护主义

新贸易保护主义形成于20世纪70年代中期。期间，资本主义国家经历了两次经济危机，经济出现衰退，陷入滞胀的困境，就业压力增大，市场问题日趋严重。尤其是在第二次世界大战后贸易自由化中起领先作用的美国,在世界市场的竞争中,日益面临着日本和欧共体国家的挑战,从20世纪70年代开始,从贸易顺差转为逆差,且差额迅速上升。在这种情况下,美国率先转向贸易保护主义,并引起各国纷纷效尤,致使新贸易保护主义得以蔓延和扩张。

新贸易保护主义在保护手段上具有显著的特点:
(1) 保护措施由过去以关税壁垒和直接贸易限制为主逐渐被间接的贸易限制所取代。
(2) 政策重点从过去的限制进口转向鼓励出口,双边与多边谈判和协调成为扩展贸易的重要手段。
(3) 从国家贸易壁垒转向区域贸易壁垒,实行区域内的共同开放和区域外的共同保护。

5. 当代贸易保护主义

20世纪90年代至今,伴随着经济全球化和全球一体化的进程,在世界贸易往来日益密切的同时,各国为保障国内相关产业的发展或者实现某些特定目的而采取的各种贸易保护政策也越来越频繁、越来越全面。主要表现为关税等传统的贸易保护措施所起的作用越来越小,反倾销措施、技术性贸易壁垒、保障措施等非关税壁垒被频繁使用,各种新的贸易壁垒层出不穷,由此引发的各种贸易纠纷也越来越多。各国除了通过双边谈判或者采取贸易报复措施应对贸易纠纷之外,更多地依靠世界贸易组织及其下属机构的调解和裁决来处理贸易争端,世界贸易组织的地位越来越重要。

2016年,美国总统特朗普上台以后,违反自由贸易承诺,开始频繁启用"232"调查和"301调查"等贸易保护工具,退出相关贸易协定,引发了众多的贸易摩擦。激进的单边主义不得人心,引起了世界上许多国家的声讨。

2.3.3 管理贸易政策

管理贸易政策又称"协调贸易政策",是指国家对内制定一系列的贸易政策、法规,加强对外贸易的管理,实现一国对外贸易的有秩序、健康的发展;对外通过谈判签订双边、区域及多边贸易条约或协定,协调与其他贸易伙伴在经济贸易方面的权利与义务。

管理贸易政策是20世纪80年代以来,在国际经济联系日益加强而新贸易保护主义重新抬头的双重背景下逐步形成的。在这种背景下,为了既保护本国市场,又不伤害国际贸易秩序,保证世界经济的正常发展,各国政府纷纷加强了对外贸易的管理和协调,从而逐步形成了管理贸易政策或者说协调贸易政策。管理贸易是介于自由贸易和保护贸易之间的一种对外贸易政策,是一种协调和管理兼顾的国际贸易体制,是各国对外贸易政策发展的方向。

相关资讯2-4 　　　　　　　　对外贸易政策的影响因素

一个国家在一定时期采取何种贸易政策,主要取决于以下因素。
(1) 经济发展水平及其在世界市场上的地位和力量对比。一般来说,处于工业经济发展初期阶段的国家,采取保护贸易政策;而处于工业经济发达阶段的国家,采取自由贸易政策。处于竞争劣势地位,商品竞争力弱的国家,采取保护贸易政策;而处于优势地位,商品竞争力强的国家,采取自由贸易政策。
(2) 国内经济状况和经济政策。一般来说,在资本主义经济发展的繁荣阶段,各国经济普遍高涨,如19世纪中叶和20世纪中叶,贸易自由化倾向就占上风;在资本主义经济发展的危机、萧条阶段,20世纪30年代和20世纪70年代,保护贸易倾向就会蔓延和加强。

（3）统治集团内部的矛盾和斗争。一般来说,商品市场主要在国外的一些资产阶级利益集团主张贸易自由化;相反,商品市场主要在国内,并受到进口商品激烈竞争的资产阶级利益集团,则主张限制进口,实行保护贸易政策。

同步实训

实训目的：
加深学生对国际贸易政策发展趋势的把握。

实训安排：
1. 举例说明国际贸易政策对业务活动的影响；
2. 讨论自己所在地区的出口受贸易政策变化影响的情形。

教师注意事项：
1. 由一般国际分工理论导入对国际贸易政策的认知；
2. 分组搜索资料,看我国贸易政策的变迁过程；
3. 组织其他相应学习资源。

资源（时间）：
1课时、参考书籍、案例、网页。

评价标准

表现要求	是否适用	已达要求	未达要求
小组活动中,外在表现(参与度、讨论发言积极程度)			
小组活动中,对概念的认识与把握的准确程度			
小组活动中,分工任务完成的成效与协作度			
小组活动中,作业或报告制作的完整与适用程度			

小　结

国际分工与贸易政策
- 国际分工
  - 分工的含义、发展
  - 分工的分类、影响
- 国际分工理论
  - 绝对、相对成本说
  - 要素说、迷的解释制
- 国际贸易政策
  - 贸易政策综述
  - 贸易政策分类

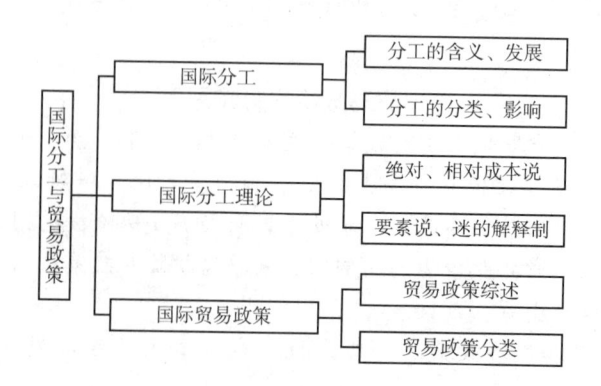

任务2 国际分工与贸易政策

教学做一体化练习

重要概念

国际分工　国际贸易政策

课堂讨论

1. 劳动分工与国际分工。
2. 生产力发展与国际分工。
3. 国际分工中的中国制造业。
4. 绝对成本理论的现实意义。
5. 比较成本理论的现实意义。

课后自测

选择题

1. 国际分工的产生与发展主要取决于以下两个条件（　　）。
   A. 社会经济条件　　　B. 社会条件　　　C. 国家政策　　　D. 自然条件
2. 国际分工经历了（　　）四个阶段。
   A. 萌芽阶段　　　B. 形成阶段　　　C. 发展阶段　　　D. 深化阶段
3. 按参与国资源、原材料、生产技术水平和工业发展情况的差异来分类，可划分为（　　）三种不同类型的国际分工形式。
   A. 垂直型分工　　　B. 水平型分工　　　C. 混合型分工　　　D. 交叉型分工
4. 产业内部国际分工主要有（　　）形式。
   A. 同类产品不同型号规格专业化分工　　　B. 零部件专业化分工
   C. 工艺过程专业化分工　　　D. 国家分工
5. 亚当·斯密主要理论观点表现为（　　）内容。
   A. 分工可以提高劳动效率　　　B. 交换促进分工
   C. 分工应建立在绝对优势基础上　　　D. 分工必须促进贸易发展
6. 比较成本理论（　　）。
   A. 未能揭示出国际分工形成和发展的主要原因
   B. 属于静态分析法
   C. 与历史事实和经济发展规律明显不符
   D. 建立了许多假设，将复杂的经济情况过于简单化
7. 要素禀赋说（　　）。
   A. 由俄林系统创立
   B. 用生产要素的丰缺来解释国际贸易的产生和进出口类型
   C. 是现代国际贸易理论的新开端
   D. 不存在缺陷
8. 从对外贸易政策的内部构成看应包括（　　）三个层次。
   A. 对外贸易总政策　　　B. 对外贸易国别（或地区）政策
   C. 对外贸易具体政策　　　D. 歧视性政策

9. 从国际贸易的历史考察，以国家对外贸的干预与否为标准，可以把对外贸易政策归纳为（　　）三种基本类型。

　　A. 自由贸易政策　　B. 保护贸易政策　　C. 管理贸易政策　　D. 模糊贸易政策

判断题

1. 亚当·斯密的绝对优势理论是建立在他对分工能提高劳动生产率的认识基础上。（　　）

2. 如果一国以现代经济结构为主，且其产品在国际市场上竞争力较强，则该国的贸易政策倾向于自由贸易政策。（　　）

3. 幼稚产业保护理论认为，一国在对外贸易中，应更多地重视贸易带来财富的生产力的培育。（　　）

4. 一国只要参与国际分工与国际交换，便可从国际分工与国际交换中获得好处。（　　）

5. 一国实行何种贸易政策与其经济实力密切相关，当其经济实力较强时，多倾向于实行自由贸易政策，当其经济实力下降时，又多倾向于实行保护贸易政策。（　　）

6. 偏好相似论是从需求的角度解释国际贸易产生的原因。（　　）

7. 技术差距论者认为，发展中国家可以通过国际贸易缩短同发达国家的技术差距。（　　）

简答题

1. 何谓国际分工？它分为哪几种类型？
2. 国际分工的形成与发展经历了哪几个阶段？每一阶段国际分工各有何特点？
3. 国际分工对国际贸易有何影响？
4. 如何评价绝对成本理论？
5. 如何评价比较成本理论？
6. 国际贸易政策变化有哪些规律性？

案例分析

　　新华社日内瓦11月20日电（记者刘曲）世界知识产权组织20日发布最新报告显示，中国在全球制造业价值链中的地位近年来稳步提升，中国企业正逐步跻身于高技术附加值的上游生产商之列。

　　这份报告名为《2017年世界知识产权报告：全球价值链中的无形资本》，通过对咖啡、太阳能电池板及智能手机这3个行业的案例分析，揭示出全球销售的制成品中，近1/3的价值源于品牌、设计及技术等"无形资本"。

　　报告研究重点放在东亚、北美及欧洲这3个供应链关系最紧密的区域，这些区域内的生产模式基本类似，都是高收入的"总部"经济体向中等收入的"工厂"经济体出口高技术附加值的中间产品和服务，由后者完成装配后再出口。

　　日本、美国、德国长期以来都是"总部"经济体中的领头羊，但这种垂直生产网络近年来发生了巨大改变，尤其表现在中国提供的高技术附加值产品和服务稳步增加，中国企业正逐步向价值链的上游靠拢。

　　报告对智能手机行业进行数据分析后发现，中国手机生产商的技术升级步伐之快令人印象深刻。如华为通过高额研发投入和全球品牌塑造，迅速成为全球高端智能手机主要生产商之一。除华为外,全球智能手机销量前十的品牌中,还有来自中国的小米、Oppo 和 Vivo。

然而,在售价超过 400 美元的高端手机市场,苹果和三星依然地位牢固,市场份额分别达到 57% 和 25%。在这个细分领域,关键的无形资产包括技术、品牌、软硬件设计。

世界知识产权组织总干事弗朗西斯高锐说:"当今全球价值链中的无形资本将逐渐决定企业的命运和财富。它隐藏在我们所购买产品的外观、感受、功能和整体吸引力中,决定了产品在市场上的成功率……而知识产权是企业维持无形资本竞争优势的手段。"

(环球网,2017 - 11 - 21)

阅读以上材料,回答问题:
1. 结合资料分析,概括中国制造在全球价值链中的地位变化。
2. 在全球价值链地位提升中,中国企业该怎样做?

拓展实训:国际分工现象

实训目的:
理解国际分工现象对国际贸易活动的影响

实训安排:
1. 教师与企业接洽;
2. 引领学生访问一些出口产品制造企业业务人员。

教师注意事项:
1. 指导学生,认识我国企业所处的国际分工定位情形;
2. 聘请业务人员讲解应对措施;
3. 组织其他相应学习资源。

资源(时间):
1 课时、参考书籍、案例、网页、实践基地企业。

评价标准

表现要求	是否适用	已达要求	未达要求
小组活动中的工作表现(参与度、讨论发言)			
整个认知活动过程的表现			
对整体职业学习活动的认识与把握			
学习活动过程知识与经验的运用与反思			

课程思政园地

思政关键词: 爱国主义 民族自信心

国务院发展研究中心"国际经济格局变化和中国战略选择"课题组关于《中国应对国际经济格局变化的战略选择》报告认为,我国国际分工地位变化迎来历史机遇期。

1. 新一轮技术革命与产业变革,将为中国赶超提供历史性机遇

新技术革命,将给中国带来利用新技术"变轨"实现跨越的新机遇;产业分工格局重塑，中国有可能利用全球价值链"重构"机会，实现产业结构的跃升。一是在新一轮技术革命中，中国凭借快速的技术学习和能力积累，充分利用多层次国内大市场、不断增强的创新能力及市场环境，逐步成长为引领全球数字化发展、改变数字化格局的重要力量。二是通过将新兴技术运用到传统产业领域，推动新兴技术与传统产业融合，不断提升中国在传统产业国际分工中的地位。三是新技术革命将推动形成新的生产方式、国际分工方式和新的贸易方式，信息化可改变国家比较优势，有利于提升中国在全球分工中的地位。

2. 经济全球化深入发展，将为中国贸易投资发展带来更大发展空间

尽管逆全球化思潮抬头，以美国为首的发达经济体对中国的技术防范力度增大，但是，经济全球化方向不会逆转，贸易投资自由化与便利化的平台与方式发生改变，区域合作不断推进，信息技术与数字经济等广泛应用带来新的贸易方式和平台经济快速发展，将加速要素的跨国流动。中国经济发展的前景和巨大市场，将吸引世界各国不断扩大和深化与我国的经贸合作。只要我们坚持扩大开放的基本国策不动摇，构建全面开放新格局，仍然可以利用全球资源与市场为推进高质量发展提供战略支撑。

3. 新兴经济体快速发展，将为中国提升在国际分工中地位提供机遇

全球经济增长的重心将从欧美转移到新兴市场，新兴经济体和发展中国家实力进一步提升。根据WTO研究测算的不同情景下预测结果，全球2/3以上的中产阶层将集中在亚洲地区。印度、中东、北非、撒哈拉以南的非洲地区在全球进口占比将明显上升，为我国实施对外贸易市场多元化战略提供发展空间。新兴经济体快速发展和进一步融入世界经济，将为提升中国在国际分工中的地位提供重要机遇。

4. 全球绿色发展和能源转型，将为中国发展带来新的机遇

由于可再生能源、电动汽车和数字技术等能源开发利用技术获得重大突破，资源不再是制约能源行业发展决定性的因素，这为中国乃至其他发展中国家发展打破了能源瓶颈的约束。中国有可能在全球绿色发展和能源转型中扮演领导者角色。中国市场巨大，且在可再生能源技术、电网技术和电动汽车技术、数字经济技术的研究开发特别是商业化应用上走在世界前列，有可能在全球能源转型中成为全球领导者，从而为中国在全球绿色发展治理中赢得主动地位和话语权。

5. 全球经济治理加速变革，为中国提升制度性话语权提供机遇

全球经济治理正处于加速变革期，随着全球性议题和挑战的增多，各国对中国发挥更大作用的期盼增强；新兴经济体和发展中国家希望中国推动加快全球治理体系改革。美国从多边转向单边主义的做法，将对美国的全球领导力和国际公信力产生长期损害。国际社会对中国推动经济全球化寄予厚望，在维护多边贸易体系与完善全球经贸规则上，中国的政策选择为各方瞩目。这为中国发挥负责任大国作用、深入参与全球治理提供新的空间，有助于中国切实提升国际影响力和制度性话语权。

（人民网，2019-02-09.）

问题：
1. 我国国际分工地位发生过哪些变化？
2. 我国国际分工地位为什么会得到提升？

任务 2　国际分工与贸易政策

学生自我总结

通过完成任务 2 国际分工与贸易政策，我能够作如下总结：

1. 主要知识

本任务涉及的主要知识点有：
（1）
（2）

2. 主要技能

本任务涉及的主要技能有：
（1）
（2）

3. 主要原理

你认为，国际分工的主要原因是：
（1）
（2）

4. 相关知识与技能

完成本任务中：
（1）国际分工对于国际贸易的影响有：
（2）国际分工理论的实践意义有：
（3）国际贸易政策对于贸易活动的影响有：

5. 成果检验

完成本任务的成果：
（1）完成本任务的意义有：
（2）学到的经验有：
（3）自悟的经验有：
（4）你认为我国国际分工地位变化的趋势是：

任务 3 世界市场

任务3 世界市场

📖 **学习目标**

1. 知识目标

能认识世界市场的概念；能认识世界市场的形成与发展；能认识世界主要市场。

2. 技能目标

能理解世界市场的构成；能理解世界市场的发展变化；能识别世界主要市场商机。

3. 思政目标

了解中国市场规模；体会中国市场活力；理解我国"一带一路"倡议。

任务解析

根据国际贸易认知活动工作顺序和职业教育学习规律，世界市场可以分解为以下子任务。

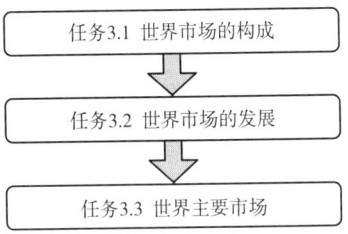

```
任务3.1 世界市场的构成
        ↓
任务3.2 世界市场的发展
        ↓
任务3.3 世界主要市场
```

课前阅读

故事要从中国由世界工厂向世界市场转变讲起。2019年11月5日，第二届中国国际进口博览会开幕。和首届相比，这届博览会参与的国家更多，新亮相国家超过1/3，首次亮相的境外企业超过1 000家。参展的美国企业数量达到192家，比上一年增长了18%。"过去集装箱都是空箱到中国，再把中国生产的商品运出去。现在80%的空箱率已经降到20%"。联合利华公司董事会主席泰斯库认为，这一转变是中国从"世界工厂"到"世界市场"的证明。

1980年，中国人均GDP为194.8美元，只有美国的1/65，世界平均水平的1/13；中国15～64岁之间的人口为5.85亿人，占世界总量的22.4%，是美国的3.9倍。中国的对外开放为全球制造业成本降低带来了前所未有的潜力，也"当仁不让"地为全世界提供了一个在后来30多年中低成本劳动力接近"无限供给"的"世界工厂"。

2020年我国GDP在全球总量的份额达到17.6%，相比2019年提高了1.3个百分点。中国经济规模对比美国，也由2019年的66.7%，提高至2020年的70.8%。

中国有世界规模最大的4亿人中等收入群体。同时，中国人均收入连续两年突破10 000美元。中国人民对美好生活的追求、对来自世界各地的更加多样化高品质的产品产生巨大需求。总之，中国目前成为世界市场具备了充分的条件。中国消费市场的潜力有多大？相信很快会有答案！

（罗立彬. 中国从世界工厂到世界市场[EB/OL]. 光明网，2019-11-08.）

问题：
1. 如何看待中国由世界工厂向世界市场转变？
2. 中国市场前景光明是基于什么样的判断？

3.1 世界市场的构成

> **任务提示**：认识世界市场的构成，特别是从国际货物贸易的角度，认识世界市场的特征。在此基础上，能够在进出口市场、客户选择、商品价格制订等方面，考虑到不同世界市场的区别。

3.1.1 世界市场的含义

市场、世界市场，既是一个地理概念，也是一个经济概念。

世界市场是在各国国内市场的基础上形成的。但是，世界市场并不是各国国内市场的简单相加，两者之间既有不可分割的联系，又有十分明显的差别。

1. 世界市场的概念

世界市场这一概念，可以从其内涵与外延两个方面来理解。世界市场的外延指的是它的地理范围。世界市场的内涵指的是与交换过程有关的全部条件和交换的结果，包括商品、技术转让、货币、运输、保险等业务，其中商品是主体，其他业务是为商品和劳务交换服务的。

在世界市场的内涵和外延两方面中，其内涵决定世界市场的经济本质。

> **重要概念 3-1　　　　　　　　　世界市场**
> 世界市场是世界各国之间进行商品和劳务交换的领域。它包括由国际分工联系起来的各个国家商品和劳务交换的总和。

世界市场的含义还体现在以下三个方面。

（1）各国国内市场的形成是世界市场形成的前提，只有各国国内市场发展到一定程度，商品交换突破国家界限而扩大到世界范围，世界市场才能真正形成。

（2）世界市场是以国家为媒介并超越国家界限而形成的商品交换关系的反映。

（3）世界市场受各国经济和政治关系的制约和影响。

2. 世界市场的分类

世界市场的构成十分复杂，可以按不同的标准进行分类。

（1）按地理方向划分。世界市场按洲别或地区可以划分为西欧市场、北美市场、非洲市场、东南亚市场等；也可以按国别划分为美国市场、日本市场、德国市场、英国市场、中国市场等；联合国在有关的统计中常把世界各国划分为发达国家市场、发展中国家市场和中央计划经济国家市场三大类。

（2）按市场对象划分。世界市场可以划分为商品市场、货币市场和劳务市场。其中商品市场是主体。也可按大类划分为纺织品市场、粮油市场、机械市场、化工市场等；还可按品种细分为小麦市场、咖啡市场、茶叶市场、汽车市场等。

（3）按消费者划分。可按性别、年龄、收入和职业等划分，如妇女用品市场、儿童用品市场、劳保用品市场等。

3.1.2 世界市场的发展

世界市场是伴随着资本主义发展与国际分工的拓展而形成的，随着资本主义生产方式的演变而经历着不同的发展阶段。

1. 萌芽阶段（16世纪初至18世纪60年代）

国际贸易虽然很早就已经出现，但在相当长的历史时期内，由于社会生产力水平低下，商品经济落后，交通不发达，因而并不存在世界性的市场。15世纪末至16世纪初的地理大发现之后，区域性市场逐渐扩大为世界市场。新的世界市场不仅包括欧洲原有的区域性市场，而且也包括亚洲、美洲、大洋洲和非洲的许多国家和地区。

2. 初步形成阶段（18世纪60年代至19世纪70年代）

18世纪中叶，英国和欧洲其他国家先后完成了产业革命，建立起机器大工业。在机器大工业的推动下，国际贸易发生了根本性的变化，促进了世界市场的迅速发展。这一阶段，世界市场的范围不断扩大，中欧、东欧、中东以及印度洋沿岸的广大地区都成为世界市场的组成部分，南太平洋和远东的澳大利亚以及日本和中国等也开始进入世界市场。

3. 最终形成阶段（19世纪70年代至第二次世界大战前）

19世纪70年代，发生了第二次科技革命。一方面，促进了社会生产力的极大提高，使工农业生产迅速增长和交通运输业发生了革命性的变革，大大改变了欧洲经济的面貌，也改变了世界的经济面貌。尤其是交通运输业的革命，成为19世纪末世界经济、世界市场发展的主要推动力。另一方面，第二次科技革命也推动了资本主义生产关系由自由竞争向垄断阶段的过渡，资本输出急剧扩大。资本输出使生产社会化和国际化逐步实现，并与商品输出相结合，从而加强和扩大了世界各国间的商品流通。

4. 发展阶段（第二次世界大战至今）

第二次世界大战后，以美国为主导的资本主义世界经济体系逐步建立起来。一方面，美国通过"布雷顿森林体系"建立起"世界银行"以及"国际货币基金组织"，掌握了国际金融控制权。另一方面，又通过《关税与贸易总协定》形成以美国为中心的国际贸易体系。还出现了经济区域化下三大组织——欧洲联盟、北美自由贸易区、亚太经合组织。在这个过程中世界各国、各地区通过密切的经济交往与合作，在经济上相互联系和依存，相互竞争和制约达到了很高的程度，使全球经济形成一个有机整体。

相关资讯 3-1   **世界市场的作用**

世界市场的形成是人类社会经济发展史上的重大事件，对各国各地区的经济增长和国际关系的加强产生了推动作用。

（1）促进了世界各国社会生产力的蓬勃发展。随着世界市场的形成，商品交换的数量和种类增加了，贸易往来的范围与领域扩大了，超越国界发展为国际之间的贸易并进而取得世界性的规模，这必然会使世界各国的社会生产力得到极大的发展。

（2）进一步推动了资本主义的发展，客观上促使东方国家新的经济结构发展壮大。世界市场把资本主义生产方式扩展到世界各地，并冲击、瓦解着各国原有的社会经济结构，加速了资本主义的发展。

（3）加强了世界各国经济的相互联系，导致世界经济体系的形成。世界市场的形成，是世界经济体系形成的前提。商品交换的全球化，打破了各国经济的孤立性和闭关自守的割据状态，把落后地区卷入资本主义文明，卷入商品流通的漩涡。各国各地区都为世界市场而生产，因此生产和消费越来越具有世界性。在这种全面交流中，各国的社会经济逐渐联结为互相依赖的统一体，世界经济体系形成。

同步实训

实训目的：
加深学生对世界市场形成的理解。

实训安排：
1. 搜索世界市场的起源与发展资料，讨论其变化历程；
2. 讨论世界市场变化对我国某企业某产品进出口的影响。

教师注意事项：
1. 由一般市场活动事例导入对世界市场的认知活动；
2. 分组搜索资料，查找我国出口产品的主要市场；
3. 组织其他相应学习资源。

资源（时间）：
1课时、参考书籍、案例、网页。

评价标准

表现要求	是否适用	已达要求	未达要求
小组活动中，外在表现（参与度、讨论发言积极程度）			
小组活动中，对概念的认识与把握的准确程度			
小组活动中，分工任务完成的成效与协作度			
小组活动中，作业或报告制作的完整与适用程度			

3.2 世界市场的发展

任务提示：认识世界市场的发展，特别是从国际货物贸易的角度，认识世界市场的特征。在此基础上，能够在进出口市场、客户选择、商品价格制定等方面，考虑到不同世界市场的区别。

3.2.1　当代世界市场特征[①]

第二次世界大战结束至今,几乎所有的国家与地区都参与到国际贸易活动中来,使得世界市场的规模大大增加。这期间,国际贸易商品结构也发生了相应的变化,国际服务贸易迅速发展起来,除传统的银行、保险、运输外,国际租赁、提供国际咨询和管理服务、技术贸易、国际旅游等也在得到快速发展。在区域经济一体化和跨国公司的影响下,在一个世界市场的范围内,存在许多跨国家的区域性市场。不同社会制度的国家在世界市场上的联系在加强。

这一时期,世界市场表现出以下特点。

1. 世界市场的规模大大增加

第二次世界大战结束至今,各国卷入世界市场的深度也在增加,表现为各国对外贸易额占其国民生产总值的比重,即外贸依存度有提高的趋势。1970年世界各国的外贸依存度为11.4%,1980年上升为14.1%,1990年进一步上升为16.2%。2019年,发达国家中,德国对外贸易依存度高达70.8%、美国为19.7%;发展中国家中,中国为31.86%、印度为26%。国际贸易的方式也呈现多样化。国际经济合作形式的多样化促进了国际贸易方式的多样化,像补偿贸易、来料加工贸易、租赁贸易等新的贸易形式得到很大发展。

2. 国际贸易的商品结构发生了重大变化

第二次世界大战前初级产品与工业制成品在世界贸易中所占的比重大约是60%与40%,第二次世界大战后这个比例开始倒过来了。在工业制成品中,机械产品、电子产品等与新技术有关的产品比重在加大。造成这种情况的根本原因是,科技革命带来国际分工的深化。

20世纪90年代以来,世界商品的增长速度一直超过世界生产的增长速度,而在世界商品贸易中,最具活力的是工业制成品贸易。从其后近10年的情况看,在世界贸易中,工业制成品贸易年均增长9.8%,而初级产品贸易仅增长2.2%。据世界贸易组织统计,2017年,工业制成品占所有商品出口的比重达70%,化工产品、办公用品和通信产品及汽车产品占制成品出口的44%。

3. 国际服务贸易发展迅速

第二次世界大战后的科技革命和经济高速增长,在加深国际分工的同时,也使各种生产要素在国家间流动加强,于是国际服务贸易迅速发展起来,不但传统的服务贸易项目,如银行、保险、运输等随着国际贸易发展而发展,其他的服务项目,如国际租赁、提供国际咨询和管理服务、技术贸易、国际旅游等也在第二次世界大战后得到快速发展,服务贸易的增长速度大于同期商品贸易的增长速度。世界贸易组织《2019年全球贸易报告》显示,从2005年开始全球货物贸易每年的平均增长率为4.6%,而服务贸易的增长率达5.4%。此外服务贸易以10%的增长速度,在很多发展中经济体中占据非常重要的位置。

4. 区域经济一体化和跨国公司给世界市场以巨大影响

世界各国经济联系日益加强,有一部分国家通过结成地区性经济集团,在一个区域的范围内追求更加紧密的国际经济联系。于是在一个世界市场的范围内,存在许多跨国家的区域

[①] 数据来源于世界贸易组织《全球贸易报告》。

性市场。这些地区性经济集团，对内实行程度较高的自由贸易，对外则实行一定程度的歧视或排斥，如欧盟、北美自由贸易区等就是这样的区域经济一体化组织。看起来这似乎使世界市场被分割为一些板块，使世界市场变小，但世界上众多国家在参加到世界市场中去的时候，原本就实行内外有别的政策。因此，世界上有多少国家和地区就可以认为世界市场被分割为多少板块。现在地区经济一体化只是使一些较小的板块合并为大一些的板块而已，并大大促进了集团内的国际分工和国际贸易。

跨国公司的大发展也给世界市场以巨大影响。跨国公司利用其雄厚的资本和科学技术上的优势，通过对外直接投资，绕过别国的关税和非关税壁垒，进入别国市场。它们采用多种组织形式和策略，垄断着世界的销售市场和原料产地，从而垄断了世界市场上很大一部分贸易。有人估计，当今世界上国际贸易的 80% 与跨国公司有关，而跨国公司的内部贸易在资本主义世界贸易中的比重约 1/3。

5. 不同社会制度的国家在世界市场上的联系在加强

当今世界市场上，出现了三种类型的国家，即发达市场经济国家、发展中国家或地区和社会主义国家。作为社会主义国家，我国施行改革开放之后，与其他国家、地区建立和发展多层次的经贸关系。随后恢复了在世界银行、国际货币基金组织的合法席位，加入了世界贸易组织。自从党的十四大确立我国建设社会主义市场经济体制的目标之后，我国在世界市场上的竞争力不断增强，与世界市场的联系也更加紧密。作为最大的发展中国家，我国与广大发展中国家一起，积极要求改变原来不合理的国际经济秩序，建立新的国际经济秩序，以便更有利于世界各国的发展。"十三五"期间，我国共建"一带一路"不断走深走实，成功举办两届"一带一路"国际合作高峰论坛，累计同 138 个国家和 31 个国际组织签署 201 份共建"一带一路"合作文件，雅万高铁、中老铁路、瓜达尔港等重大项目取得积极进展，到 2020 年 10 月底中欧班列累计开行 3.1 万列。

3.2.2 世界市场交易方式

第二次世界大战后，世界市场上国际贸易方式呈现多样化特征，除了传统方式外，也出现了一些新的贸易形式。

1. 单纯的进出口贸易方式

买卖双方自由选择交易对象，通过函电往来或当面谈判，达成协议签订合同，进行交易活动，这是国际贸易最普遍的一种交易方式。

2. 展览交易方式

通过举办定期或不定期的、长期或短期的、有固定地点或无固定地点的各种类型的展览会、博览会以及贸易中心，为本国和其他国家的商品展出和交易提供场所。

例 3-1 中国国际进口博览会（CIIE），由商务部、上海市人民政府主办，是世界上第一个以进口为主题的大型国家级展会，旨在坚定支持贸易自由化和经济全球化，主动向世界开放市场。举办中国国际进口博览会是中国政府坚定支持贸易自由化和经济全球化、主动向世界开放市场的重大举措，有利于促进世界各国加强经贸交流合作，促进全球贸易和世界经济增长，推动开放型世界经济发展。2020 年 11 月 4~10 日，第三届中国国际进口博览会开幕式在上海举行。

3. 商品交易所

商品交易所是世界市场上进行大宗商品交易的一种特殊交易方式，是一种有组织的商品市场。其经营活动是根据相关法律法规进行的。

例 3-2 世界各种商品贸易所中心包括：有色金属（上海、伦敦、纽约、新加坡）；天然橡胶（新加坡、纽约、伦敦、吉隆坡）；可可豆（纽约、伦敦、巴黎、阿姆斯特丹）；谷物豆类（大连、芝加哥、温尼伯、伦敦、利物浦、鹿特丹、安特卫普、米兰）；食糖（伦敦、纽约、郑州）；咖啡（纽约、新奥尔良、芝加哥、亚历山大、圣保罗、孟买）；棉籽油（纽约、伦敦、阿姆斯特丹）；黄麻（加尔各答、卡拉奇、伦敦）；大米（米兰、阿姆斯特丹、鹿特丹）；豆油和向日葵（伦敦）。

4. 国际拍卖

国际拍卖是经过专门组织，在一定地点定期举行的一种公开竞争的交易方式。

例 3-3 从世界角度看，比较著名的拍卖行有苏富比、佳士得、邦瀚斯。前两大拍卖行为世界两大老牌劲旅，邦瀚斯近期出现了不少有价值的拍品，引起了新的目光的关注。世界拍卖行普遍实行连锁经营。它们不但在国内设立分支机构，而且开发跨国拍卖业务，依靠连锁经营机制和手段，迅速占领了世界拍卖市场的很大份额。

5. 补偿贸易

补偿贸易是与信贷相结合的一种商品购销方式。买方用进口设备开发和生产的产品或用其他产品或劳务去偿还进口设备的贷款。

例 3-4 我国在 20 世纪 80 年代，曾广泛采用补偿贸易方式引进国外先进技术设备，但规模不大，多为小型项目，外商以设备技术作为直接投资进入我国，故补偿贸易更趋减少。但是，随着我国市场经济的发展，补偿贸易在利用外资、促进销售方面的优越性不容忽视。

6. 加工贸易

加工贸易是把加工与扩大出口或收取劳务报酬相结合的一种购销方式。

例 3-5 2017 年，全国加工贸易进出口总值为 12 000 亿美元，同比增长 7%，低于外贸总额增幅 4.4 个百分点，占我国同期外贸进出口总值的 29%，占比较 2016 年下滑了 1.2 个百分点。

7. 租赁贸易

租赁贸易是把商品购销与一定时间出让使用权相联系的一种购销方式。出租人把商品租给承租人在一定时期内专用。承租人根据租赁时间长短付出一定的资金。

例 3-6 我国在以租赁方式引进国外设备时，往往由我国的租赁公司作为承租人向国外租赁公司租用设备，然后再将该设备转租给国内用户。经营转租业务的租赁公司，一方面为用户企业提供了信用担保，即以自己的名义承担了支付租金的责任。另一方面又为用户承办涉外租赁合同的洽谈和签订，以及各项进口手续和费用。

同步实训

实训目的：

加深学生对世界市场发展趋势的理解。

实训安排：

1. 搜索世界市场的发展资料，讨论其变化历程；
2. 讨论世界市场发展变化对我国某企业某产品进出口的影响。

教师注意事项：

1. 由一般市场活动事例导入对世界市场发展的认知活动；
2. 分组搜索资料，查找我国出口产品的主要市场；
3. 组织其他相应学习资源。

资源（时间）：

1课时、参考书籍、案例、网页。

评价标准

表现要求	是否适用	已达要求	未达要求
小组活动中，外在表现（参与度、讨论发言积极程度）			
小组活动中，对概念的认识与把握的准确程度			
小组活动中，分工任务完成的成效与协作度			
小组活动中，作业或报告制作的完整与适用程度			

3.3　世界主要市场

任务提示： 认识世界主要市场，特别是从国际货物贸易的角度，认识世界主要市场的特征。在此基础上，能够在进出口市场、客户选择、商品价格制定等方面，考虑到不同市场的区别。

3.3.1　美国市场

美国具有高度发达的现代市场经济，其国内生产总值和对外贸易额居世界前列。从国家角度看，美国经济被认为是世界上最大也是最重要的市场。

1. 地理概况

美国位于北美洲中部，领土还包括北美洲西北部的阿拉斯加和太平洋中部的夏威夷群岛。北与加拿大接壤，南靠墨西哥湾，西临太平洋，东濒大西洋。面积约为962.9万平方公里（其中陆地面积915.8960万平方公里），本土东西长4 500公里，南北宽2 700公里，海岸线长22 680公里。大部分地区属于大陆性气候，南部属亚热带气候。

2. 人口概况

人口3.3亿人（截至2019年12月），非拉美裔白人约占62.1%；拉美裔约占16.9%，非洲裔约占13.4%，亚裔约占5.9%，混血约占2.7%，印第安人和阿拉斯加原住民约占

1.3%，夏威夷原住民或其他太平洋岛民约占0.2%（少部分人在其他族群内被重复统计）。通用英语。

3. 经济概况

美国经济体系兼有资本主义和混合经济的特征。在这个体系内，企业和私营机构做主要的微观经济决策，政府在国内经济生活中的角色较为次要；然而，各级政府的总和却占GDP的36%；在发达国家中，美国的社会福利网相对较小，政府对商业的管制也低于其他发达国家。2020年4月，统计数据显示，美国前三大贸易伙伴是中国、墨西哥、加拿大。美国经济高度发达，全球多个国家的货币与美元挂钩，而美国的证券市场和债券被认为是世界经济的晴雨表。

美国有高度发达的现代市场经济，是世界第一经济强国。20世纪90年代，以信息、生物技术产业为代表的新经济蓬勃发展，受此推动，美经济经历了长达10年的增长期。在全国各地区，经济活动重心不一。例如，纽约市是金融、出版、广播和广告等行业的中心；洛杉矶是电影和电视节目制作中心；旧金山湾和太平洋沿岸西北地区是技术开发中心；中西部是制造业和重工业中心，底特律是著名的汽车城，芝加哥是该地区的金融和商业中心；东南部以医药研究、旅游业和建材业为主要产业，并且由于其薪资成本低于其他地区，因此持续的吸引制造业的投资。

美国的服务业占最大比重，全国3/4的劳动力从事服务业。美国拥有丰富的矿产资源，包括了黄金、石油和铀，然而许多能源的供应都依赖于外国进口。美国是全球最大的农业出口国，占世界农业出口市场的一半以上。美国工业产品主要包括了汽车、飞机和电子产品。美国也有发达的旅游业，排名世界第三。

美国幅员辽阔。主体部分地处太平洋和大西洋之间，地形呈南北纵列分布，平原面积占全国总面积一半以上。密西西比河和五大湖为灌溉、航运等提供了良好的条件。充分利用不同地区的自然条件，美国的农业生产实现了地区生产的专业化，形成了一些农业带（区），生产规模很大。农业生产的各个过程和环节都实现了机械化和专业化，效率高，产量大。美国许多农产品的生产量和出口量据世界前列，是世界上的农业大国。

美国2020年国内生产总值（购买力评价）20.955万亿美元（世界国家和地区第1名，国际货币基金组织统计）。人均国内生产总值6.34万美元（世界国家和地区第5名，国际货币基金组织统计，次于挪威、爱尔兰）。基尼系数0.45（2018年）。

重要概念3-2　　　　　　　　基尼系数

基尼系数是反映一个国家或一个地区居民之间收入差距水平的统计指标。它能反映一个国家或一个地区的收入分配的公平状况。习惯上用百分比表示，其取值范围在0~1（0~100%）之间。百分比越大表示居民之间收入差距越大，收入分配越不公平；百分比越小表示居民之间收入差距越小，收入分配越公平。

美国是一个典型的高收入、高消费国家，对中高档的商品需求量非常大。但由于收入分配的不均衡，使一部分人只能购买中低档的商品。另外，由于美国市场容量大，经济政策相对宽松，进入美国的外企多，它们各自具有不同的竞争优势，相互之间并与美企间展开激烈的竞争。

3.3.2 欧盟市场

1. 成员概况

欧洲联盟（EU）是由欧洲共同体发展而来的，是一个集政治实体和经济实体于一身、在世界上具有重要影响的区域一体化组织。1991年12月，欧洲共同体马斯特里赫特首脑会议通过《欧洲联盟条约》，通称《马斯特里赫特条约》（马约）。1993年11月1日，该条约正式生效，欧盟正式诞生。总部设在比利时首都布鲁塞尔。成员有27个国家，包括奥地利、比利时、保加利亚、塞浦路斯、捷克、丹麦、爱沙尼亚、芬兰、法国、德国、希腊、匈牙利、爱尔兰、意大利、拉脱维亚、罗马尼亚、立陶宛、卢森堡、马耳他、荷兰、波兰、葡萄牙、斯洛伐克、斯洛文尼亚、西班牙、瑞典、英国。人口5.063亿人（2011年），面积433万平方公里。2020年12月24日，欧盟委员会宣布，经过多轮激烈谈判，欧盟与英国当天终于就包括贸易在内的一系列合作关系达成协议。2020年1月30日，欧盟正式批准了英国脱欧。

2. 经济概况

在2020年以前，欧盟的GDP仅次于美国排名世界第二，经济上原为世界上第二大经济实体（其中法国、意大利、英国、德国为八大工业国成员）。欧盟2019年的GDP为18.41万亿美元左右，减去英国的2.83万亿美元，只剩15.58万亿美元。

欧盟一体化建设半个多世纪以来在曲折中不断取得积极进展，已先后建立了关税同盟，实行了共同贸易政策、农业和渔业政策，统一了内部大市场，基本实现了商品、人员、资本和服务的自由流通，建立了经济与货币联盟，统一了货币。欧盟一体化建设逐步向外交、安全、司法、内务等领域拓展，并不断取得进展。欧盟通过《阿姆斯特丹条约》和《尼斯条约》，陆续将"申根协议"纳入欧盟法律框架，把民事领域司法合作纳入欧共体机制，并为解决欧盟第五轮扩大带来的效率与公平问题，对欧盟理事会表决份额、特定多数表决制和欧盟机构组成与规模进行了重大调整。2009年《里斯本条约》生效后，欧盟具备了国际法律人格，并正式取代和继承欧共体。欧盟机制机构改革陆续启动，当年欧盟选举产生了首任欧洲理事会主席范龙佩和欧盟外交和安全政策高级代表兼欧委会副主席阿什顿。2010年3月，欧盟提出了对外行动署组建方案。截至2011年3月，行动署主要职位任命和机构组建工作已初步完成。

欧盟拥有统一货币：欧元（euro），1999年1月1日正式启用。除英国、希腊、瑞典和丹麦外的11个国家于1998年首批成为欧元国，这些国家的货币政策从此统一交由设在德国法兰克福的欧洲中央银行负责。2002年1月1日零时，欧元正式流通。2011年1月1日，爱沙尼亚加入欧元区，使欧元区扩大到17国。

3.3.3 日本市场

1. 地理概况

日本位于亚欧大陆东部、太平洋西北部，领土由北海道、本州、四国、九州4个大岛和其他6800多个小岛屿组成，因此也被称为"千岛之国"。日本陆地面积约37.79万平方公里。日本东部和南部为一望无际的太平洋，西临日本海、东海，北接鄂霍次克海，隔海分别和朝鲜、韩国、中国、俄罗斯、菲律宾等国相望。人口总数量约为1.26亿人（2019年）。主要民族为大和族，北海道地区约有2.4万阿伊努族人。通用日语。主要宗教为神道教和佛教。首都东京。

2. 经济概况

从国家角度看，日本是当今世界第三大经济体，仅次于美国和中国。日本经济高度发达，国民拥有很高的生活水平。2019年，GDP总量50 817.69亿美元，人均40 246.88美元，排名24位。日本财务省数据显示，2019年日本的海外资产存量约为8.97万亿美元、排全球第4名，海外净资产达2.91万亿美元、排全球第1名。

日本的服务业，特别是银行业、金融业、航运业、保险业以及商业服务业占GDP占最大比重，而且处于世界领导地位，首都东京不仅是全国第一大城市和经济中心，更是世界数一数二的金融、航运和服务中心。第二次世界大战后，日本的制造业得到迅速发展，尤其是电子产业和汽车制造业。日本三菱是世界上仅次于美国通用的超级企业财阀，2007年仅在三菱旗下的世界五百强企业就达到了11家。日本的电子产业和高科技著名制造商包括索尼、松下、佳能、夏普、东芝、日立等公司。汽车业方面，日本公司的汽车生产量超越美国和德国，是全球最大的汽车生产国。其中，丰田、马自达、本田和日产等制造商，均有出产汽车行销全球。日本拥有世界资产最庞大的银行邮储银行，三菱UFJ金融集团、瑞穗金融集团和三井住友金融集团。

3.3.4 中国市场

1. 地理概况

中国位于亚洲大陆的东部、太平洋西岸，陆地面积约960万平方公里。中国领土北起漠河以北的黑龙江江心（北纬53°30′），南到南沙群岛南端的曾母暗沙（北纬4°），跨纬度49度多；东起黑龙江与乌苏里江汇合处（东经135°05′），西到帕米尔高原（东经73°40′），跨经度60多度。从南到北，从东到西，距离都在5 000公里以上。中国陆地边界长达2.28万公里，大陆海岸线长约1.8万公里，海域面积473万平方公里。同14国接壤，与8国海上相邻。

2. 人口概况

中国是世界上人口最多的发展中国家。2021年5月11日，国家统计局在国新办发布会上发布了第七次人口普查数据，在人口总量方面，全国人口共141 178万人，与2010年（六人普）的133 972万人相比，增加7 206万人，增长5.38%。中国是一个统一的多民族国家，迄今为止，通过识别并由中央政府确认的民族有56个。中国各民族之间人口数量相差很大，其中汉族人口最多，其他55个民族人口相对较少，习惯上被称为"少数民族"。

3. 经济概况

1978年11月，中国经济开始改革开放，之后中国经济持续高速发展，让全世界瞩目。目前，中国经济增长成为世界第二大经济体。持有超过2万多亿美元的外汇储备，并已成为第一大贸易国和外国直接投资目的地。

2010年中国的经济总量排位居全球第二位，GDP为39.8万亿元，约合5.879万亿美元。人均GDP由下中等收入国家，进入上中等收入国家行列。中国、巴西、印度、俄罗斯、南非被称之为"金砖国家"。2020年，我国GDP为14.73万亿美元，人均GDP连续两年超过1万美元。

中国巨大的市场容量、完善的基础设施、完备的产业配套能力和稳定公平的市场环境，正在吸引越来越多的跨国企业到中国投资兴业。目前中国是世界上吸引外资最多的国家之一，全球500强企业中已有470多家在中国落户。中国正由世界最大的工业品供应国逐渐转变为全球最大或者至少能与美国相媲美的世界最大市场。也就是说，"世界工厂"使中国跃进为"新兴发展中国家"之一，而今后"世界市场"将使中国跃进为"新兴发达国家"。在中国由"世界工厂"向"世界市场"转变的过程中，电子商务的崛起发展是最具代表性的例子。

2011年9月7日，世界经济论坛通过日内瓦—北京连线的方式发布了《2011~2012全球竞争力报告》，中国排名第26位，比上一年度上升一名。自2005年以来，中国的排名逐年上升。这折射出中国经济发展速度和实力的不断提升，说明中国经济的环境在不断改善，创新力在不断增强，把控市场经济的宏观能力在不断提高。

同步实训

实训目的：
加深学生对世界主要市场的认知。

实训安排：
1. 搜索世界主要市场的发展资料，讨论其变化历程；
2. 查找我国与美国、欧盟、日本的贸易往来数据，讨论这些市场对我国进出口的影响。

教师注意事项：
1. 由一般市场活动事例导入对世界主要市场发展的认知活动；
2. 分组搜索资料，查找我国出口产品的主要市场分布；
3. 组织其他相应学习资源。

资源（时间）：
1课时、参考书籍、案例、网页。

评价标准

表现要求	是否适用	已达要求	未达要求
小组活动中，外在表现（参与度、讨论发言积极程度）			
小组活动中，对概念的认识与把握的准确程度			
小组活动中，分工任务完成的成效与协作度			
小组活动中，作业或报告制作的完整与适用程度			

小　结

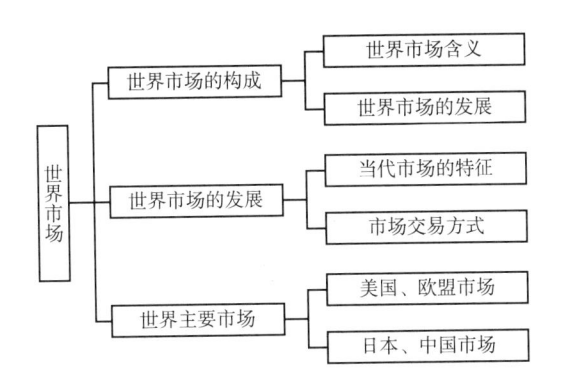

```
                          ┌─ 世界市场的构成 ─┬─ 世界市场含义
                          │                 └─ 世界市场的发展
                          │
              世界市场 ────┼─ 世界市场的发展 ─┬─ 当代市场的特征
                          │                 └─ 市场交易方式
                          │
                          └─ 世界主要市场 ───┬─ 美国、欧盟市场
                                            └─ 日本、中国市场
```

教学做一体化练习

重要概念

世界市场　基尼系数

课堂讨论

1. 世界市场与国际分工。
2. 世界市场和国家市场。
3. 世界市场的形成。
4. 世界市场的发展。
5. "金砖国家"的现实意义。

课后自测

选择题

1. 世界市场的内涵指的是与交换过程有关的全部条件和交换的结果，包括（　　）。

   A. 商品　　　　　　B. 技术转让　　　　C. 货币　　　　　　D. 运输、保险等

2. 世界市场的构成十分复杂，可以按不同的标准进行分类。主要标准包括（　　）。

   A. 地理方向标准　　B. 市场对象标准　　C. 消费者对象　　　D. 产品质量

3. 联合国在有关的统计中常把世界各国划分为（　　）。

   A. 发达国家市场　　　　　　　　　　　B. 发展中国家市场

   C. 中央计划经济国家市场　　　　　　　D. 不发达国家市场

4. 世界市场的初步形成阶段，在机器大工业的推动下，（　　）。

   A. 国际贸易发生了根本性的变化

   B. 世界市场的迅速发展

   C. 工业制成品与食品、原料的交换

   D. 产业资本取代商业资本而占据了统治地位

5. 世界市场发展阶段的主要特点是（　　）。

   A. 资本、商品、服务、生产要素与信息的跨国流通

   B. 在世界市场范围内提高资源配置的效率

C. 各国经济相互依赖程度日益加深的趋势
D. 垄断资本在世界市场占据了统治地位

6. 下列属于"金砖五国"的国家是指（　　）。
   A. 中国　　　　　B. 俄罗斯　　　　C. 印度　　　　D. 加拿大
   E. 巴西

7. 欧盟经济上原为世界上第二大经济实体，其中（　　）为八大工业国成员。
   A. 法国　　　　　B. 意大利　　　　C. 英国　　　　D. 德国
   E. 西班牙

判断题

1. 世界市场就是各国国内市场的简单相加。（　　）
2. 世界市场的内涵指的是与交换过程有关的全部条件和交换的结果。（　　）
3. 世界市场是以国家为媒介并超越国家界限而形成的商品交换关系的反映。（　　）
4. 世界市场受各国经济和政治关系的制约和影响。（　　）
5. 世界市场可以划分为商品市场、货币市场和劳务市场。其中商品市场是主体。（　　）
6. 区域经济一体化起着促进世界市场发展的作用。（　　）
7. 加工贸易是把加工与扩大出口或收取劳务报酬相结合的一种购销方式。（　　）
8. "金砖五国"的第五个成员是南非。

简答题

1. 世界市场形成与发展经历了哪些阶段？
2. 世界市场的作用有哪些？
3. 当代世界市场有哪些特征？
4. 世界市场的交易方式有哪些？
5. 美国市场有哪些特点？
6. 欧盟市场有哪些特点？

案例分析

2019年11月4日，是2019年广交会圆满落幕的日子，也是第126届广交会的落幕。在世界经济增速放缓和外贸环境更趋复杂严峻的背景下，采购商会符合预期的意料，质量也会跟着稳步提升。第126届广交会到会的采购商有186 015人，他们都是来自214个不同的国家和地区，和同比的第124届下降了2%。

从本届的广交会出口成交的总体平稳上来看，外贸质量发展的步伐比较迅速，累计出口成交的292.88亿美元（折合人民币2070.9亿元），虽然和同期相比下降了1.9%，但是降幅仍然保持在合理的范围内。就拿机电商品来说，机电商品的成交为159.41亿美元，占总额的54.43%，轻工产品成交了72.2亿美元，占据总额的24.65%，纺织成交了16.83亿美元，占总成交额的5.75%。

"一带一路"的沿线出口成交增长14.81%，沿线国家出口的成交为110.56亿美元，占总成交额的37.75%。其中，非洲出口成交28.13亿美元，增长10.72%；东盟出口成交34.35亿美元，增长39.22%；金砖国家的出口成交为36.5亿美元，增长率达到了4.17%。

在本次会议中，"一带一路"沿线国家为讨论重点，还有全球升级的合作伙伴，计划要

任务 3 世界市场

开拓多元化市场。本次新增的 9 家合作机构中，就有 5 家是来自"一带一路"沿线国家。另外，广交会在沿线国家合作的工商机构，目前已经达到 53 家（来自 35 个不同的国家），通过工商机构的形成，有效地推动沿线国家和中国的经贸往来。

（商务部官网，广交会新闻中心发布，2019-10-17）

阅读以上材料，回答问题：
1. 欧美国家经济不景气对我国出口的影响？
2. "一带一路"的沿线出口为什么能够增长？

拓展实训：世界市场

实训目的：
参观企业，认知世界市场。

实训安排：
1. 教师与企业接洽；
2. 引领学生访问企业业务员，了解出口产品的主要市场。

教师注意事项：
1. 指导学生，认识某产品的出口市场；
2. 请业务员讲解出口市场变动情况；
3. 组织其他相应学习资源。

资源（时间）：
1 课时、参考书籍、案例、网页、实践基地企业。

评价标准

表现要求	是否适用	已达要求	未达要求
小组活动中的工作表现（参与度、讨论发言）			
整个认知活动过程的表现			
对整体职业学习活动的认识与把握			
学习活动过程知识与经验的运用与反思			

课程思政园地

关键词： 世界市场　合作共享　命运共同体

2019 年初，8 个装满阿根廷巴塔哥尼亚新鲜樱桃的集装箱抵达中国港口，樱桃在春节期间很快被抢购一空。这意味着，继智利之后，阿根廷樱桃进入中国市场。这样的"甜蜜共享"，既是合作共赢的生动写照，也是中国开放大门越开越大的有力印证。

今天的中国，不仅是"世界工厂"，也是"世界市场"。以 2018 年的数据测算，在中国市场，仅一个小时，外贸进出口值就超过 5 亿美元，百姓用于购物和餐饮的消费达 43 亿元，快递企业处理的快递超过 600 万件。如此巨大基数，如此强劲势头，外国企业家感慨："中国市场规模之大、范围之广令我折服，中国市场活力之盛、潜力之深始终令我惊叹"。大市场孕育大机遇。一个近14亿人口的庞大消费市场，一个世界上规模最大、成长最快的中等收入群体，这既是中国独一无二的市场潜力所在，也是世界寻找新动力、开拓新空间的发展机遇所在。

更重要的是，中国市场，不仅有量的扩大，更有质的提升。放眼中国，以前大家关心的是"有没有"，现在更注重"好不好"；以前想的是"买啥货"，现在多考虑"买啥牌"，人们的消费偏好正从"越便宜越好"向多元化、个性化、品质化转型，消费升级浪潮正涌。这为越来越多的跨国企业提供更多潜在机遇。从特斯拉成为首个在中国落地的外资独资新能源车企，到星巴克计划每年在中国大陆新增门店600家，再到德国巴斯夫投资100亿美元在广东湛江建设精细化工一体化基地，为何越来越多的外国企业纷纷扩大在华投资？他们看中的，正是中国经济转型升级带来的宝贵机遇。可以说，中国的发展，是世界的机遇；中国发展越快，世界机遇就越多。

经济全球化时代，哪里有市场，哪里更具开放的诚意，企业就到哪里去。无论是出台外商投资法，还是实施准入前国民待遇加负面清单管理模式；不管是继续削减行政审批和许可事项，还是宣布"将进一步降低关税水平，消除各种非关税壁垒"，中国始终以坚强的决心、坚定的步伐，不断深化改革开放，持续优化营商环境。满满的诚意，也让中国成为投资的热土：在2018年全球跨国投资下降19%的情况下，中国却逆势增长，实际使用外资1383亿美元，稳居发展中国家首位；全年新设外资企业超过6万家，增长69.8%。一个潜力无穷、更加开放的中国，必将如同一块超级磁石一样，受到外资的青睐。历史已经证明，并将继续证明，"一个更加开放的中国，将同世界形成更加良性的互动，带来更加进步和繁荣的中国和世界"。

（陈凌．中国的发展是世界的机遇［N］．人民日报，2019－05－29.）

问题：
1. 为什么说中国是个大市场？
2. 为什么说中国的发展是世界的机遇？

课程思政

学生自我总结

通过完成任务3世界市场，我能够作如下总结：

1. 主要知识

本任务涉及的主要知识点有：
(1)
(2)

2. 主要技能

本任务涉及的主要技能有：
(1)
(2)

3. 主要原理

你认为，世界市场形成的主要原理是：
(1)
(2)

4. 相关知识与技能

完成本任务中：
(1) 世界市场的作用有：
(2) 世界市场对于货物选择的影响有：
(3) 世界市场对于贸易伙伴选择的影响有：

5. 成果检验

完成本任务的成果：
(1) 完成本任务的意义有：
(2) 学到的经验有：
(3) 自悟的经验有：
(4) 你认为我国市场对世界各国的影响是：

任务 4 关税措施

任务 4　关税措施

学习目标

1. 知识目标

能认识关税的概念；能认识关税的种类；能认识关税的影响。

2. 技能目标

能理解关税的作用机制；能理解征税方法对货物报价的影响；能认识关税措施对整个业务活动的影响。

3. 思政目标

能理解关税变化与我国外贸的关系；能理解关税与国家利益的关系；能理解我国在推进贸易自由化方面的努力。

任务解析

根据国际贸易认知活动工作顺序和职业教育学习规律，关税措施可以分解为以下子任务。

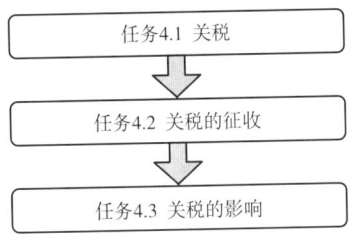

```
任务4.1 关税
    ↓
任务4.2 关税的征收
    ↓
任务4.3 关税的影响
```

课前阅读

故事要从关税的起源讲起。关税在英文中还有一个术语名称是 Tariff。据传说，在地中海西口，距直布罗陀 21 英里处，古时有一个海盗盘踞的港口名叫塔利法（Tariffa）。当时，进出地中海的商船为了避免被抢劫，被迫向塔利法港口的海盗缴纳一笔买路费。以后 Tariff 就成为关税的另一通用名称，泛指关税、关税税则或关税制度等义。

据史料记载，我国西周时期就出现了"关市之赋"，这就是关税的萌芽。从西周至秦汉，国家对过往客商征收的关税额越来越高，逐渐成为国家财政收入的重要来源之一。

随着商业的发展，关税另行征收，征收对象从外来商人扩展到本国的私营商人，又因为生产力水平的不断提高，交通运输条件的逐渐改善，商人们贩运的商品种类和数量得以大大增多，所以关税的征收范围大大扩展；关卡越来越多，设关有诸多军事政治方面的考虑，但是经济方面的作用也不可忽视。多设关卡，层层抽税，同一批商品的贩运过程中，往往要经过许多次的纳税环节。正所谓所谓"偪介之关，暴征其私。"关税税率越来越高，春秋时，各国均能接受的关税的正常税率是 2%。经春秋战国日渐加重，虽在汉初一度免征，但学界普遍认为，到东汉末年，关税税率已经超过 10% 了。因而，对过往客商征收关税的总额随之越来越高。

对往来商旅征税制度的确立，是国家财政体制日渐成熟的一个标志，它便利了国家对商人的控制和管理，同时，也可实现对与商业相关的运输业、市场等方面的监督。显然，关市之赋是我国关税的雏形，我国"关税"的名称也是由此演进而来的。

读后问题：
1. 早期的关税是怎么样的？
2. 关税变化的趋势是怎样的？

4.1 关 税

任务提示：认识关税，特别是从经济意义的角度，认识关税的作用。在此基础上，能够在进出口市场、客户选择、商品价格制定等方面，考虑到关税的影响。

4.1.1 关税的含义

和我们所了解的其他税收一样，关税也是一个国家税收的一种。因其所涉业务及区域的不同，又体现出一些特殊性。

重要概念 4–1　　　　　　　　　关　税

关税是进出口货物经过一国关境时，由政府所设置的海关向其进出口商所征收的一种税。

1. 关税的征收机关

关税征收是通过海关来执行的。海关是一国设在关境上的行政管理机构，它受权于国家，行使国家权力，对外代表国家行使国家主权，对内代表中央政府行使对地方的权力。海关是贯彻执行本国有关进出口政策、法令与规章的重要工具，其基本职责是根据这些政策、法令和规章对进出口货物、货币、金银、行李、邮件和运输工具等实行监督管理、征收关税、查禁走私、临时保管通关货物和统计进出口商品等。

2. 关税的征收地域

海关对进出口货物实行监督和管理，都会规定一个地域界线。货物进入这个地域时称作进口，离开这个地域时称作出口，这个地域界限被称为关境。关境亦称关税领土、海关境域、关税境域或关税领域。

一般来说，关境和国境是一致的，但在许多国家两者并不一致。关境与国境的不同主要有三种情况：其一，有些国家在国境内设有自由港、自由贸易区和出口加工区等经济特区，这些地区虽然在国境之内，但从征收关税的角度来看，它们是在该国的关境之外，这时关境在范围上小于国境。其二，有些国家相互之间结成关税同盟，参加同盟的国家领土合并成为一个统一的关境，成员国之间免征关税，货物自由进出口，只对来自或运往非成员国的货物进出共同关境时征收关税。这时关境则大于成员国各自的国境。其三，在一国两制的国家境内可能有两个或两个以上的关境同时并存。如中国就是这样，除中国大陆海关管辖的区域外，还有香港、澳门和台湾三个单独关税区域，这种情况下的关境范围小于国境。

随着国家对外开放程度的提高和经济的区域化发展，关境与国境不一致已经成为较普通的现象。

相关资讯 4-1   **关税的性质**

关税与其他税收一样，具有强制性、无偿性和预定性。

（1）强制性。强制性是指关税由海关凭借国家权力依法强制征收，而不是一种自愿性的捐纳，纳税人必须按照法律规定无条件地履行其义务，否则就要受到国家法律的制裁。

（2）无偿性。无偿性是指关税由海关代表国家单方面地从纳税人征取，作为国库收入，而国家不需给予任何补偿。

（3）预定性。预定性是指关税由海关根据国家预先制定的法令和规章加以征收，海关与纳税人均不得任意更改有关的法规。

关税属于间接税。课税主体即关税的纳税人，是进出口商；课税客体即课税的对象，是进出口货物。因为关税主要是对进出口商品征税，其税负可以由进出口商垫付，然后把它作为成本的一部分加入货价，货物售出后可收回这笔垫款，因此关税负担最后转嫁由买方或消费者承担。

4.1.2 关税的种类

关税可以按照征税商品的流向、税率等不同标准进行分类。

1. 进口税、出口税和过境税

按照征税商品的流向，关税可分为进口税、出口税和过境税三类。

（1）进口税是指进口国海关在外国商品输入时，对本国进口商所征收的关税。进口税是关税中最主要的税种，它一般是在外国商品（包括从自由港、自由贸易区或海关保税仓库等地提出，运往进口国国内市场的外国商品）进入关境、办理海关手续时征收。进口税可以是常规性的按海关税则征收的关税，也可以是临时加征的附加税。

实务借鉴 4-1   **新年关税再降**

过年你会采购洋货吗？新关税进口商品到岸，一天间有企业关税成本省近一半。关税增加，对生产型企业利好，关税降低，对进口型企业利好。近年来，无论是关税的调整，还是报关手续的便利，都让进出口贸易商们的生意好做了许多。数据显示，目前中国食品进口来源地超过187个，2019年1到11月，韩国、欧盟进口商品额超过1万亿元，澳大利亚、美国超过7 000亿元，巴西、德国超过5 000亿元。

据悉，今年1月1日起，我国对850余项商品实施低于最惠国税率的进口暂定税率，商品数量比2019年增长超过20%。就在过去的几天，各种享受新关税的进口商品，已经从全国各地口岸陆续入关了。这已经是我国连续第4年在元旦调整进口商品关税。近三年来，我国进口关税的下调次数已经超过10次，降税步伐逐步加快。

(新华社. 我国调整部分商品进口关税[N]. 南方日报，2018-12-24.)

分析提示：新年关税再次降低，在生产端，能扩大先进技术、设备和零部件及原材料的进口，也直接给进口企业带来了发展红利。

（2）出口税是指出口国海关在本国商品输出时对本国出口商所征收的关税。出口税通常是在本国出口商品离开关境时征收。为了鼓励出口，追求贸易顺差和获取最大限度的外汇收入，许多国家特别是西方发达国家已不再征收出口税。征收出口税的主要是发展中国家，多数以原料或农产品为对象。

（3）过境税也称通过税，是一国对于通过其领土（或关境）运往另一国的外国货物所征收的关税。过境税最早产生于中世纪，并流行于欧洲各国，但是，作为一种制度，则是在重商主义时期确立的。征收过境税的条件是征税方拥有特殊的交通地理位置。征税方可以凭借这种得天独厚的条件获取一定的收入，既可以充足国库，又可以转嫁国内的某些经济负担。从19世纪后半期开始，各国相继废止了过境税，代之以签证费、准许费、登记费、统计费、印花税等形式，鼓励过境货物增加，增加运费收入、保税仓库内加工费和仓储收入等。目前只有少数国家还在征收过境税，如白俄罗斯对通过其境内管道向欧洲出口石油的俄石油公司征收过境税。

2. 进口附加税

进口附加税是指对进口商品除了征收正常的进口关税以外，根据某种目的再加征的额外进口税。由于这类关税在海关税则中并不载明，并且是为了特殊目的而设置的，因此，进口附加税也称特别关税。

根据不同的目的，进口附加税主要分为反贴补税、反倾销税、报复关税和科技关税等。

（1）反补贴税又称抵销税或补偿税，是对直接或间接接受任何奖金或贴补的外国商品进口所征收的一种附加税。凡进口商品在生产、制造、加工、买卖、输出过程中所接受的直接或间接的奖金或补贴，都构成征收反补贴税的条件，不论奖金或补贴来自政府或行业协会等。反补贴税的税额一般按奖金或补贴数额征收。

在国际贸易中，一般认为对出口商品采取贴补方式是不合适而且是不公平的，它与国际贸易体系的自由竞争原则相违背。为此，反补贴税被视作进口国抵御不公平贸易的正当措施。征收反补贴税的目的在于抵消进口商品所享受的补贴金额，削弱其竞争能力，保护本国产业。

例4-1 中国商务部2020年5月18日宣布，将自5月19日起对原产于澳大利亚的进口大麦征收反倾销税和反补贴税。根据裁定，原产于澳大利亚的进口大麦存在倾销和补贴。其中，反倾销税率为73.6%，反补贴税率为6.9%，征收期限为5年。[①]

（2）反倾销税是对实行商品倾销的进口货物所征收的一种进口附加税。征收反倾销税的目的在于抵制商品倾销，保护本国的市场与工业。所谓"倾销"，是指低于本国国内市场价格或低于正常价格在其他国家进行商品销售的行为。它会造成国际市场价格的不平等，使进口国厂商处于不平等竞争地位，造成冲击。进口国政府为了保护本国产业免受外国商品倾销的冲击，就有可能考虑对实施倾销的产品征收反倾销税。

例4-2 2021年3月26日，商务部发布2021年第6、第7号公告，公布对原产于澳大利亚的相关葡萄酒反倾销和反补贴调查的最终裁定，裁定原产于澳大利亚的进口相关葡萄酒存在倾销和补贴。商务部同时决定自2021年3月28日起对原产于澳大利亚的相关葡萄酒征收反倾销税。[②]

但是，对于倾销的认定、"正常价格"的含义、反倾销的实施方式等，各个国家之间存

---

①② 商务部网站。

在着一定的分歧。一些发达国家利用反倾销手段对来自低成本的发展中国家的产品进口加以限制，反倾销扩大化的趋势明显，成为非关税壁垒的手段之一。

（3）报复关税是指对特定国家的不公平贸易行为采取行动而临时加征的进口附加税。加征报复关税大致有以下几种情况：对本国出口的物品征收不合理的高关税或差别税率，对本国物品出口设置的障碍，对贸易伙伴违反某种协定等所采取的措施。

例 4 - 3 美国全国广播公司（NBC）2018 年 6 月 1 日报道，当地时间 5 月 31 日，美国宣布对加拿大、墨西哥和欧盟征收钢铝关税。几小时后，加拿大方面宣布，对美国的钢铝征收 128 亿美元的报复性关税。

（4）科技关税是对技术先进、竞争能力特别强劲的产品所征收的进口附加费用。科技关税是一种进出口价格控制。由于各国经济发展不平衡，技术发展相对迅速的国家出口，对技术发展相对较慢的国家市场形成了巨大的冲击力。进口国为了保护本国高新技术的发展，就通过征收这种进口附加费用，来提高这类进口产品的销售价格，削弱其竞争力。

例 4 - 4 美国、日本和中国台湾多年来一直在对欧盟进行游说，希望降低商品的科技关税。这三个国家和地区是全球电子产品的最大出口市场。2010 年 8 月，世界贸易组织（WTO）作出裁决，要求欧盟取消对高科技产品价值数十亿美元的进口关税，否则便有可能采取报复性贸易制裁。

（5）惩罚关税是指出口国某商品违反了与进口国之间的协议，或者未按进口国海关规定办理进口手续时，进口国海关向该进口商品征收的一种临时性的进口附加税。

例 4 - 5 中国商务部 2012 年 12 月 14 日表示，中国将对从美国进口的大型轿车和越野车征收 22% 的惩罚性关税。新关税将涉及美国今年价值 40 亿美元的车辆出口。在这之前，中国控告美国对中国轮胎征收惩罚性关税违反世贸组织规则。[①]

3. 普通税和优惠税

根据国与国之间政治、经济关系的不同，对来自不同国家的同样产品会采取不同的税率，以示区别对待。普通税率适用于无任何外交关系国家的进口商品，是最高的税率。优惠税率适用于有经济贸易关系的国家的进口商品。优惠税率包括最惠国税率、特惠税率、普惠制税率等多种形式，这些都在一国的海关税则中一一列明。普通税率一般要比优惠税率高 1～5 倍，个别的甚至高达 10 倍。

（1）最惠国税率也称协定税率，是根据所签订的贸易条约或协定的最惠国待遇条款所给予的优惠税率，如关贸总协定成员国之间相互适用最惠国税率。普惠制税率是发达国家向发展中国家的工业品提供的优惠税率，这种税率是在最惠国税率的基础上进行减税或免税，并且是单向的、非互惠的；特惠税率仅适用于与本国有特殊关系的国家，现在仅存的是与欧洲共同体签订《洛美协定》的成员国，是当前最低的一种税率。美国的关税就有普通税率、最惠国税率和普惠制税率三种。

（2）特惠关税是对特定的某一国家或地区进口的全部或部分商品，给予特别优惠的低关税或免税待遇。特惠关税最早实行于宗主国与殖民地之间，其目的是为了保持宗主国在殖民地市场上占据优势。现在实行特惠制的主要是欧盟（初创时的欧洲共同体）向非洲、加勒比海和太平洋地区的发展中国家单方提供特惠的《洛美协定》。第一个《洛美协定》于

---

① 商务部网站。

1975年2月签订；第四个《洛美协定》于1989年12月15日签订，通过《洛美协定》受惠的非洲、加勒比海、太平洋国家或地区已经从最初的46个增加到70多个。

（3）普遍优惠制度（GSP）简称普惠制，是工业发达国家承诺对来自发展中国家的某些商品，特别是制成品或半制成品给予普遍的关税减免优惠的制度。普遍性、非歧视性和非互惠性是普惠制的三项主要原则。普遍性是指所有发达国家对发展中国家出口的制成品和半制成品给予普遍的优惠；非歧视性是指所有发展中国家都不受歧视、无例外地享受普遍优惠待遇；非互惠性是指发达国家单方面给予发展中国家关税优惠，而不要求发展中国家或地区提供反向优惠。

实施普惠制的国家都各自制订方案，在提供关税优惠待遇的同时，又规定了种种限制措施。各国的方案不尽相同，主要内容大致包括以下几个方面：

①受惠国或地区。普惠制原则上是无歧视的，但各给惠国从各自的政治、经济利益出发，对受惠国或地区进行限制。例如，在美国公布的受惠国名单中，不包括：石油输出国；非市场经济的社会主义国家；贸易中与美国有歧视或敌对的国家等。

②受惠商品范围。一般地，发展中国家或地区工业制成品和半制成品都被列入受惠范围，但一些敏感性商品，如纺织品、服装、鞋类及皮革制品和石油制品常被排除在外，农产品受惠较少。

③减税幅度。受惠商品的减税幅度取决于最惠国税率和普惠制税率的差额，即普惠制的差幅。假设某一商品的最惠国税率为10%，普惠制税率为免税，则其普惠制差幅为10%。一般来说，工业品的差幅较大，农产品的差幅较小。普惠制成为最惠国待遇的特例。

④保护措施。由于普惠制是一种单向的优惠，为了保护本国某些产品的生产和销售，给惠国一般都规定保护措施。

⑤原产地规则，是普惠制的主要组成部分和核心。为了确保普惠制优惠的好处，仅仅给予发展中国家生产和制造，并且对来自发展中国家的产品，各给惠国都制定了详细的原产地规则。原产地规则一般包括原产地标准、直接运输规则和证明文件三个部分。

相关资讯4-2   关税的作用

对于一国来讲，关税具有以下作用。

（1）维护国家主权和经济利益。一国采取什么样的关税政策直接关系到国与国之间的主权和经济利益。历史发展到今天，关税已成为各国政府维护本国政治、经济权益，乃至进行国际经济斗争的一个重要武器。

（2）保护和促进本国工农业生产的发展。一个国家采取什么样的关税政策，是由该国的经济发展水平、产业结构状况、国际贸易收支状况以及参与国际经济竞争的能力等多种因素决定的。国际上许多发展经济学家认为，自由贸易政策不适合发展中国家的情况。相反，这些国家为了顺利地发展民族经济，实现工业化，必须实行保护关税政策。

（3）调节国民经济和对外贸易。关税是国家的重要经济杠杆，通过税率的高低和关税的减免，可以影响进出口规模，调节国民经济活动。

（4）增加国家财政收入。一些发展中国家，征收进出口关税仍然是他们取得财政收入的重要渠道之一。我国关税收入是财政收入的重要组成部分，发挥关税在筹集建设资金方面的作用，仍然是我国关税政策的一项重要内容。

同步实训

实训目的：
认识关税的经济意义。

实训安排：
1. 搜索关税的起源与发展资料，讨论其变化历程；
2. 讨论关税税率变化对某企业进出口的影响。

教师注意事项：
1. 由一般税收事例导入关税认知活动；
2. 分组搜索资料，查找我国出口遭遇反补贴、反倾销调查的案例；
3. 组织其他相应学习资源。

资源（时间）：
1课时、参考书籍、案例、网页。

评价标准

表现要求	是否适用	已达要求	未达要求
小组活动中，外在表现（参与度、讨论发言积极程度）			
小组活动中，对概念的认识与把握的准确程度			
小组活动中，分工任务完成的成效与协作度			
小组活动中，作业或报告制作的完整与适用程度			

4.2 关税的征收

任务提示：认识关税的征收，特别是从国家关税政策的角度，认识关税的征收方法。在此基础上，能够在产品命名、归类、税率适用等方面，考虑到关税征收的影响。

4.2.1 关税征收的依据

海关征收关税的依据是海关税则。海关税则一般包括两个部分：一是海关课征关税的规章条例；二是商品分类及关税税率一览表。关税税率表则包括税则序列（简称"税号"）、货物分类目录、税率三类。

重要概念4-2　　　　　　　　海关税则

海关税则也称关税税则，是国家根据其关税政策和总体经济政策，以一定的立法程序制定和颁布实施的应税商品和免税商品的种类划分及按商品类别排列的关税税率表，是海关凭以征收关税的依据，并具体表现一国的关税政策。

1. 关税税则的货物分类

关税税则的货物分类主要是根据进出口货物的构成情况，对不同商品使用不同的税率以及便于贸易统计而进行系统的分类。各国关税税则的分类不尽相同，主要有以下几种。

（1）按照货物的自然属性分类，如动物、植物、矿物等；

（2）按照货物的加工程度或制造阶段分类，如原料、半制成品和制成品等；

（3）按照货物的成分分类或按照同一工业部门的产品分类，如钢铁制品、塑料制品、化工产品等；

（4）按照货物的用途分类，如食品、药品、染料、仪器、乐器等。

实际分类依据上述方向排列层次，分为不同等级，一般可以分为 3~5 级。例如，先按自然属性分成大类，再按其他方法分成不同层次的章或组、项目、子目、分目等不同层次。

相关资讯 4-3　　　　　　　　　　关税协调制度

为了统一各国的商品分类，减少税则分类的矛盾，欧洲关税同盟研究小组于 1952 年 12 月制定了关税合作理事会税则目录（CCCN）。因为该税则目录是在布鲁塞尔制定的，故又称布鲁塞尔税则目录（BTN）。国际上主要用于贸易统计的商品分类目录，是 1950 年由联合国经社理事会下设的统计委员会编制并公布的"联合国国际贸易标准分类"（SITC）。由于上述两种分类分别用于海关税则和贸易统计，海关合作理事会成立专门研究小组，研究能够满足海关、统计、运输、贸易等各个方面共同需要的商品编码协调制度。经过 10 年的努力，于 1983 年 6 月由海关合作理事会正式批准了《协调商品名称及编码制度的公约》，形成了协调商品名称和编码制度。

2. 关税税则的国际协调

在国际上存在多个商品分类目录，不利于国际贸易的发展，也不便于了解进出口贸易情况。随着国际贸易和国际交往的不断发展，人们逐渐认识到，商品目录必须进行系统、科学地分类，使其有国际通用性，才能适应国际贸易发展的需要。

关税合作理事会税则目录的商品分类划分原则是以商品的自然属性为主，结合加工程度等，将全部商品分成 21 类、99 章、101 项税目号。

《协调商品名称和编码制度》（以下简称"协调制度"），是于 1988 年 1 月 1 日正式生效的一种新的商品分类制度，是一部为供国际贸易有关方面使用的税则和统计合并目录。它是在海关合作理事会分类目录和联合国国际贸易标准分类的基础上编制的，是一种新型的、系统的、多用途的商品分类制度。协调制度（HS）目录分 21 类、97 章（其中，第 77 章是空章），共 5 019 项商品组，每项以 6 位数编码的独立商品组组成。协调制度基本上是按社会生产的分工（或称生产部类）分类，按商品的属性或用途分章。

例 4-6　协调制度中，税目为 01.04 的是绵羊、山羊，前两位数表示该项目的第一章，后两位表示该商品为第一章的第四项。六位数的子目，即表示包括税目下的子目，如 5202 为废棉，5202.10 为废棉纱线。

协调制度的成功之处在于它是国际上多个商品分类目录协调的产物，是通过协调去适合国际贸易有关各方的需要，是国际贸易商品分类的"标准语言"。我国海关于 1992 年 1 月 1 日起正式采用 HS。

例 4-7　在世界海关组织制定的协调制度中，商品编码的数字只有 6 位，而我国商品名称与编码表中的商品编码数字是8位，其中第7、第8位是根据我国国情而增设的"本国子目"。

编码排列规律以03019210的"鳗鱼苗"为例说明如下。

```
编码：  0 3    0 1    9    2    1    0
位数：  1 2    3 4    5    6    7    8
含义：  章号   顺序号  1级子目 2级子目 3级子目 4级子目
```

第5位编码，它所在税（品）目下所含商品1级子目的顺序号；
第6位编码，它所在税（品）目下所含商品2级子目的顺序号；
第7位编码，它所在税（品）目下所含商品3级子目的顺序号；
第8位编码，它所在税（品）目下所含商品4级子目的顺序号；
若5~8位出现数字9，则它不一定代表在该级子目的实际顺序号，而是代表未具体列名的商品。

3. 单式税则和复式税则

（1）单式税则又称一栏税则，是指对每一种应税商品不论产于何地，每个税则项号下都只规定一个税率。单一税则的特点是无歧视对待不同国家的同种商品。

（2）复式税则又称多栏税则，是指一个税目设有两个或两个以上的税率，以便对来自不同国家或地区的进口商品采用不同的税率。复式税则的特点是歧视性，对不同国家的同种商品实行有差别的待遇。

4. 自主税则和协定税则

根据各国税则制度制定方式的不同，可以分为自主税则、协定税则和混合税则。

（1）自主税则又称国定税则，或称通用税则，是指一国立法机构根据本国经济发展状况，制定的独立自主的关税税法和税则。自主税则制度分为自主单一税则制度和自主多重税则制度。

（2）协定税则是指一国政府通过与其他国家订立贸易条约或协定的方式确定关税税率。这种税则是在本国原有的固定税则基础上，通过关税减让谈判，另行规定一种税率，不仅适用于该条约或协定的签字国，而且某些协定税率也适用于享有最惠国待遇的国家。协定税则制度分为双边协定、多边协定和片面协定税则制度三种形式。

（3）混合税则是指一国关税的制定同时采用自主税则和协定税则方式的税则制度。混合税则兼容了自主税则和协定税则的长处，被越来越多的国家所采用。

4.2.2 关税的征收

海关征收关税有以下一些方法。

1. 从量税

从量税是指以商品的重量、数量、长度、容积、面积等计量单位为标准计征的关税。从量税的征税额是商品数量与单位从量税的乘积。征收从量税大多以商品的重量为单位，因重量的计算方法各有不同，一般有毛重、净重和公量三种。从量税优点是：税负公平明确、易于实施；但是，从价税也存在着一些不足，如不同品种、规格、质量的同一货物价格有很大差异，海关估价有一定的难度，因此计征关税的手续也较繁杂。目前，我国海关计征关税标准主要是从价税。从量关税额的计算公式如下：

$$应纳税额 = 应税进口货物数量 \times 关税单位税额$$

例4-8 在我国，盐税按盐的重量（吨）和单位税额计征，车船税按应税车辆数和每辆应纳税额计征。

2. 从价税

从价税是指按进口商品的价格为标准计征的关税，其税率表现为货物价格的百分率。从价税的优点是：税负合理，按货物的品质、价值等级比率课税，品质佳、价值高者，纳税较多，反之则较少；税负明确，且便于各国关税率的比较；税负公平，税额随物价的涨落而增减，纳税人的负担可以按比例增减，可抑制过分获利，减轻过分损失；进口物价上涨、数量不变时，财政收入增加。从价税额的计算公式如下：

$$应纳税额 = 应税进出口货物数量 \times 单位完税价格 \times 适用税率$$

例4-9 从量税为1升/2美元，对于价值2美元一升的廉价酒来说，税率为100%；而对于价值20美元一升的高价酒而言，只相当于10%的税率。10%的从价税对于较廉价的酒的税赋为0.2美元，较昂贵的酒的税赋为2美元。

从价税的一个关键问题是如何核定完税价格。完税价格是经海关审定作为计征关税依据的货物价格。由于完税价格标准的选择直接关系到对本国的保护程度，因此，各国对此均十分重视。各国所采用的完税价格的依据各不相同，大体有以下三种：以运、保费在内价（CIF）作为完税价格的基础；以装运港船上交货价（FOB）为征税价格标准；以法定价格或称进口国规定价格为征税价格标准。目前，世界上大多数国家以运、保费在内价为基础计征关税，也有的国家使用进口地市场价格。

完税价格的认定也即海关估价，是指出口货物的价格经货主（或申报人）向海关申报后，海关按本国关税法令规定的内容审查，估定其完税价格。在上述所依据的价格的基础上进行审查和调整后，核定为完税价格。由于各国海关估价规定的内容不一，有些国家可以利用估价提高进口关税，形成税率以外的一种限制进口的非关税壁垒措施。

3. 混合税

混合税又称复合税，是对同一种商品，同时采用从量、从价两种标准征收关税的一种方法。按从量税和从价税在混合税中的主次关系不同，混合税有的是以从价税为主，另加征从量税；有的是以从量税为主，另加征从价税。混合税额的计算公式如下：

$$应纳税额 = 从量税额 + 从价税额$$

例4-10 根据《国务院关税税则委员会关于2021年关税调整方案的通知》，继续对小麦等7类农产品实施关税配额管理，关税配额税率为1%~15%不等。明确实行关税配额管理的农产品有7类：小麦、玉米、大米、食糖、棉花、羊毛、毛条。

4. 选择税

选择税是指对同一物品，同时订有从价税和从量税两种税率，征税时由海关选择方式，通常是按税额较高的一种征收。当高价品市价上涨时，选择从价税；当廉价品物价低落时，选择从量税。选择税具有灵活性的特点，可以根据不同时期经济条件的变化、政府关税目的以及国别政策进行选择。选择税的缺点是征税标准经常变化，令出口国难以预知，容易引起争议。

例 4-11 根据国务院关税税则委员会《关于 2020 年进口暂定税率等调整方案的通知》，2020 年中国天然橡胶进口关税继续延续 2019 年税率。2020 年天然橡胶关税：40011000 天然乳胶 2020 年暂定税率为 10% 或 900 元/吨，两者从低。40012100 天然橡胶烟胶片暂定税率为 20% 或 1 500 元/吨，两者从低。40012200 技术分类天然橡胶（TSNR）2020 年暂定税率 20% 或 1 500 元/吨，两者从低。2020 年最惠国税率全部为 20%。

5. 滑动关税

滑动关税是根据商品的市场行情相应调整关税税率的一种方法，也称滑准税。滑动关税的经济功能是通过关税水平的适时调节影响进出口价格水平，以适应现时国际、国内市场价格变动的基本走势，免受或少受国内外市场价格水平波动的冲击。滑动关税包括滑动进口税和滑动出口税。滑动进口税根据同类商品的国内市场价格水平确定该种进口商品的关税率。国际市场价格较高时，相应降低进口税率；国际市场价格较低时，相应提高进口税率，以保持国内外价格水平大致相等。

例 4-12 2019 年 1 月 1 日起我国下调棉花进口关税，依然适用滑准税形式暂定关税，并适当调整税率，主要是当棉花进口价格过低时，适用税率有所提高。

6. 差价税

差价税又称差额税，是按照进口商品价格低于国内市场同种商品价格的差额征收关税。由于差价税是随着国内外价格差额的变动而变动，因此，它是一种滑动关税。差价税的目的是，通过按差额征税，削弱进口商品的竞争能力，保护国内同类产业的生产。对于征收差价税的商品，有的规定按价格差额征收，有的规定在征收一般关税以外另行征收，后者实际上属于进口附加税。

差价税分为部分差价税、全部差价税和倍数差价税三种具体类型。部分差价税是以小于国内市场商品价格与进口商品价格的差额水平征收关税。全部差价税是以价格差额水平征收关税，也称全额差价税。

例 4-13 欧盟的前身——欧洲共同市场是实行差价税的典型，为了实行其共同农业政策，建立农畜产品统一市场、统一价格，对进口的谷物、猪肉、食品、家禽、乳制品等农畜产品征收差价税，其目的在于排斥非成员的农畜产品大量进入欧洲市场。

欧洲共同市场征收差价税的方法较复杂，一般分为三个步骤：首先，由欧洲共同体委员会对有关产品按季节分别制定统一的指标价格，即以欧洲共同市场内部生产效率最低而价格最高的内地中心市场的价格为依据而制定的价格。其次，确定入门价格，即从指标价格中扣除把有关产品从进口港运至内地中心市场所需的一切开支（包括运、保费等）的余额。入门价格是差价税估价的基础。最后，根据进口价与入门价格的差额决定差价税额。

7. 其他关税

指数税是以进口货物在市场价格指数的倍数为标准征收关税的一种方法。指数税的特点是税率不变，税额则随物价指数的变动而变动。

季节税是对那些具有明显季节性特征的农产品制定两种或两种以上不同水平的税率，实际征税时，根据季节特征选择其中一种税率予以征收。季节税的目的是平衡国内市场供求关系，调节进出口规模。

例 4-14 欧美和日本等国家，均有季节税的规定，出口商如果向这些国家出售水果蔬菜则需考虑供货季节和相应的季节税，争取有利的出口价格。例如，日本 1978～1979 年税则中规定，橘子在 6 月 1 日至 11 月 30 日期间进口的税率为 20%，从 12 月 1 日至次年 5 月 30 日期间进口的税率为 40%。

同步实训

实训目的：
认识关税的征收方法。

实训安排：
1. 选定某一商品，查看其进出口关税征收方法；
2. 讨论产品关税税率的变化对某企业进出口的影响。

教师注意事项：
1. 选取关税不同征收方法案例，供学生讨论；
2. 分组查找海关税则资料，讨论其对企业某具体产品进出口的影响；
3. 组织其他相应学习资源。

资源（时间）：
1 课时、参考书籍、案例、网页。

评价标准

表现要求	是否适用	已达要求	未达要求
小组活动中，外在表现（参与度、讨论发言积极程度）			
小组活动中，对概念的认识与把握的准确程度			
小组活动中，分工任务完成的成效与协作度			
小组活动中，作业或报告制作的完整与适用程度			

4.3 关税的影响

> **任务提示：** 认识关税的影响，特别是从业务活动的角度，认识关税措施对进出口工作的要求。在此基础上，能够从多个方面理解关税措施的意义。

4.3.1 关税对进口货物价格的影响

国家对进口货物征收关税后，立即会表现为对该货物价格的影响。主要原因是，一个进口商人在其货物被征收关税后，总会设法把关税税负转嫁给消费者，这就会引起进口国国内外市场价格的变化。正如我们日常生活中所感知的一样：同样的东西，如果是纯粹进口的，价格就要贵很多。对进口货物征收关税产生的价格影响，称为关税的价格效应。但进口国是贸易大国还是贸易小国，征收关税产生的价格效应并不完全相同。

1. 进口国国内价格提升

在整个国际贸易的货物中进口数量所占比例很小的国家被称作贸易小国，它们在国际市场上只能是被动的"价格接受者"。这些国家对进口货物征收关税，由于其进口数量占国际市场销售总量的比例很小，进口品数量的多少对国际市场的价格影响很小，关税税负完全前转由其国内的消费者承担，关税的价格效应完全表现为进口国国内市场价格的提高。

2. 进口国国内价格提高，国际价格下降

一些贸易大国征收关税后，一方面，导致进口国国内市场销售价格的提高；另一方面，由于贸易大国的进口数量占国际市场销售量的比例很大，就会形成一定程度的市场控制力量。当进口国国内价格的提高引起其进口数量减少时，出口国的生产者或出口商为了刺激出口，不得不降低其出口货品的价格。所以，与贸易小国相比，贸易大国征收关税不仅导致进口国国内价格提高，而且通常会导致国际市场价格下降。

当其他条件相同时，贸易大国国内市场价格提高的幅度小于贸易小国价格调高的幅度。

相关资讯 4-4　　　　　　碳关税对中国出口的影响

目前在国际贸易中，一种新型的贸易壁垒"碳关税"悄然兴起，并逐渐成为一些发达国家实行贸易保护的新工具。所谓碳关税，是指主权国家或地区对进口的高耗能产品（包括铝、钢铁、水泥、化肥和一些化工产品等）征收的二氧化碳排放特别关税。在很大程度上，碳关税是一种"绿色保护主义"，其本质是将气候变化问题与贸易问题捆绑在一起，以环境保护为名行贸易保护之实。碳关税将会成为 21 世纪世界经济和国际贸易的一大挑战。

碳关税对中国经济的影响，直接表现在碳关税对中国出口造成严重损害。它增加中国出口产品特别是高能耗产品的成本，减少中国出口产品在国外的市场份额，削弱中国国内产品的成本优势和国际竞争力，导致出口规模显著下降。

4.3.2　关税对进口货物销售的影响

征收关税后，进口国国内市场的价格提高，理性的消费者因价格提高而减少消费，这一结果称之为消费效应。这将给进口货物的销售带来重大影响。

1. 抑制了进口品销售

从国家层面看，征收关税有积极的地方。如利用关税的价格效应，国家可以引导人民的消费倾向或人民的生活习俗，减少对非必需品或奢侈品的高消费，从而限制这些商品的进口销售。

2. 提升了国产品销售

通过征收关税，使本国生产的产品替代了进口品，某种程度上提升了本国产品的销售。但这也是征收关税消极的方面，其实，国产品生产的增加可能意味着是在高成本、低效率的基础上进行的，生产同样数量的产品，国内生产者比国外生产者消耗了更多的资源，资源的浪费降低了社会福利水平。此外，进口国的消费者因价格提高而不得不减少消费数量，也降低了社会福利水平。

实务借鉴 4-2　　　　　　　　**关税调整带来商机**

为统筹利用国内国际两个市场两种资源，不断提高供给质量和水平，促进国民经济良性循环，自 2021 年 1 月 1 日起，我国将对 883 项商品实施低于最惠国税率的进口暂定税率。其中，为减轻患者经济负担，改善人民生活品质，对第二批抗癌药和罕见病药品原料、特殊患儿所需食品等实行零关税，降低人工心脏瓣膜、助听器等医疗器材以及乳清蛋白粉、乳铁蛋白等婴儿奶粉原料的进口关税。为满足国内生产需要，降低燃料电池循环泵、铝碳化硅基板、砷烷等新基建或高新技术产业所需部分设备、零部件、原材料的进口关税。为促进航空领域的国际技术合作，对飞机发动机用燃油泵等航空器材实行较低的进口暂定税率。为改善空气质量，支持环保产品生产，降低柴油发动机排气过滤及净化装置、废气再循环阀等商品进口关税。为鼓励国内有需求的资源性产品进口，降低木材和纸制品、非合金镍、未锻轧铌等商品的进口暂定税率，并适度降低棉花滑准税。

4.3.3 关税对出口的影响

征收出口关税的国家主要是一些经济不发达的国家。这些国家国内的税源有限，对该国资源丰富、出口量较大的商品征收出口关税，仍然是它们财政收入的一项稳定可靠的主要税源。也有一些国家曾因荒年灾害，用出口关税限制货物等出口；或在战时，用出口关税限制一些战略物资出口。其目的是为了限制该国有大量需求而供应不足的商品出口，或为了防止该国某些有限的自然资源耗竭，或利用出口税控制和调节某种商品的出口流量，防止盲目出口，以稳定国内外市场价格，争取在国外市场保持有利价格。目前，中国只对少数商品征收出口关税。

通过对出口商品征收出口关税，增加了出口商品的成本，提升了其价格，削弱了其在国外市场上的竞争力，因而征收出口关税会对出口商品形成一种限制。

在近一个多世纪以来，国际市场竞争非常激烈，各国已很少使用出口关税。但在某些情况下，它依然存在，甚至具有正保护作用。

相关资讯 4-5　　　　　　　　**中国稀土出口税率调整**

财政部 2014 年 4 月 23 日文件称经国务院批准取消稀土、钨、钼等产品的出口关税，据数据表格显示，稀土此前出口关税税率为 15%。自 2015 年 1 月 1 日开始，中国稀土出口配额制正式取消，1 月 21 日商务部新闻发言人沈丹阳曾表示，根据国内外市场发展情况的变化，经国务院批准，商务部决定保留出口关税直到 2015 年 5 月 2 日。

2014 年 12 月 31 日，商务部、海关总署公告 2014 年第 94 号公布 2015 年出口许可证管理货物目录，包括稀土、钨及钨制品、钼等在内的 8 种货物，凭出口合同申领出口许可证，无需提供批准文件。这标志着自 1998 年开始实施的中国稀土出口配额制度正式终结。

据媒体报道，相比于稀土配额取消后的影响，外界更为关心的是稀土关税取消，因为后者对稀土企业乃至整个稀土市场的影响更大。"取消出口配额目前对市场影响不大，后期如果取消关税，国家对资源税也会进行调整，稀土作为国家的战略资源，不会再回到以前的白菜价，中国会从各方面来调节稀土的出口量以及出口价格"。百川资讯稀土分析师杜帅兵在接受《第一财经日报》记者采访时说。

同步实训

实训目的：
认识关税的影响。

实训安排：
1. 查阅中国关税调整历史；
2. 分析加入 WTO 后历次调整的主要变化。

教师注意事项：
1. 指导学生，认识关税影响；
2. 聘请业务人员讲解关税调整对进出口的影响；
3. 组织其他相应学习资源。

资源（时间）：
1 课时、参考书籍、案例、网页。

评价标准

表现要求	是否适用	已达要求	未达要求
小组活动中，外在表现（参与度、讨论发言积极程度）			
小组活动中，对概念的认识与把握的准确程度			
小组活动中，分工任务完成的成效与协作度			
小组活动中，作业或报告制作的完整与适用程度			

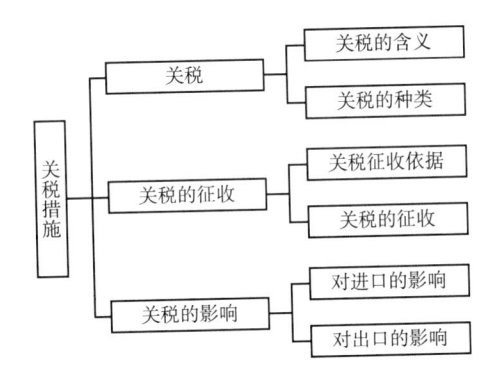

小 结

```
                          ┌── 关税的含义
               ┌── 关税 ──┤
               │          └── 关税的种类
               │
               │             ┌── 关税征收依据
关税措施 ──────┼── 关税的征收─┤
               │             └── 关税的征收
               │
               │             ┌── 对进口的影响
               └── 关税的影响─┤
                             └── 对出口的影响
```

教学做一体化练习

重要概念
关税　海关税则

课堂讨论
1. 关税征收的地域包括哪些？

2. 关税怎样体现调节作用？
3. 关税有无歧视性？
4. 滑动关税的意义。
5. 你所了解的碳关税。

课后自测
选择题
1. 海关是一国设在关境上的行政管理机构（　　）。
   A. 受权于国家，行使国家权力
   B. 对外代表国家行使国家主权，对内代表中央政府行使对地方的权力
   C. 海关是贯彻执行本国有关进出口政策、法令与规章的重要工具
   D. 基本职责是根据这些政策、法令和规章对进出口货物实行监督管理
2. 关税与其他税收一样，具有（　　）。
   A. 强制性　　　　B. 无偿性　　　　C. 预定性　　　　D. 自愿性
3. 按照征税商品的流向，关税可分为（　　）。
   A. 进口税　　　　B. 营业税　　　　C. 出口税　　　　D. 过境税
4. 优惠税率包括（　　）。
   A. 最惠国税率　　B. 特惠税率　　　C. 普惠制税率　　D. 零税率
5. 关税税则的货物分类可以按照其（　　）来划分。
   A. 自然属性　　　B. 加工程度　　　C. 成分类别　　　D. 用途
6. 根据各国税则制度制定方式的不同，可以分为（　　）。
   A. 自主税则　　　B. 协定税则　　　C. 混合税则　　　D. 关税制度
7. 征收从量税大多以商品的重量为单位，因重量的计算方法各有不同，一般有（　　）。
   A. 毛重　　　　　B. 净重　　　　　C. 公量　　　　　D. 公斤
8. 差价税分为（　　）。
   A. 部分差价税　　B. 全部差价税　　C. 倍数差价税　　D. 估计差价税
9. 通过对出口商品征收出口关税（　　）。
   A. 增加了出口商品的成本，提升了其价格
   B. 削弱了其在国外市场上的竞争力
   C. 对出口商品形成一种限制
   D. 保障了本国市场供应

判断题
1. 关税的征收有特定的区域。（　　）
2. 有的国家境内可能有两个或两个以上的关境同时并存。（　　）
3. 一些发达国家利用反倾销手段对来自低成本的发展中国家的产品进口加以限制，反倾销扩大化的趋势明显，成为非关税壁垒的手段之一。（　　）
4. 随着国家对外开放程度的提高和经济的区域化发展，关境与国境不一致已经成为较普通的现象。（　　）
5. 进口税可以是常规性的按海关税则征收的关税，也可以是临时加征的附加税。（　　）

6. 我国海关于 1992 年 1 月 1 日起正式采用 HS。　　　　　　　　　　　（　　）

简答题

1. 关税的性质有哪些？
2. 国际上海关税则是怎样协调的？
3. 碳关税对我国出口的影响有哪些？
4. 关税对进口货物价格的影响？
5. 关税对进口货物销售的影响？
6. 关税对出口的影响？

案例分析

美国商务部之前已初步决定对多数中国太阳能面板课征 35% 的关税，而终裁决定将在 10 月 10 日出炉。这也将为美国国际贸易委员会 11 月初的最终投票结果定调。

按照惯例，美国国际贸易委员会过去鲜少驳回课税的决定；若想要国际贸易委员会改变判决，那么至少有 4 名委员变更去年投下的选票。国际贸易委员会 6 名委员去年一致通过美国太阳能业者受到中国进口品实质上的损害。

据悉，美国国际贸易委员会在审理案件中，将检视美国太阳能制造业者是否在实质上受到损害或受到实质损害的威胁。代表德国太阳能巨擘美国分部 Solar World Americas 以及其他美国太阳能业者的主要律师蒂姆·布莱特比在接受采访时大倒苦水，称已有多达 13 家公司倒闭、破产或大幅裁员。

美国商务部 3 月 20 日发布新闻稿宣布，初步判定自中国进口的硅晶太阳能电池、模组必须缴 2.90% ~ 4.73% 的平衡税。此外，依据商务部 5 月 17 日公布对中国太阳能电池产品反倾销调查初裁结果，认定强制应诉企业无锡尚德太阳能公司税率为 31.22%，常州天合光能公司税率为 31.14%，其他 59 家单独税率应诉企业税率也均超过 30%。

除美国外，欧盟委员会 9 月 6 日对中国光伏电池发起反倾销调查。这是迄今对我国最大规模的贸易诉讼，涉案金额超过 200 亿美元，折合人民币近 1 300 亿元。印度反倾销局近日也发布公告称，该局 9 月 12 日收到企业申请，要求对原产于中国等地的太阳能电池组件或部分组件进行反倾销调查。

（朱仙佳. 美对华光伏双反终裁本周出炉 初裁征 35% 关税 [N]. 上海证券报，2012 - 10 - 08.）

阅读以上材料，回答问题：

1. 中国光伏电池为什么会屡屡被发起反倾销调查？
2. 中国光伏电池生产企业应该如何应对？

拓展实训：认识企业通关工作

实训目的：

参观海关，认识货物通关管理工作。

实训安排：

1. 教师与企业或海关接洽；
2. 引领学生访问海关或企业报关员，了解其工作职责。

教师注意事项：

1. 指导学生，认识通关岗位；

2. 聘请报关员讲解通关工作内容；
3. 组织其他相应学习资源。

资源（时间）：
1 课时、参考书籍、案例、网页、实践基地企业。

评价标准

表现要求	是否适用	已达要求	未达要求
小组活动中的工作表现（参与度、讨论发言）			
整个认知活动过程的表现			
对整体职业学习活动的认识与把握			
学习活动过程知识与经验的运用与反思			

课程思政园地

可以用稀土做武器反击美国挑起的贸易摩擦吗

关键词： 贸易武器　产业合作　大国责任

中美贸易摩擦持续时间已经不短了，有几个问题一直有人在追问。中国到底有多少稀土资源，稀土为什么被视为一种战略金属？中国能不能拿"限制稀土出口"作为武器反制挑起贸易摩擦的国家？8月29日，全国政协第九期"委员讲堂"节目上线，全国政协常委、自然资源部中国地质调查局副局长李朋德详解了他对稀土热点问题的看法。

稀土非土，也并不稀少。我们常说的稀土是氧化物、硫化物以及碳酸物的化合物，图片中像化肥这样一堆一堆的东西就是稀土。在农业领域，稀土可以充当化肥添加剂，增加叶绿素的工作效能，使得农作物增产。在轻纺工业领域，稀土可以用来鞣制皮革，还可以用来染色。在冶金领域，稀土可以加到炼钢的钢炉里，让钢铁更纯净。在玻璃和陶瓷领域，没有稀土，我们用到的陶瓷刀也不可能那么锋利而有韧性。最近一二十年，稀土在军事和现代工业得到了更广泛的应用，只有用到稀土，才能把零件做得又小质量又好。而且，在目前科学水平下，稀土是唯一不可替代的一种特殊要素。

稀土对武器制造有不可或缺的作用，稀土本身会成为"武器"吗？

委员讲堂现场，有观众提问说，现在正是中美贸易摩擦的关键时期，稀土作为一种重要的战略金属资源，中国是不是可以拿起"限制稀土出口"这样一个武器，去反击那些蓄意挑起贸易摩擦的国家？

李朋德说，这些年，我国加强了稀土管理。2011年国务院出台关于促进稀土行业持续健康发展的若干意见，稀土产业逐渐走入规范。除了进一步收紧矿权，不让生产遍地开花，2011年最初的文件中还规定要进行出口配额。

2012年，美日欧将中国稀土、钨、钼相关产品的出口关税、出口配额及出口配额管理和分配措施诉诸WTO争端解决机制。2014年，WTO裁定美日欧胜诉。

目前我国的稀土出口政策是什么？

观海解局注意到，在 5 月 23 日的商务部新闻发布会上，商务部新闻发言人高峰曾表示，稀土是不可再生的重要战略资源，目前中国对稀土实行出口许可证管理，没有资质和数量的限制；除此之外，没有其他的管理措施。

"中国的稀土也是世界的稀土。"在委员讲堂中，李朋德引用了一句邓小平的话说，中东有石油，中国有稀土，有哪个国家把石油封着，限制别的国家用吗？不可能。稀土也一样。

李朋德说，中国有稀土，但中国不是唯一有稀土的国家，中国也不会把稀土做成一种特别专一的封锁，不让别国来用，而且也封锁不住。

他强调，稀土是人类的稀土，中国是本着多边合作、共享资源、共同发展的人类命运共同体理念，所以我们坚信，稀土在未来只会越用越广泛，越用越好。

(董鑫. 贸易摩擦中，稀土会成为中国的反制武器吗 [N]. 北京青年报，2019 - 09 - 01.)

问题
1. 为什么不能将稀土作为武器？
2. 从中看出中国的哪些大国责任与担当？

课程思政

学生自我总结

通过完成任务 4 认识关税措施，我能够作如下总结：

1. 主要知识

本任务涉及的主要知识点有：
(1)
(2)

2. 主要技能

本任务涉及的主要技能有：
(1)
(2)

3. 主要原理

你认为，关税的主要作用原理是：
(1)
(2)

4. 相关知识与技能

完成本任务中：
(1) 关税对于货物价格的影响有：
(2) 关税对于货物选择的影响有：
(3) 关税对于贸易伙伴选择的影响有：

5. 成果检验

完成本任务的成果：
（1）完成本任务的意义有：
（2）学到的经验有：
（3）自悟的经验有：
（4）你认为海关限制从香港携带 pad 的原因是：

任务 5 非关税壁垒

任务 5 非关税壁垒

学习目标

1. 知识目标

能认识非关税措施的概念；能认识非关税措施的种类；能认识非关税措施的影响。

2. 技能目标

能理解非关税措施的作用机制；能理解征其他非关税措施的影响；能认识新型非关税措施对业务的影响。

3. 思政目标

理解我国改革开放主旋律；理解人民美好生活追求；理解中美贸易摩擦。

任务解析

根据国际贸易认知活动工作顺序和职业教育学习规律，非关税措施可以分解为以下子任务。

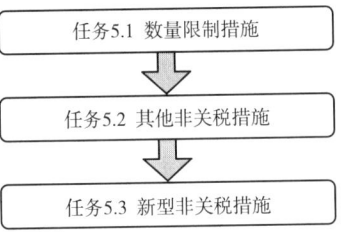

```
任务5.1  数量限制措施
        ↓
任务5.2  其他非关税措施
        ↓
任务5.3  新型非关税措施
```

课前阅读

故事要从欧盟限制中国钢铁产品进口讲起。2020 年 3 月 4 日，欧盟委员会发布公告称，对部分产自中国的钢制车轮加收费用，最高费率达 66.4%。该决定于 3 月 5 日正式生效，为期 5 年。

相关数据显示，早在 2018 年，中国对欧盟出口的钢制车轮已经达到 200 万个，在当时的欧洲市场中实现加倍增长。为此，欧盟以"打造公平的竞争环境"为由计划对华加收费用。耐人寻味的是，截至 2020 年 3 月，欧盟对钢铁产品共实施了 52 项"竞争保护"措施，其中 28 项与来自中国的产品有关。

值得注意的是，在欧盟作出对中国钢铁产品加收费用决定之下，东盟已经超越欧盟成为中国重要的合作伙伴。据新浪财经 6 月 4 日报道，1~4 月中国对东盟非金融类直接投资达 39.4 亿美元，同比增幅高达 43.3%。相比之下，随着近年来欧盟收紧对外资的限制，欧盟对外资的吸引力已经大大降低，而中国企业对欧盟的投资也一直在减少。

近年来，我国钢铁产品已经成为欧美等国贸易保护大棒挥舞打压的"重灾区"。据统计，2020 年 1~12 月累计出口 5 367.7 万吨，较 2019 年同期减 1 067.4 万吨。2020 年 1~12 月累计进口 2 023.3 万吨，较 2019 年同期增 793.1 万吨。2020 年全年钢材净出口 3 344 万吨。

(摘编自新浪财经报道，2020-06-07.)

问题：
1. 我国钢铁产品出口为什么遭到了哪些限制？
2. 2020年，我国钢铁产品出口情况怎样？有什么原因？

5.1 数量限制措施

> **任务提示**：认识非关税措施，特别是从经济意义的角度，认识数量限制措施的作用及特点。在此基础上，能够在进出口市场、客户选择、商品价格制订等方面，考虑到数量限制措施的影响。

在世界贸易组织规则关税减让的要求下，一国国际贸易管理措施中，关税的作用已经在逐渐减弱。为此，许多国家纷纷将贸易政策的限制手段从关税壁垒转向了非关税壁垒，并将其作为限制进口或达到对外贸易管理目的的主要措施。

> **重要概念 5-1　　　　　　　　非关税措施**
> 非关税措施（NTBs）是与关税措施相对来讲的，是指一国政府采取的除了关税措施以外的一切用于限制进口的各种措施。非关税措施大类可以分为数量限制措施、其他非关税措施与新兴非关税措施。

数量限制措施主要包括进口配额制、自动出口限制和进口许可证制。

5.1.1 进口配额制

进口配额又称进口限额，是一国政府对一定时期内（通常为一年）进口的某些商品的数量或金额加以直接限制。在规定的期限内，配额以内的货物可以进口，超过配额不准进口，或者征收较高关税后才能进口。因此，进口配额制是限制进口数量的重要手段之一。进口配额制主要有绝对配额和关税配额两种形式。

1. 绝对配额

绝对配额是指在一定时期内，对某些商品的进口数量或金额规定一个最高限额，达到这个限额后，便不准进口。绝对配额按照其实施方式的不同，又有全球配额、国别配额和进口商配额三种。

（1）全球配额。这是一种世界范围内的绝对配额，对于来自任何国家或地区的商品一律适用。全球配额不限制进口商品的来源国或地区，在实施贸易限制过程中，仍贯彻了非歧视原则。

（2）国别配额。它是将总配额按国家或地区分给一定的额度。为了区分来自不同国家或地区的商品，在进口时必须提交原产地证明书。国别配额的最初分配通常是以各主要出口国，在本国市场的份额为基础进行分配，一些国家则往往会根据国家关系不同而给予差别待遇。

例 5-1 根据《中华人民共和国政府与新西兰政府自由贸易协定》和《中华人民共和国政府与澳大利亚政府自由贸易协定》，2021 年国别关税配额总量分别为：新西兰羊毛 36 936 吨、新西兰毛条 665 吨、澳大利亚羊毛 38 288 吨。

（3）进口商配额。它是将某些商品的配额直接分配给本国的进口商。进口商按政府行政机构分配的额度组织进口，超过额度则不予进口。

例 5-2 日本曾将某些商品，如食糖、食用肉、化工甲醛等的配额分配给进口商。实施进口商配额的国家往往把配额给予本国的垄断进口的商人，而中小商人则难以得到额度。

2. 关税配额

关税配额是一种进口配额与关税相结合的形式，是指在配额额度内进口，可以享受优惠关税或免税，超过额度却要按一般正常的税率计征关税。有的国家则对超额进口加征附加税甚至罚款。关税配额与绝对配额的主要区别在于：绝对配额规定一个最高进口数额，不能超过；关税配额则表现为，超过额度仍可进口，只是成本将增加。

例 5-3 2020 年 9 月 17 日，国家发展改革委公布了 2021 年粮食和棉花进口关税配额申请和分配细则。2021 年粮食进口关税配额总量为：小麦（包括其粉、粒）963.6 万吨，其中 90% 为国营贸易配额；玉米（包括粉、粒）720 万吨，其中 60% 为国营贸易配额；大米（包括粉、粒）532 万吨，其中长粒米 266 万吨、中短粒米 266 万吨，50% 为国营贸易配额。2021 年棉花进口关税配额总量为 89.4 万吨，其中 33% 为国营贸易配额。

5.1.2 自动出口限制

自动出口限制，又称自愿出口限制或自动出口配额制，也是一种限制进口的手段。自动出口限制是指出口国家或地区在进口国的要求或压力下，或为了维护出口价格的稳定，自动规定某一时期内（一般为 5 年），某些商品对该国出口的数量或金额的限制，在限定的配额内自行控制出口，超过配额即禁止出口。主要有单方面自动出口限制和协定自动出口限制。

1. 单方面自动出口限制

单方面自动出口限制是指由出口国单方面自行规定出口配额，限制商品出口。此种配额有的由出口国政府规定并予以公布，出口商必须向有关机构申请配额，领取出口许可证后才能出口，有的由出口国的出口厂商或同业公会根据政府的政策意向来规定。

例 5-4 出于环境保护与维持价格水平的考虑，根据相关规定，中国自 1998 年起实施稀土产品出口配额许可证制度，并将稀土原料列入加工贸易禁止类商品目录。2011 年 5 月 19 日，商务部和海关总署联合发布公告，规定"其他按重量计稀土元素总含量＞10%的铁合金"将被纳入稀土出口配额许可证管理，从而将稀土合金纳入配额，并征收 25% 关税。

2. 协定自动出口限制

协定自动出口限制是指由进口国与出口国通过谈判签订自限协定或有秩序销售协定，在协定的有效期限内规定某些产品的出口配额。出口国据此配额实行出口许可证制，自动限制有关商品出口，进口国则根据海关统计来进行监督检查。

例 5-5 在 1981 年，迫于美国压力，美日双方达成了第一份协议，把日本每年向美国的汽车出口量限制在 168 万辆，1984~1985 年又把总数修正到 185 万辆。

5.1.3 进口许可证制

进口许可证制是一种凭证进口的制度。为了限制商品进口，国家规定某些商品进口必须领取许可证，没有许可证一律不准进口。许可证制与进口配额制一样，也是一种进口数量限制，是运用行政管理措施直接干预贸易行为的手段。大多数国家将配额制和进口许可证制结合起来使用。进口许可证还可以有以下分类。

1. 有定额与无定额许可证

进口许可证根据其是否有配额可以分为有定额和无定额许可证两种。

（1）有定额的进口许可证是与配额结合的许可证。管理当局预先规定有关商品的进口配额，然后在配额的限度内，根据进口商申请，逐笔发放具有一定数量或金额的许可证，配额用完即停止发放。进口许可证一般由进口国当局颁发给本国提出申请的进口商，也有将此权限交给出口国自行分配使用（通常是国别配额情况），又转化为出口国依据配额发放的出口许可证。有的国家则要求进口商用出口国签发的出口许可证来换取进口许可证，即所谓的"双重管理"，如欧盟对中国出口的纺织品就采用这种办法。

（2）无定额的进口许可证是指政府管理当局发放有关商品的进口许可证只是在个别考虑的基础上进行，而没有公开的配额数量依据。由于此种许可证没有公开的标准，在执行上具有很大的灵活性，起到的限制作用更大。

2. 公开许可与特许许可

根据对来源国有无限制，进口许可证也可以分为公开一般许可证和特种许可证两类。

（1）公开一般进口许可证，又称公开进口许可证、一般进口许可证或自动进口许可证，是指对国别或地区没有限制的许可证。凡属公开一般许可证项下所列商品，进口商只要填写此许可证，即可获准进口。此类商品实际上是"自由进口"的商品，填写许可证只是履行报关手续，供海关统计和监督需要。

（2）特种许可证，又称非自动进口许可证，即进口商必须向有关当局提出申请，获准后才能进口。这种许可证适用于特殊商品以及特定目的的申请，如烟、酒、麻醉物品、军火武器或某些禁止进口物品。进口许可直接受管理当局控制，并用以贯彻国别地区政策。进口国定期公布须领取不同性质进口许可证的商品项目，并根据需要加以调整。

相关资讯 5-1   **非关税措施的特点**

关税措施是通过提高进口商品的成本，提高其价格，降低其竞争力，从而间接起到限制进口的作用。非关税措施则是直接限制进口，与关税措施相比，非关税措施的特点如下。

（1）非关税措施具有较大的灵活性和针对性。关税税率的制定往往需要一个立法程序，一旦以法律的形式确定下来，便具有相对的稳定性。且受到最惠国待遇条款的约束，进口国往往难以做到有针对性的调整。非关税措施的制定和实施，则通常采用行政手段，进口国可根据不同的国家作出调整，因而具有较强的灵活性和针对性。

（2）非关税措施更易达到限制进口的目的。关税措施是通过征收高额关税，提高进口商品的成本来削弱其竞争力。若出口国政府对出口商品予以出口补贴或采取倾销的措施销售，则关税措施难以达到预期效果。非关税措施则能更直接限制进口。

（3）非关税措施更具有隐蔽性和歧视性。一国的关税一旦确定下来之后，往往以法律法规的形式公布于世，进口国只能依法行事。而非关税措施往往不公开，或者规定为烦琐复杂的标准或程序，且经常变化，使出口商难以适应。而且，有些非关税措施就是针对某些国家的某些产品设置的。

同步实训

实训目的：
加深学生对数量限制实践意义的理解。

实训安排：
1. 分析数量限制措施的特点，并举例与关税措施作对比；
2. 讨论数量限制措施对某企业进出口的影响。

教师注意事项：
1. 由一般关税限制事例导入非关税限制事例；
2. 分组搜索资料，查找我国出口遭遇数量限制的产品案例；
3. 组织其他相应学习资源。

资源（时间）：
1 课时、参考书籍、案例、网页。

评价标准

表现要求	是否适用	已达要求	未达要求
小组活动中，外在表现（参与度、讨论发言积极程度）			
小组活动中，对概念的认识与把握的准确程度			
小组活动中，分工任务完成的成效与协作度			
小组活动中，作业或报告制作的完整与适用程度			

5.2 其他非关税措施

> **任务提示：** 认识非关税措施，特别是从经济意义的角度，认识其他非关税措施的作用及特点。在此基础上，能够在进出口市场、客户选择、商品价格制订等方面，考虑到这些措施的影响。

非关税措施范围宽泛，形式多样，名目繁多，除了数量限制措施外，其他非关税措施主要体现为政府对进出贸易经营权限管制和商品进出口环节的管制，从而达到间接限制进口的目的。

5.2.1 进出口经营权管制措施

1. 对外贸易的国家垄断

对外贸易的国家垄断是指对外贸易由国家指定的机构和组织集中管理、集中经营。在以私营经济为主体的西方国家，平时仅对少数商品，如军火、烟酒和粮食等实施国家垄断，在战争或经济萧条时期，垄断的范围有可能扩大。这样做的目的在于，保证国内的供应和生产，防止国内市场的混乱；可以贯彻政府的意图，限制部分商品的进口。

2. 歧视性的政府采购政策

政府采购政策是指政府制定政策或通过制定购买本国货法，规定国家行政部门在采购时必须优先购买本国产品，从而形成了对外国产品的歧视，限制外国货的进口。

5.2.2 进出口环节管制措施

1. 最低限价

最低限价，是指进口国就某一商品进口时规定一个最低价格，进口时低于该价格就不准进口或征收附加税。附加税税额即是进口价格和最低价格之间的差额。

例 5-6 某商品的最低限价为 100 美元，进口价格为 80 美元，则附加税为 20 美元。进口国有时把最低限价定得很高，进口商若以最低限价进口，则无利可图，进口商品在国内市场也必然缺乏竞争能力。当数量限制或最低限价仍然不能达到目标时，一些国家往往颁布法令禁止某些商品的进口。

2. 外汇管制

外汇管制，是指各国政府通过政府法令对国际结算和外汇买卖加以管制，平衡国际收支，控制外汇的供给与需求，防止外汇投机，维持本国货币币值稳定的一种管理措施。在外汇管制下，国家设立专门机构或专业银行进行管理。出口商必须把出口所得的外汇收入按规定卖给管理银行，进口商必须向外汇管理机构申请外汇才能向外购买。禁止外币自由买卖。外汇管制形式主要有成本型和数量型。

3. 海关估价制度

海关估价是指一国在实施从价征收关税时，由海关根据国家的规定，确定进口商品完税价格，并以海关估定的完税价格作为计征关税基础的一种制度。但是，海关估价若被滥用，人为地高估进口商品的价格，无疑就增加了进口商的税收负担，对商品进口形成了障碍。

例 5-7 美国"售价制"的特殊估价标准使焦油产品、胶底鞋类、蛤肉罐头和毛皮手套等商品的国内售价很高，从而使这些商品进口税收负担大大增加。关贸总协定为了制约成员国的这种保护主义行为，也达成了"海关估价法则"，提供一个公正、统一、中性的货物估价制度，避免使海关估价成为国际贸易发展的障碍。

4. 进口押金或进口存款制

进口押金制又称进口存款制，是指一种通过支付制度限制进口的措施。在这种制度下，进口商在进口货物运达以前，必须预先按进口金额的一定比率和规定的时间，在指定的银行无息存放一笔现金，方能获准报关进口，存款须经一定时期后才发还给进口商。其作用是政府可以从进口商获得一笔无息贷款，进口商则因周转资金减少并损失利息收入而减少进口，从而起到了限制进口的作用。

例 5-8　意大利在 20 世纪 70 年代曾对 400 多种商品实行这种制度，要求进口商必须向中央银行缴纳相当于进口货值半数的现金，无息冻结 6 个月。

5. 国内税收和商业限制

某些国家特别是西欧国家，广泛采用国内税收制度来限制进口，即通过对进口货物和国内生产货物的差别税收，使进口商品的国内税收负担增加，包括消费税、增值税、临时附加税等。这种方法比关税更灵活，更具有伪装性，不受贸易条约或多边协定的约束。国内税收的制定和执行是属于本国政府机构，有时甚至是地方政权机构的权限。有的国家则通过复杂的国外商品难以适应的商业限制对进口产品形成障碍。

例 5-9　日本的有关商业规定就令许多国家的商品难以进入，这使美国厂商深为不满，也成为日美贸易的争端之一。

相关资讯 5-2　　　　　　　　　　**非关税措施的作用**

发达国家的贸易政策越来越把非关税壁垒作为实现其政策目标的主要工具。对它们来说，非关税壁垒的作用主要表现在三个方面：一是作为防御性武器限制外国商品进口，用以保护国内陷入结构性危机的生产部门，或者保障国内垄断资产阶级能获得高额利润。二是在国际贸易谈判中用作砝码，逼迫对方妥协让步，以争夺国际市场。三是用作对其他国家实行贸易歧视的手段，甚至作为实现政治利益的手段。总之，发达国家设置非关税壁垒是为了保持其经济优势地位，继续维护不平等交换的国际格局。

发展中国家设置非关税壁垒的目的主要是：限制非必需品进口，节省外汇；限制外国进口品的强大竞争力，以保护民族工业和幼稚工业；发展民族经济，以摆脱发达资本主义国家对本国经济的控制和剥削。发展中国家的经济发展水平与发达国家相去甚远，完全不在同一条起跑线上，因而设置非关税壁垒有其合理性和正当性。

同步实训

实训目的：
加深学生对其他非关税措施实践意义的理解。
实训安排：
1. 分析这些限制措施的特点，并举例与关税措施的作用做对比；
2. 讨论这些限制措施对企业进出口的影响。
教师注意事项：
1. 由数量限制事例导入其他非关税限制事例；
2. 分组搜索资料，查找我国出口遭遇其他非关税措施限制的产品案例；
3. 组织其他相应学习资源。
资源（时间）：
1 课时、参考书籍、案例、网页。

评价标准

表现要求	是否适用	已达要求	未达要求
小组活动中，外在表现（参与度、讨论发言积极程度）			
小组活动中，对概念的认识与把握的准确程度			
小组活动中，分工任务完成的成效与协作度			
小组活动中，作业或报告制作的完整与适用程度			

5.3 新型非关税措施

任务提示：认识非关税措施，特别是从经济意义的角度，认识新型非关税措施的作用及特点。在此基础上，能够在进出口市场、客户选择、商品价格制定等方面，考虑到这些措施的影响。

5.3.1 反倾销

倾销是指一国或地区的生产厂商或出口商以低于其国内市场价格或低于生产成本价格将其商品抛售到另一国或地区市场的行为。倾销会给进口国同类产业或产品带来冲击，造成损害。因而，反倾销是世界贸易组织所允许采用，以抵制不公平国际贸易行为的一种措施。

重要概念 5-2　　　　　　　　反倾销

反倾销是指进口国主管部门根据受损害国内企业的申诉，按照一定的法律程序对以低于正常价值的价格在进口国进行销售的，并对进口国生产相似产品、产业造成损害的外国产品，进行立案、调查和处理的过程和措施。

1. 反倾销的条件

反倾销税的征收必须同时具备三个基本条件。

（1）存在倾销，即产品出口价格低于其正常价格。正常价格是指进口产品出口方国内的销售价格或对第三国出口价格或以其成本加上一般销售费用及合理利润后组成的价格。

（2）存在损害，即进口国竞争产业受到实质损害。进口产品的进口已经影响到了进口国同类产品的正常销售和生产。

（3）损害与倾销之间存在因果关系，即进口国竞争产业所受到的损害是由倾销产品所造成的。

实务借鉴 5-1　　　　　我国向美国商品征收 254% 的反倾销税

根据《中华人民共和国反倾销条例》和《中华人民共和国反补贴条例》的规定，2020年7月，我国商务部明确表示要对美国商品出台重拳措施。经调查表明，美国出售给中国的化工原料正丙醇时存在恶意破坏行为，严重混乱了行业秩序，同时也对我国行业生产构成了巨大威胁。更为严重的一点是，美国此类违规行为使得我国的本土化工产业遭受了沉重损失。对此，我国商务部根据美国公司的倾销幅度，最终决定并宣布对此商品征收254%的反倾销税。

2. 反倾销的程序

反倾销一般遵循以下程序。

（1）反倾销调查的提起和受理。反倾销调查可由受损害的国内企业以书面形式向有关部门提起，也可由受损害国政府提起。

（2）初步裁定。在调查基础上，有关当局作出是否存在倾销或损害的初步裁定。

（3）价格承诺。实施倾销的一方主动提高其国际市场售价，消除倾销损害。如果调查部门认为承诺价格可接受，可中止或终止调查；如果调查部门觉得承诺价格不可接受，也可拒绝此价格承诺。

（4）临时措施。进口国当局为了避免国内相关产业受到倾销的进一步损害而采取的临时性措施。可采取的临时性措施有征收临时性关税、缴纳保证金等。临时性措施应在立案之日起60天后才可以实施，实施时效不得超过4个月。

（5）征收反倾销税。进口国最终确定进口商品存在倾销且对进口国相同或类似产业造成实质性损害时，可对该进口商品征收反倾销税，但征收幅度一般不高于倾销幅度。据世界贸易组织《反倾销措施协议》规定，反倾销税的征收期限一般为5年。

（6）行政复议和司法审查。在征收反倾销税一段时间后，有关部门应根据当事人请求或自身判断，确定是否有必要继续征收反倾销税，这一行为称为行政复议。该复议也可通过司法、仲裁或行政法庭进行。

例5-10 美国采取的"追溯征税"做法，即如果最终裁定倾销幅度为28%进口商通关时只需缴纳28%的保证金，但实际要缴纳多少，要待一年后商务部作出复审时再定；再如欧盟采取的"超前征税"做法，如果欧盟最终裁定对某公司产品征收28%的反倾销税，则自该决定之日起一年内，对该产品一律征收28%的反倾销税，而不管该产品的出口价格实际上是否提高或降低。

5.3.2 反补贴

补贴是一国政府或公共机构直接或间接向本国生产厂商或出口商提供现金支持或财政优惠，以提高受补贴商品在国内或国际市场上的竞争力的行为。

> **重要概念5-3　　　　　　　　　反补贴**
>
> 反补贴是指一国政府或国际社会为了保护本国经济健康发展，维护公平竞争的秩序，或者为了国际贸易的自由发展，针对补贴行为而采取必要的限制性措施，包括临时措施、价格承诺和征收反补贴税。

反补贴的目的在于增提高进口产品的成本，抵消进口产品享受的补贴金额，削弱其竞争力，使进口产品和本国产品在同等条件下公平竞争，从而保护本国市场。

世界贸易组织反补贴协议将补贴分为三种基本类型：禁止性补贴、可诉补贴和不可诉补贴。针对前两种补贴，一是向世界贸易组织申诉，通过世界贸易组织的争端机制经授权采取的反补贴措施；二是进口成员根据国内反补贴法令通过调查征收反补贴税。

1. 反补贴的条件

采取反补贴措施的所必备的三个基本前提条件。

（1）补贴存在，即发起国必须按照规定程序进行调查，在获得充分证据的基础上，才能征收反补贴税。

（2）生产同类或相同产品的国内企业受到实质损害，即通过调查，测算补贴进口的数量及其对国内市场同类产品价格的影响，对国内同类产品生产者所带来的影响，如产量、销售、利润、市场份额等，从而确定损害存在。

（3）补贴与损害之间存在因果关系，即通过对国内产品价格及生产者影响的分析，确定补贴与损害之间存在因果关系。

2. 反补贴的程序

（1）书面请求。由受补贴影响的产业或产业代表以书面形式提出发起补贴调查的书面请求。

（2）立案。反补贴调查机关可以应产业代表提出的书面请求或基于自己掌握的证据立案。

（3）磋商。在发动调查以前，调查机关应邀请其产品涉及的成员方参加磋商以澄清补贴事实，并达成各方所能接受的解决办法。

（4）调查。一旦调查机关认定有关证据足以发起调查，调查即可进行。调查的目的在于确定补贴和损害的存在，并确定数量和损害的数额。

（5）反补贴税的征收。若调查机关确认存在补贴、符合相当数量要求，并对本国产业造成损害，则进口国当局有权决定是否及按何数额征收反补贴税。

（6）临时措施。自调查发起日满60天后，调查当局初步确认存在补贴并且受补贴产品对国内产业已造成实质性损害或损害威胁，为防止在调查期间继续造成损害而有必要采取临时措施，征收反补贴税。

（7）承诺。如果进口国政府接受出口方作出的下述承诺：政府同意取消或限制补贴或反补贴税，出口商同意修正其价格并使调查机关满意地认为补贴所造成的损害性影响已经解除，则调查程序可以停止或终止，而不再采取临时措施或征收反补贴税。

（8）如承诺无实际行动，可继续调查，算出补贴数额，征收反补贴税。

（9）日落条款，即规定征收反补贴税期限不得超过5年，除非国家有关部门在审定的基础上认定，取消反补贴税将导致损害的继续和再现。

5.3.3 技术性贸易壁垒

重要概念 5-4　　　　　　　　技术性贸易壁垒

技术性贸易壁垒是指进口国通过广泛严格的技术标准、卫生检疫规定、商品包装和商品标签规定等，来限制主要竞争对手的商品进口而设立的各种技术标准与法规。

技术标准一般通过法规确定，既可能包括商品的质地、纯度、营养价值、尺寸、用途等，也可能包括商品的设计和说明、证书、标记、商标及检验程序等。这些标准不仅日益复杂，而且经常变化，使外国商品难以适应，从而起到限制进口的作用。目前，已经显现出保护对象和政策手段日益多样化、保护手段更难防范、标准日益复杂、科学技术推动、发达国家带头等特点。

技术性贸易壁垒主要包括以下措施。

1. 繁杂的技术法规与标准

利用技术标准作为贸易壁垒具有非对等性和隐蔽性。在国际贸易中，发达国家常常是国际标准的制定者，它们凭借着在世界贸易中的主导地位和技术优势，强制推行根据其技术水平定出的技术标准，使广大经济落后国家的出口厂商望尘莫及。而且这些技术标准、技术法规经常变化，有的地方政府还有自己的特殊规定，使发展中国家的厂商无从知晓、无所适从。

例 5-11 越南财政部网站 2021 年 3 月 24 日报道，根据 2021 年 1 月 12 日越南政府颁布的第 38 号决定批准 7 项涉及"对进口货物食品安全、质量查验的形式"进行大幅改革。财政部牵头将于 3 月 18 日起对"进口货物食品安全和质量查验的管理体制、方式、程序、手续"等具体内容起草改革方案。

2. 复杂的合格评定程序

在贸易自由化渐成潮流的形势下，质量认证和合格评定对于出口竞争能力的提高和进口市场的保护作用日益突出。目前，世界上广泛采用的质量认定标准是 ISO9000 系列标准。此外，美、日、欧盟等还有各自的技术标准体系。

例 5-12 据尼日利亚当地媒体《先锋报》报道，从 2013 年 2 月起，未来所有在尼市场上流通的产品都必须拥有电子注册代码，以便清楚识别制造商及进口商的信息。任何产品在 2013 年 5 月前如未获得电子注册代码，将在市场上被清除和销毁。

3. 严格的包装、标签规则

为防止包装及其废弃物可能对生态环境、人类及动植物的安全构成威胁，许多国家颁布了一系列包装和标签方面的法律和法规，以保护消费者权益和生态环境。从保护环境和节约能源来看，包装制度确有积极作用，但它增加了出口商的成本，且技术要求各国不一、变化无常。

例 5-13 2013 年 4 月 9 日，台湾地区"行政院卫生署"发布署授食字第 1021300776 号令，修正发布"食品器具容器包装卫生标准"第 5 条、第 6 条、第 7 条条文。本次修订主要针对婴幼儿奶瓶、塑料类和乳品用容器、包装。比如第 5 条规定婴幼儿奶瓶不得使用含双酚 A（Biphenyl A）的塑料材质。

5.3.4 绿色贸易壁垒

> **重要概念 5-5　　　　　　　　　绿色贸易壁垒**
>
> 绿色贸易壁垒是指各国为了保护人类、动物和植物的生命或健康，对进出口的农、畜、水产品等采取或实施必要的卫生措施。它又被称为环境壁垒。

绿色贸易壁垒通常是进出口国为保护本国生态环境和公众健康而设置的各种保护措施、法规和标准等，也是对进出口贸易产生影响的一种技术性贸易壁垒。它是国际贸易中的一种以保护有限资源、环境和人类健康为名，通过蓄意制定一系列苛刻的、高于国际公认或绝大多数国家不能接受的环保标准，限制或禁止外国商品的进口，从而达到贸易保护目的而设置的贸易壁垒。

绿色贸易壁垒主要包括以下措施。

1. 质量技术标准

技术标准是指由公认机构核准的描述产品或有关工艺和生产方法的规则、指南或特性的一系列非强制性文件。如1995年4月，国际标准化组织公布ISO9000，ISO14000；1998年欧盟制定了ASOUN9000，对26大类的消费品制定了详细和全面的标准。

2. 绿色环境标志

绿色环境标志是由政府部门、公共或民间团体依照一定的环境保护标准，向申请者颁发的并印在产品及包装上的特定标志，向消费者表明该产品从研制、开发到生产、销售、使用，直到回收利用的整个过程都符合环保要求，对生态环境和人类健康均无损害。

例5-14 截至目前，全球已有40多个国家和地区实施绿色标志制度，如德国的"蓝色天使"、加拿大的"环境选择"、日本的"生态标志"等，涉及的产品范围也越来越广。

3. 绿色包装制度

绿色包装是为了节约资源，减少废弃物品，用后易于回收利用或再生，易于自然分解，不污染环境的包装。

4. 卫生检疫制度

基于保护环境和生态资源，确保人类和动植物免受污染物、毒素、微生物、添加剂等的伤害，要求对进口产品进行卫生检疫的国家不断增多，检疫规定日益严格。

5. 绿色环境管制制度

绿色环境管制是指为了保护环境而采取的贸易限制措施。如以保护环境为名，对进口产品征收关税，甚至采取限制、禁止或制裁的措施。此外，对本国厂商还进行环境补贴。

同步实训

实训目的：

加深学生对新型非关税措施实践意义的理解。

实训安排：

1. 分析这些限制措施的特点，并举例与关税措施的作用作对比；
2. 讨论这些限制措施对企业进出口的影响。

教师注意事项：

1. 由数量限制事例导入新型非关税限制事例；
2. 分组搜索资料，查找我国出口遭遇新型非关税措施限制的产品案例；
3. 组织其他相应学习资源。

资源（时间）：

1课时、参考书籍、案例、网页。

评价标准

表现要求	是否适用	已达要求	未达要求
小组活动中，外在表现（参与度、讨论发言积极程度）			
小组活动中，对概念的认识与把握的准确程度			
小组活动中，分工任务完成的成效与协作度			
小组活动中，作业或报告制作的完整与适用程度			

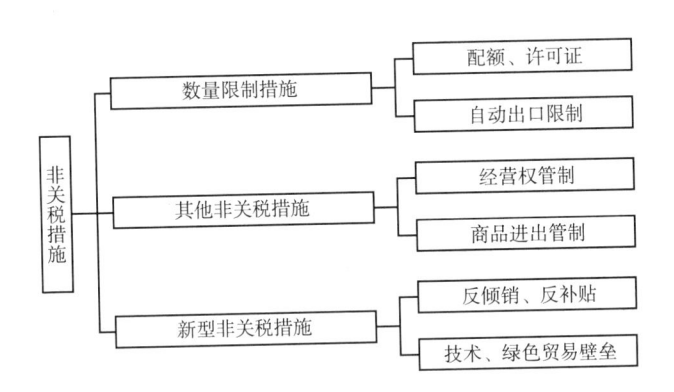

小 结

```
                            ┌── 配额、许可证
              ┌── 数量限制措施 ──┤
              │                 └── 自动出口限制
              │
非关税措施 ──┤                 ┌── 经营权管制
              ├── 其他非关税措施 ──┤
              │                 └── 商品进出管制
              │
              │                 ┌── 反倾销、反补贴
              └── 新型非关税措施 ──┤
                                └── 技术、绿色贸易壁垒
```

教学做一体化练习

重要概念

非关税措施　反倾销　反补贴　技术贸易壁垒　绿色贸易壁垒

课堂讨论

1. 非关税措施的隐蔽性。
2. 技术贸易壁垒的合理运用。
3. 绿色贸易壁垒的合理运用。
4. 绿色贸易壁垒设置的目的。
5. 你所了解的技术壁垒。

课后自测

选择题

1. 与关税措施相比，非关税措施的特点是（　　）。

   A. 灵活性　　　　B. 针对性　　　　C. 有效性　　　　D. 隐蔽性

   E. 歧视性

2. 国别配额主要包括（　　）。

   A. 绝对配额　　　B. 全球配额　　　C. 自主配额　　　D. 协议配额

   E. 关税配额

3. 技术贸易壁垒主要包括（　　）。

A. 技术标准　　　　　　　　　　B. 卫生检疫标准
C. 环境标准　　　　　　　　　　D. 商品包装规定
E. 商品标签规定

4. 通过改变进口价格，限制进口的非关税壁垒有（　　）。
A. 海关估价制　　　　　　　　　B. 征收国内税
C. 进口押金制　　　　　　　　　D. 进口最低限价制
E. 外汇管制

5. 外汇管制（　　）。
A. 是一种数量限制的非关税壁垒　　B. 是一种间接的非关税壁垒
C. 形式主要有成本型和数量型　　　D. 其目的是应付国际收支危机
E. 可增强一国出口产品竞争能力

6. 以下几种非关税壁垒措施中，属于数量限制措施的有（　　）。
A. 进口配额制　　　　　　　　　B. 外汇管制
C. 进口押金制　　　　　　　　　D. "自动"出口配额制
E. 进口许可证制

7. 美国2010年2月对加拿大及墨西哥以外国家进口的钢铁线材实施为期3年的限制措施，第一年进口的总数量限为143万吨，超出部分课征10%关税。其中采用的非关税措施有（　　）。
A. 进口配额　　　　　　　　　　B. "自动"出口配额
C. 全球配额　　　　　　　　　　D. 关税配额
E. 国别关税配额

8. 大多数国家的进出口国家垄断主要集中在（　　）。
A. 烟酒　　　B. 农产品　　　C. 武器　　　D. 工业品
E. 化学品

9. 下列对关税壁垒与非关税壁垒的描述，正确的有（　　）。
A. 非关税壁垒比关税壁垒具有更大的灵活性
B. 非关税壁垒比关税壁垒具有更大的针对性
C. 非关税壁垒比关税壁垒更能达到限制进口的目的
D. 非关税壁垒比关税壁垒更具有隐蔽性
E. 非关税壁垒比关税壁垒更具有歧视性

判断题

1. "自动"出口配额不是一种限制进口的手段。　　　　　　　　　　　　（　　）
2. 非关税壁垒和关税壁垒一样，都能限制进口，导致进口商品价格上涨。（　　）
3. 目前西方国家制定苛刻的技术标准都是为了保护消费者的身心健康。　（　　）
4. 全球配额是指进口国在总配额内按国别和地区分配一定的配额，超过配额后便一律不准进口。　　　　　　　　　　　　　　　　　　　　　　　　　　　　（　　）
5. 歧视性的政府采购是指政府机构在采购时不得购买外国产品。　　　　（　　）
6. 非关税壁垒取代关税壁垒成为新贸易保护主义的主要手段。　　　　　（　　）
7. 关税壁垒比非关税壁垒更能直接达到限制进口的目的。　　　　　　　（　　）

8. 歧视性的国内税就是指进口国对外国商品征收较高的进口关税来限制外国商品的进口。（　　）

9. "自动"出口配额是出口国自愿限制出口的措施，它不具有强制性。（　　）

10. 绿色贸易壁垒是指一种以保护生态环境、自然资源和人类健康为借口的贸易保护主义新措施。（　　）

简答题

1. 非关税措施的特点有哪些？
2. 为什会出现"自动出口限制"？
3. 反倾销的条件是怎样的？
4. 反补贴的条件是怎样的？
5. 非关税措施的作用有哪些？
6. 技术贸易壁垒主要包括哪些方面？
7. 绿色贸易壁垒主要包括哪些措施？
8. 技术贸易壁垒的特点有哪些？

案例分析

我国是全球最大的玩具生产国和出口国，玩具产量占全球总产量的70%，其中出口产量占总产量的85%。2017年，我国出口玩具239.62亿美元，同比增长30.4%。虽然出口保持稳步增长态势，但玩具产业在转变发展方式、实现新旧动能转化的过程中，仍需应对国外技术壁垒升级难题。

技术贸易壁垒持续升级，国际贸易环境更严格。美国、欧盟是我国玩具出口主要市场，占我国出口总额的65%。

2017年以来，欧美发布修改近10项相关技术法规，对儿童玩具中双酚A、甲酰胺、苯酚、铅等设定更为严格的限量标准。2017年10月，美国CPSC发布新规要求玩具和儿童护理产品中特定的邻苯二甲酸酯含量不超过0.1%。土耳其、瑞士、印度等国家及地区也相继出台多项法规，并且存在法规生效急、技术门槛高的特点。

印度商业和工业部发布最新玩具规定且要求立即实施，2016年我国玩具出口印度达2.6亿美元，受此新规影响，我国输印玩具业务超过80%暂停。技术壁垒持续升级增加出口风险，2017年，欧盟REPAX通报我国出口玩具产品共553起，同比增长18.42%；美国CPSC通报我国玩具产品共22起，同比增长37.5%。

(摘编自中国产业经济信息网，2018-01-30.)

阅读以上材料，回答问题：

1. 贸易壁垒给中国玩具企业带来什么样的影响？
2. 中国企业该如何应对？

拓展实训：非关税措施的应对

实训目的：

参观企业，收集企业应对非关税措施，或受非关税措施影响的实例。

实训安排：

1. 教师与企业接洽；

2. 引领学生访问企业业务人员。

教师注意事项：

1. 指导学生，认识所访企业遇到非关税措施的情形；
2. 聘请业务人员讲解应对措施；
3. 组织其他相应学习资源。

资源（时间）：

1 课时、参考书籍、案例、网页、实践基地企业。

评价标准

表现要求	是否适用	已达要求	未达要求
小组活动中的工作表现（参与度、讨论发言）			
整个认知活动过程的表现			
对整体职业学习活动的认识与把握			
学习活动过程知识与经验的运用与反思			

课程思政园地

农产品出口：要破"壁垒"先强自身

关键词： 品牌意识　行业自律

我国是传统的农业大国，农业经济在国民经济中占有举足轻重的地位。自加入世界贸易组织（WTO）后，凭借劳动力成本相对较低，农产品价格相对偏低的出口优势，我国农产品国际贸易发展迅速，成为带动我国经济发展的重要引擎。但近些年来，受国外技术性贸易壁垒和农产品自身结构和管理等因素影响，我国在农产品出口方面遭遇"瓶颈"，亟待破解。

一是国外技术性贸易壁垒层出不穷。为保护本国农产品免受冲击，许多国家利用 WTO 中存在的制度缺陷，采取技术性贸易壁垒、实施卫生与植物卫生措施协定（SPS），限制我国农产品进入本国市场。我国农产品出口遭受到的国外 SPS 措施种类繁杂、数量众多。

二是我国农业生产模式和产业结构较为落后。我国传统农业具有小规模种植、分散经营、自然经济色彩较浓等特点。在这种生产模式中，农业化学投入品较难控制、标准化生产的意识整体淡薄、农产品的质量检测体系不够健全、安全管理不够规范等是当前较为突出的问题。产业结构不尽合理，以柑桔为例，产业种植品种单一，"丰年"之后盲目扩张，导致产品供过于求；品种结构搭配不合理，鲜果上市集中；后期商品化深加工滞后。

三是品牌建设意识不强。我国农产品以价格优势为主，结合品牌建设获取高附加值的农产品较少。近年来，我国农产品商标注册势头迅猛，但"叫得响"的市场品牌却很少；冒牌现象严重，品牌保护还需加强；为挣取暂时利益为国外企业贴牌做嫁衣裳较为常见。

四是企业缺乏行业自律。我国农产品出口企业超万家，农产品出口竞相压价，常出现"新开发一个市场，烂一个市场"的现象。产品恶性竞争，不仅使产品质量得不到保障、各种低廉的产品充斥海外市场，严重影响我国的农产品形象。

问题：
1. 我国农产品出口遇到那些问题？
2. 如何破解我国农产品出口的技术壁垒？

课程思政

学生自我总结

通过完成任务 5 非关税措施，我能够作如下总结：

1. 主要知识

本任务涉及的主要知识点有：
(1)
(2)

2. 主要技能

本任务涉及的主要技能有：
(1)
(2)

3. 主要原理

非关税的主要作用原理是：
(1)
(2)

4. 相关知识与技能

完成本任务中：
（1）关税对于货物价格的影响有：
（2）关税对于货物选择的影响有：
（3）关税对于贸易伙伴选择的影响有：

5. 成果检验

完成本任务的成果：
（1）完成本任务的意义有：
（2）学到的经验有：
（3）自悟的经验有：
（4）你认为荷兰海关限制广东 LED 照明产品入境的原因是：

任务 6　出口管理措施

任务6　出口管理措施

📚 **学习目标**

1. 知识目标

能认识出口管理措施的含义；能认识出口管理措施的种类；能认识出口管理措施的作用。

2. 技能目标

能理解出口管理措施的具体要求；能理解不同国家的出口管理措施；能认识企业出口管理工作。

3. 思政目标

具备国际视野；具有进取心与产业主权意识；关注国利、实力爱国。

任务解析

根据国际贸易认知活动工作顺序和职业教育学习规律，出口管理措施可以分解为以下子任务。

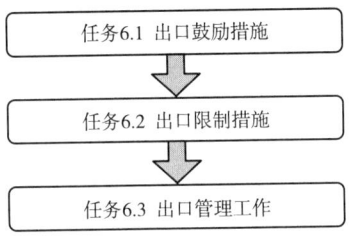

```
任务6.1 出口鼓励措施
      ↓
任务6.2 出口限制措施
      ↓
任务6.3 出口管理工作
```

课前阅读

故事要从重商主义讲起。重商主义认为，财富的唯一形式即金银，金银的多少是衡量一国富裕程度的唯一尺度，而获得金银的主要渠道就是国际贸易。通过奖出限入求得顺差，使金银流入，国家就会富裕。因而反对进口，主张鼓励出口。

你能想象新中国成立初期，我国出口产品主要种类吗？瓷器、草席、竹器、木器、盆桶、暖水瓶、土纸、铁锅、陶器、棉絮、麻绳、麻袋等，好像就是一个土产日杂的集合；再后来，才有了纺织品、塑料制品、旅行箱包、家具、灯具、自行车、床垫等。限于生产力发展水品与制造技术，当时出口产品劳动密集型特征明显。很长一段时间，政府为增加外汇收入，实行了"重出口，轻进口""奖出限入"的外贸政策，包括收汇增量奖励、提供优惠贷款等。尤其是对有外贸出口权的企业设立产品外销比例，导致一些企业为了保住外贸出口权，宁愿赔钱也要出口。出口一直被视为提振中国经济的"强心针"。然而，在今天，"奖出限入"外贸政策的负面影响也逐渐表现出来。这些外贸政策已经"里外不讨好"：对内加剧了国内资源的紧张，使中国在国际贸易利益链中居于不利地位；对外则诱发了国际贸易争端，同样使中国居于不利地位。

为促进进出口平衡，中国正在完善一系列贸易政策，包括控制高能耗、高污染、资源型产品的出口，鼓励企业自主品牌出口和优势农产品出口。

问题：
1. 为什么一般要鼓励出口？
2. 一味"奖出限入"有哪些负面效应？

6.1 出口鼓励措施

> **任务提示**：认识出口管理措施，首先要认识出口管理措施的概念，特别是出口鼓励措施的概念、种类以及各种出口鼓励措施的具体含义和规定。在此基础上，认识出口鼓励措施对一国贸易的影响。

6.1.1 出口鼓励措施的概念

和我们所了解的关税、非关税等贸易管理措施一样，出口管理措施也是一个国家贸易管理措施的一种，是出口国出于某些政治、经济或军事等方面的原因，所采取的鼓励出口和限制出口的各种措施。出口鼓励措施是出口管理措施之一。

> **重要概念 6-1　　　　　　　　出口鼓励措施**
>
> 出口鼓励措施是出口国政府为了促进本国商品的出口，开拓和扩大国外市场所采取的各种政治、经济和组织等方面的措施。主要包括出口信贷、出口信贷国家担保制、出口补贴、商品倾销、外汇倾销、经济特区以及其他措施等。

6.1.2 出口鼓励措施的种类

1. 出口信贷

出口信贷是一个国家的银行为了鼓励商品出口，加强商品的竞争能力，对本国出口厂商或进口厂商提供的贷款。这是一国的出口厂商利用本国银行的贷款扩大商品出口，特别是金额较大、期限较长，如成套设备、船舶等出口的一种重要手段。出口信贷一般低于相同条件资金贷放的市场利率，利差由国家补贴，并与国家信贷担保相结合。

出口信贷按借贷关系可以分为卖方信贷和买方信贷。

（1）卖方信贷是指出口方银行向出口商提供的贷款，其贷款合同由出口商与银行之间签订。卖方信贷通常用于那些金额较大、期限较长的项目。因为这类商品的购进需要很多资金，进口商一般要求延期付款，而出口商为了加速资金周转，往往需要取得银行的贷款。卖方信贷正是银行直接资助出口商向外国进口商提供延期付款，以促进商品出口的一种方式。

（2）买方信贷是指出口方银行直接向进口商或进口方银行提供的贷款，其附加条件就是贷款必须用于购买债权国的商品，这就是所谓的约束性贷款。即贷款的提供与商品的出口直接相联系，因而能够起到促进出口的作用。

当出口方银行直接贷款给外国进口厂商时，进口厂商先用本身的资金，以即期付款的方式向出口厂商交纳买卖合同金额15%~20%的订金，其余货款以到期付款的方式将银行提供的贷款支付给出口厂商，以后按贷款合同规定的条件，向供款银行还本付息。当出口方银行贷款给进口国银行时，进口国银行以即期付款的方式代进口厂商支付应付的货款，并按照贷款协议规定的条件向供款银行还本付息，并与进口厂商按双方商定的办法在国内结清债权债务。

2. 出口信贷国家担保制

出口信贷国家担保制是指各国为了扩大出口，对本国的出口厂商或商业银行向外国进口厂商或银行提供的信贷，由国家设立的专门机构出面担保的一种制度。当外国债务人不能付款时，该国家机构便按照承保的金额给予赔偿。

出口信贷国际担保制的主要内容有：

（1）担保的项目和金额。风险不同，承保的金额也不同。由于进口国发生政变、革命、暴乱、战争以及政府实行禁运、冻结资金或限制对外支付等政治原因所造成的经济损失，承保的金额一般为合同金额的85%~95%；由于进口厂商或借款银行破产倒闭、无力偿付、货币贬值或通货膨胀等经济原因所造成损失，承保的金额一般为合同金额的70%~85%。

（2）担保对象有两种：一是对出口厂商的担保。为出口厂商输出商品时提供的短期信贷或中长期信贷可以向国家担保机构申请担保。二是对银行的直接担保。银行所提供的出口信贷通常均可向国家担保机构申请担保，这种担保是担保机构直接对供款银行承担的一种责任。

（3）担保期限与费用。根据出口信贷的期限，担保期限通常可分为短期与中长期。短期信贷担保期为6个月左右。中长期信贷担保通常为2年到15年，最长可达20年。承保时间可从出口合同成立日或货物装运出口时起直到最后一笔款项付清为止。

出口信贷国家担保制的主要目的在于担保出口厂商与供款银行在海外的风险，以扩大商品的出口，因而所收取的费用一般不高，以减轻出口厂商和银行的负担。保险费率根据出口担保的项目内容、金额大小、期限长短、输往国别或地区的不同有所不同。

3. 出口补贴

出口补贴是指一国政府在某种商品出口时给予出口厂商的现金补贴或财政上的优惠待遇，目的在于支持出口商降低出口商品的价格，加强其在国际市场上的竞争力。

出口补贴的基本形式有两种：一种是直接补贴，是出口某种商品时，由政府直接付给出口厂商的现金补贴，其目的是为了弥补出口商品国内价格高于国际价格所带来的亏损，或者补偿出口商所获利润率低于国内利润率所造成的损失；另一种是间接补贴，是政府对有关出口商给予财政上的优惠待遇，具体形式主要有退还或减免出口商品所缴纳的国内税、暂时免税进口、退还进口税、免征出口税、延期纳税、减低运费、提供低息贷款、复汇率等，其目的仍然在于降低商品价格，以便更有效地打进国际市场。

实务借鉴6-1　　美国补贴大豆出口严重冲击中国豆农

美国对中国出口金额最大商品是什么？不是波音飞机，不是美国汽车，也不是什么高科技产品，而是大豆。据国家统计局数据，2010~2017年，中国大豆进口量由5 479.8万吨增加到了9 552.6万吨，增加了4 072.8万吨，增幅高达74.3%。与此同时，中国大豆产量连年下滑，国产大豆在国内市场的份额由2010年的22%下跌至2016年的13%，2016年产量仅有1 294万吨，不及进口量的1/7。曾经最大的大豆生产国，怎么就成了世界大豆主产国中对进口大豆依存度最高的国家呢？

《环球时报》对此认为，一方面，美国政府给予本国粮农高额补贴，致国际市场大豆价格畸形扭曲，成功实现了对中国市场份额占据；另一方面，以美国企业为主的跨国粮商垄断操纵，也导致了国际市场需求不足，进一步加剧了我国大豆内外价格倒挂，使得国内豆农在进口大豆持续低价的冲击之下频现"卖豆难"情形，大豆产业日渐衰落。

(作者单仁平，摘编自环球时报，2018-03-19.)

4. 商品倾销

商品倾销是出口厂商以低于该商品国内市场出售的价格，在国外市场上出售商品，其目的是打开市场，战胜竞争对手，扩大销售或垄断市场。

相关资讯 6-1　　　　　商品倾销的类型

按照倾销的具体目的和时间不同，商品倾销可分为以下三种：

偶然性倾销是因为销售旺季已过，或因公司改营其他业务，在国内市场上出现不能出售的"剩余货物"，而以低于成本或较低的价格在国外市场上抛售。

间歇性倾销是以低于国内价格甚至低于成本价格，在某一国外市场上出售商品，把该国的生产者挤出该商品的生产领域，形成垄断局面，再借助垄断，提高价格，弥补过去低价出售时遭受的损失。

持续性倾销是在较长时期内以低于国内市场价格在国外市场出售产品，以打击竞争对手，占领并垄断市场。弥补低价出口的办法是国家给予补贴或者垄断市场后，再把价格提高。

世界贸易组织负责实施管理的《反倾销协议》认定，倾销行为属于不公平贸易行为，允许世界贸易组织成员对有倾销行为国家的厂商进行反倾销。

5. 外汇倾销

外汇倾销是国家利用本国货币对外贬值的机会向国外倾销商品的一种特殊措施。当一国货币对外贬值后，用外币表示的本国出口商品的价格会降低，该商品的竞争能力则相应地提高，从而有利于扩大出口。

相关资讯 6-2　　　　　外汇倾销的条件

外汇倾销不能无限制、无条件地进行，必须具备两个条件才能起到扩大出口的作用：

第一，货币贬值的程度要大于国内物价上涨的程度。货币贬值必然引起一国国内物价上涨，当国内物价上涨程度赶上或超过货币贬值的程度，外汇倾销的条件就不存在了。但国内价格与出口价格的上涨总要有一个过程，并不是本国货币一贬值，国内物价立即相应上涨，而总是在一定时期内落后于货币对外贬值的程度，因此垄断组织就可以获得外汇倾销的利益。

第二，其他国家不同时实行同等程度的货币贬值或采取其他报复性措施。如果其他国家实行同等程度的货币贬值，那么两国货币贬值程度就相互抵消，汇价仍处于贬值前的水平。如果外国采取提高关税等其他限制进口的报复性措施，也会起到抵消的作用，外汇倾销的条件就不存在了。

6. 经济特区

建立经济特区也是一国鼓励扩大出口的一项重要措施。经济特区，是指一个国家或地区在其管辖的地域内划出一定非关境的地理范围，实行特殊的经济政策，以吸引外商从事贸易和出口加工等业务活动。其目的是为了促进对外贸易的发展，鼓励转口贸易和出口加工贸易，繁荣本地区和邻近地区的经济，增加财政收入和外汇收入。

（1）自由港和自由贸易区。自由港，又称自由口岸，是全部或绝大多数外国商品可以豁免关税自由进出口的港口。自由港一般具有优越的地理位置和港口条件，其开发目标和营运功能与港口本身的集散作用密切结合，以吸引外国商品扩大出口。我国的香港特区，德国的汉堡、不莱梅，丹麦的哥本哈根等都是世界著名的自由港。

自由贸易区，由自由港发展而来，它是以自由港为依托，将范围扩大到自由港的临近地区，一般分为两种：一种是包括了港口及其所在的城市，例如香港；另一种是仅包括港口或所在城市的一部分，有人称之为"自由港"，如德国汉堡自由贸易区是汉堡市的一部分，占地5.6平方公里。

自由港和自由贸易区都是划在一国关境以外，外国商品除了进港口时免缴关税外，一般还可在港区内进行改装、加工、挑选、分类、长期储存或销售，外国商品只有在进入所在国海关管辖区时才纳税。

（2）保税区，又称保税仓库区，是由海关设置的或经海关批准设置的特定地区和仓库。外国商品可以免税进出保税区，在保税区内还可对商品进行储存、改装、分类、混合、展览、加工和制造等。商品若从保税区进入本国市场，则必须办理报关手续，交纳进口税。

（3）出口加工区是指一个国家或地区在其港口、机场附近交通便利的地方，划出一定的区域范围，新建和扩建码头、车站、道路、仓库和厂房等基础设施，并提供减免关税和国内税等优惠待遇，鼓励外商在区内投资设厂，生产以出口为主的制成品。

（4）科学工业园区，又称工业科学园、科研工业区、高技术园区等，是以加速新技术研制及其成果应用，服务于本国或本地区工业的现代化，并便于开拓国际市场为目的，通过多种优惠措施和方便条件，将智力、资金高度集中，专门从事高新技术研究、试验和生产的新兴产业开发基地。如我国台湾的"新竹科学工业园区"，美国的"硅谷"，英国的"剑桥工业园区"等都是世界上较有影响的科学工业园区。

科学工业园区的主要特点是：有充足的科技和教育设施，以一系列企业组成的专业性企业群为依托。区内企业设施先进，资本雄厚，技术密集程度高，优惠政策更加完善。与出口加工区侧重于扩大制成品加工出口不同，科学工业园区旨在扩大科技产品的出口和扶持本国技术的发展。

（5）自由边境区和过境区。自由边境区，也称自由贸易区，是指设在本国省市地区的某一地段，按照自由贸易区或出口加工区的优惠措施，对区内使用的机器、设备、原料和消费品，实行减税或免税，以吸引国内外厂商投资。与出口加工区不同，外国商品在自由边境区内加工制造后主要用于区内使用，仅少数用于出口。设立自由边境区的目的是吸引投资开发边境地区的经济。

边境区，又称中转贸易区，指某些沿海地区国家为方便内陆邻国的进出口货运，根据双边协定，开辟某些海港、河港或边境城市作为过境货物的自由中转区，对过境货物简化海关手续，免征关税或只征收小额的过境费。过境区与自由贸易港的明显区别在于，过境货物在过境区内可短期储存或重新包装，但不得加工制造。

相关资讯6-3　　　　　　　　经济特区的特点

经济特区有以下5个特点：

（1）以扩大出口贸易、开发经济和提高技术水平为目的。各国建立经济特区，首要的目的就是要扩大出口,增加外汇收入。在此基础上,通过发展出口加工业,吸收外资和引进先进技术设备,开发本地区和邻近地区的经济,提高国内生产的技术水平。

(2) 有一个开放的投资环境。经济特区大都提供优惠待遇,同时,国家还采取财政措施等对特区的生产经营进行扶持,并简化各种行政手续,为外商投资提供方便。

(3) 具有一定的基础设施。基础设施包括水电设施、交通运输设施、仓储设施、通信邮电设施、生活文化设施等。

(4) 具有良好的社会经济条件。一般来说,经济特区都有较丰富的劳动力资源,文化程度较高,技术力量和管理能力也较强。

(5) 有良好的自然条件。经济特区大都设在地理位置和自然环境较好的地区,交通运输方便,资源丰富或易于获得,气候温和,风景秀丽。

7. 其他措施

除上述措施以外,各国还从其他方面来鼓励、促进商品出口。
(1) 设立专门组织,研究和制定出口战略,扩大出口。
(2) 建立商业情报系统,提供商业情报服务。
(3) 组织贸易中心和贸易展览会。
(4) 组织贸易代表团和接待来访。
(5) 组织出口商的评奖活动。

同步实训

实训目的:
认识出口鼓励措施的具体规定。

实训安排:
1. 选取某一种或几种出口鼓励措施,讨论其具体的规定;
2. 选取具体案例,分析某几种出口鼓励措施的弊端以及后果。

教师注意事项:
1. 选取典型的出口鼓励措施案例,供学生讨论;
2. 分组查找有关我国出口鼓励措施的具体规定;
3. 组织其他相应学习资源。

资源(时间):
1课时、参考书籍、案例、网页。

评价标准

表现要求	是否适用	已达要求	未达要求
小组活动中,外在表现(参与度、讨论发言积极程度)			
小组活动中,对概念的认识与把握的准确程度			
小组活动中,分工任务完成的成效与协作度			
小组活动中,作业或报告制作的完整与适用程度			

6.2 出口限制措施

任务提示：认识出口限制措施的含义、目的以及形式；在此基础上了解出口限制的对象和具体的出口限制措施。

6.2.1 出口限制的目的与形式

出口限制通常是西方发达资本主义国家实行贸易歧视政策的重要手段，这些国家的出口管制法令，总是打着国家的"政治利益""安全利益"和"经济利益"等旗号，借口防止战略物资和国内短缺物资输往某些国家或地区而制定的。

重要概念 6-2　　　　　　　　　　出口限制措施

出口限制又称出口控制，是指一些国家特别是西方资本主义国家，为了达到某种目的，对某些商品，特别是战略物资与先进技术资料，实行限制出口或禁止出口的措施。

1. 出口限制的目的

出口限制的目的有的是出于经济方面的，也有政治军事方面的，概括来说，可以归纳为以下几个方面。

（1）国家间的敌对与歧视。发达国家经常采用出口禁运的措施，希望推翻敌对国家或迫使他们改变立场。例如，第二次世界大战后，西方工业化国家对社会主义国家进行全面的经济封锁。

（2）保持军事及技术上优势。发达国家对本国战略物资及高科技产品及资料均有严格限制。例如，军用武器、先进的电子计算机设备及软件、航空航天及技术资料等方面的出口都必须向国家出口管理部门领取出口许可证方可出口。这样，一方面是为了保持自己在军事上的优势；另一方面通过控制高新技术的输出，可保持本国在技术上的优势，获得更多的垄断利润。

（3）保护本国工业与国内市场。有些国家通过对国内工业生产所需的稀缺原材料、半成品的出口加以限制，以保证国内工业获得稳定充足的收入。例如，日本对稀缺的矿产品，瑞士对废金属等都控制出口。另外，为保证一些有关国计民生的重要产品的供应，一些国家在这些产品供应不足时，也会限制出口。实际上，对某些投入的原料征收出口税，等于征收负的名义进口税，从而提高了该产业的有效保护率。

（4）稳定出口商品价格。一些国家对本国出口量在国际市场份额所占比例较大产品的生产及出口予以统一计划和安排，避免出口恶性竞争。另外，有些出口国家采取联合行动，限制出口量以提高国际市场价格。

2. 出口限制的形式

出口限制的形式有两种。

（1）单边出口限制是指一国根据本国的出口管制法律或条例，设立专门机构对本国某些商品出口审批和办理出口许可证，实行出口限制。例如，美国政府根据国会通过的有关出口限制法，在美国商务部设立贸易管制局，专门办理出口限制的具体事务，美国绝大部分受出口限制的商品出口许可证都在该局办理。

相关资讯6－4　　　　　　美国限制华为害人害己

美国政府多部门对华为采取新限制措施，使用美国芯片制造设备的外国公司必须先获得美国许可才能向华为供应某些芯片。这项新规则将针对那些以美国技术为基础、在海外生产、运往华为的低技术产品。在这个规则下，即使芯片不是美国开发设计，但只要外国生产线的某个环节哪怕仅使用了一台美国设备，则生产的芯片也要先经过美国政府的批准。

华为公司和不少专家学者认为，美国对华为的打压已经超出了正常的贸易和技术斗争的维度。新的限制措施不仅损害全球产业链，更会伤及美国企业，最终害人害己。

（2）多边出口限制是几个国家政府出于共同的政治经济目的，通过一定的方式建立国际性的多边出口管制机构，商讨和编制多边出口管制货单和出口管制国别，规定出口管制的办法等，以协调彼此的出口管制政策和措施，达到共同的政治与经济目的。例如，1994年宣布解散的巴黎统筹委员会就是一个典型的国际性多边出口限制机构。

6.2.2　出口限制的对象以及具体措施

1. 出口限制的对象

出口管制的对象主要包括以下商品：

（1）战略物资及其有关的尖端技术和先进技术资料，如军事、武器、军舰、飞机、先进的电子计算机和通信设备等。各国尤其是发达国家控制这类物资出口的措施主要是从所谓的"国家安全"和"军事防务"的需要出发，防止它们流入政治制度对立或政治关系紧张的国家。

（2）国内的紧缺物资。国内生产紧迫需要的原材料和半成品，以及国内供应明显不足的商品，倘若允许自由流往国外，只能加剧国内供应不足和市场失衡，严重阻碍经济发展。

（3）历史文物和艺术珍品。各国出于保护本国文化艺术遗产和弘扬民族精神的需要，一般都要禁止该类商品的输出。

（4）需要"自动"限制出口的商品。这是为了缓和与进口国的贸易摩擦，在进口国的要求或迫于对方的压力下，不得不对某些具有很强国际竞争力的商品实行出口管制。

（5）本国在国际市场上占主导地位的重要商品和出口额大的商品。对于发展中国家，这类商品实行出口管制尤为重要。因为发展中国家往往出口商品单一，出口市场集中，出口商品价格容易出现大起大落的波动，当国际市场价格下跌时，发展中国家应控制该商品的过多出口，从而促使这种商品国际市场价格提高，出口效益增加，以免加剧世界市场供大于求的不利形势，是本国遭受更大的经济损失。

（6）跨国公司的某些产品。跨国公司在发展中国家的大量投资，虽然会促进东道国经济的发展，但同时也可能利用国际贸易活动损害后者的对外贸易和经济利益。例如，跨国公司实施"转移定价"策略。因此，发展中国家有必要利用出口管制手段来制约跨国公司的这类行为，以维护自己的正当权益。

2. 出口限制的主要措施

（1）出口税。海关就某些出口商品对本国出口商征税。

（2）出口工业的产业税。有些国家对某些生产资料密集型产品的产业征收产业税。这些产业往往是出口产业，征收产业税也会起到限制出口的作用。

（3）出口配额。出口国政府规定一定时期内某种商品出口的数量或金额，超过这一额度不准出口。

（4）出口许可证。这是某些国家对本国出口商品实行全面管制的一种措施。

（5）出口禁运。这是贸易制裁的一种手段，是出口国为迫使被制裁国作出某种让步，禁止本国出口商向该国出口商品。

（6）出口卡特尔。这是指某些商品的主要出口国组成国际垄断组织，采取联合行动，主宰国际市场的价格。例如，最著名的出口卡特尔是由以中东地区的13个国家组成的石油输出国组织（欧佩克OPEC）。

同步实训

实训目的：
认识出口限制措施。

实训安排：
1. 选取某一种或几种出口限制措施，讨论其具体的规定；
2. 选取具体案例，分析出口限制措施的原因与实质。

教师注意事项：
1. 选取典型的出口限制措施案例，供学生讨论；
2. 分组查找有关我国、美国等国出口限制措施的具体规定；
3. 组织其他相应学习资源。

资源（时间）：
1课时、参考书籍、案例、网页。

评价标准

表现要求	是否适用	已达要求	未达要求
小组活动中，外在表现（参与度、讨论发言积极程度）			
小组活动中，对概念的认识与把握的准确程度			
小组活动中，分工任务完成的成效与协作度			
小组活动中，作业或报告制作的完整与适用程度			

6.3 出口管理工作

> **任务提示**：认识出口管理工作，首先要从外贸企业的角度认识出口管理工作的重要性，在此基础上，从货物、结算方式、运输、收汇、出口核销和出口退税的角度，认识出口管理工作的具体内容和要求。

作为一名国际贸易工作的人员，应该认识到外贸企业出口管理工作的重要性。进出口双方经过磋商达成交易并签订书面合同，出口商应按照合同的规定交付货物，移交一切与货物有关的单据并转移货物的所有权。为了保证出口的有序进行，必须做好以下管理工作。

6.3.1 备货管理

货物是出口贸易的物质基础，出口企业应按时、按质、按量、按包装要求准备好出口货物，做好货物的管理工作。货物管理有两种情况：一是，产品自产的要落实生产计划；二是，产品外购的要选择好生产厂商或加工供货单位，及时就交货的有关事宜与生产、加工或供货部门签订合同，落实生产、加工或收购的有关事项。无论是哪种情况，都必须跟踪产品生产进度，检查和监督产品质量，落实包装要求，刷制唛头和标志以及入仓查验待运。

定牌商品和特殊商品应在收到客户开来的信用证后或提供一定保证条件后，方可安排生产加工或收购。凭样品成交的，应根据客户提供的样品和资料，交付工厂制作样品，样品验收合格后寄客户确认。经客户确认后，方能正式下订单生产加工。若备货时发现问题，应及早研究解决。

6.3.2 运输管理

在进出口贸易货物运输中，海洋运输是采用最多的一种方式，海洋运输中涉及租船订舱与运输安排等多个方面的工作。在 CFR 和 CIF 贸易条件下，由出口商办理租船订舱手续，成交货物数量较大而且租船人又不愿受船公司固定船期、固定航线、固定港口的约束时，选择租船运输方式；如果成交货物数量非常少，选择班轮运输方式。出口商在租船时，一是要注意租船合同与进出口贸易合同的衔接，做到装运时间一致，贸易条件一致，货物的条款一致等；二是要明确港口的地理位置，及时了解港口的作业时间等；三是注意船龄与船方的信誉，一般不租 15 年以上的船，不租二船东的船；四是报价前要比价，争取按较为有利的条件达成协议。

6.3.3 结算方式选择

在进出口贸易中，结算方式主要有三种：汇付、托收和信用证。

1. 汇付

汇付方式的使用取决于贸易双方中的一方对另一方的信任，它是一种商业信用，是出口商向进口商，或进口商向出口商提供信用，进行资金融通的一种方式。使用时，一定要了解付款人的资信状况。

2. 托收

托收也是一种商业信用，银行办理托收业务，只是按委托人的指示办事，并不承担要求付款人必须付款的责任。出口商在使用托收时，一是要调查和考虑进口商的资信情况和经营作风，妥善把握其成交额，不宜超过其信用额度；二是了解进口国家的贸易管制和外汇管制条例，对贸易管制和外汇管制较严的国家和地区不宜使用托收；三是了解进口国家的商业惯例，以避免由于当地习惯做法而影响安全收汇；四是出口时尽量争取按 CIF 或 CIP 条件成交，由出口人办理货运保险或投保出口信用险，在不按 CIF 或 CIP 条件成交时，应投保卖方利益险；五是海运提单的抬头不应做成记名式抬头，应做成空白抬头。

3. 信用证

信用证是一种银行信用，但也并非是一种完美的支付方式，也不可能完全避免商业风险，必须加强管理，防范风险。一是出口商加强信用风险管理，重视对进口商资信的调查；二是努力提高业务人员的素质，保持高度的警惕性；三是加强催证、审证、改证工作，认真审核信用证，仔细研究信用证条款可否接受，并向客户提出改证要求。在制单过程中，严格遵守"相符交单"原则，以防产生不符点，影响安全收汇。

6.3.4 收汇管理

货物出口后，出口商应当按照出口合同约定的收汇时间和方式以及报关单注明的成交总价，及时、足额地收回货款。即期收汇项下应当在货物报关出口后 180 天内收汇，远期收汇项下应在远期备案的收汇期限内收汇。在信用证方式下，出口商要按照信用证的有关规定，正确、及时地缮制有关单据，交银行办理结汇手续。开证行只有在审核单据与信用证完全相符后才承担付款责任，如果提交的单据有任何不符，都会遭开证行拒付，所以缮制单据时，要做到正确、完整、及时、简明和整洁。

相关资讯 6-5　　　　　　　我国出口制单结汇的方式

（1）定期结汇。出口地的银行根据向国外付款行索偿所需的时间预先确定一个固定的结汇期限。如果出口地银行审核单据后发现单据无误，不管它是否收到款项，在审单后 10 至 20 天内把货款折成人民币后转到出口商的账户上。

（2）押汇（买单结汇）。在单据无误的情况下，出口地银行按照信用证规定买入受益人的汇票和单据，从汇票票面金额中扣除从议付日到收到票款之日的利息，将余款按议付日的外汇牌价折成人民币拨交给出口商。根据国际贸易惯例，议付行可以向受益人追索。也就是，如果国外付款行发现单据有不符点而拒付时，议付行就不得不向受益人追索。因此，受益人在制单时要特别小心，要确保单证相符、单单相符。

（3）收妥结汇。出口地银行审查受益人交来的单据，在发现单据无误后将单据航空邮寄到国外付款行或指定的偿付行。收到国外银行寄来的贷记通知单后，出口地银行将外汇按当日的外汇牌价折成人民币并拨交给出口商。

6.3.5 出口退税管理

出口退税是一种补贴,是国家为了鼓励出口而采取的一种措施。企业应在办理核销手续后,办理出口退税。

1. 核对海关电子信息

出口企业收到海关签退的出口货物报关单后,通过"电子口岸"核对海关报关单电子信息。

2. 备妥出口退税单证

(1) "三单两票":出口货物报关单(出口退税联专用)、出口货物核销单(出口退税联专用)、增值税发票(税款抵扣联)或普通发票、税收(出口货物专用)缴款书(第二联)或出口货物完税分割单(第二联)、出口企业商业发票。

(2) 出口货物退(免)税申报表。出口退税进货凭证申报表(一式两份),退消费税的,还应提供消费税进货凭证申报表(一式两份);出口货物退税申报明细表(一式四份);出口退税汇总申报表(一式四份),并经商务主管部门稽核盖章。

(3) 退税申报软盘。软盘中申报数据的顺序、内容要与申报资料、申报表一致。

(4) 出口货物销售明细账。出口货物销售明细账记载的内容与申报资料、申报表、申报软盘内容一致。

同步实训

实训目的:

使学生明确企业出口管理工作的主要内容。

实训安排:

1. 了解企业出口管理工作内容与要求;
2. 访问企业相关人员,分析他们的工作职责。

教师注意事项:

1. 指导学生,初步认识出口管理工作;
2. 聘请业务员讲解出口管理对企业的重要性;
3. 组织其他相应学习资源。

资源(时间):

1 课时、参考书籍、案例、网页。

评价标准			
表现要求	是否适用	已达要求	未达要求
小组活动中,外在表现(参与度、讨论发言积极程度)			
小组活动中,对概念的认识与把握的准确程度			
小组活动中,分工任务完成的成效与协作度			
小组活动中,作业或报告制作的完整与适用程度			

小 结

```
                    ┌─ 出口鼓励措施 ─┬─ 出口鼓励措施的概念和种类
                    │               └─ 各种出口鼓励措施的含义
                    │
                    ├─ 出口限制措施 ─┬─ 出口限制的目的和形式
  出口管理措施 ─────┤               └─ 出口限制的对象和措施
                    │
                    │               ┌─ 备货管理
                    │               ├─ 运输管理
                    └─ 出口管理工作 ─┼─ 结算方式选择
                                    ├─ 收汇管理
                                    └─ 出口退税管理
```

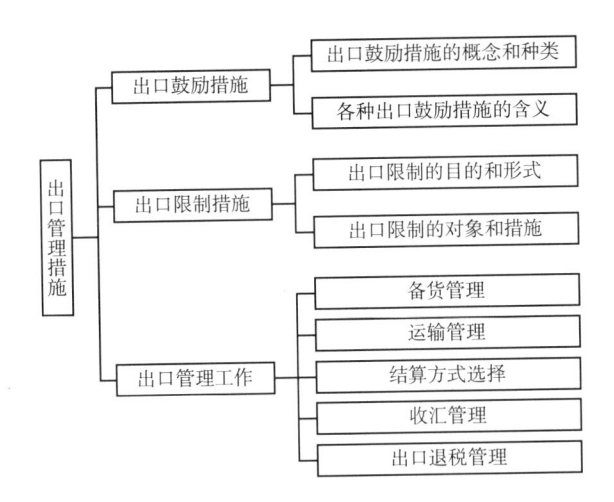

教学做一体化练习

重要概念

出口鼓励措施　出口限制措施

课堂讨论

1. 中国出口加工区的发展对中国经济起了何种作用？
2. 美国的出口管制政策给我国外贸造成的不利影响。

课后自测

选择题

1. 出口信贷是一种国际信贷方式，它分为卖方信贷和买方信贷，其中买方信贷是（　　）。

   A. 出口商所在地银行借款给进口商的银行

   B. 进口商所在地银行借款给出口商

   C. 出口商所在地银行借款给出口商

   D. 出口商所在地银行贷款给进口商

2. 出口加工区一般有（　　）。

   A. 综合性出口加工区　　　　　　　　B. 先进技术性出口加工区

   C. 劳动密集型出口加工区　　　　　　D. 专业性出口加工区

3. 出口信贷国家担保机构的担保对象包括（　　）。

   A. 对进口厂商的担保　　　　　　　　B. 对出口厂商的担保

   C. 对进口方银行的担保　　　　　　　D. 对出口方银行的担保

4. 扩大出口的行政措施主要包括（　　）。

   A. 扶植出口企业和出口项目　　　　　B. 以法律手段维护出口秩序

   C. 为出口企业提供信息　　　　　　　D. 出口倾销

5. 在国际贸易实践中，各国普遍实行反倾销，主要是基于以下哪些因素的考虑（　　）。
   A. 倾销导致进口国经济的不稳定
   B. 倾销有可能形成垄断
   C. 进口国政府一般更关心生产者的利益
   D. 进口国政府一般更关心消费者的利益

6. 商品倾销是指以低于国内市场的价格，甚至低于生产成本的价格，在国际市场上大量抛售商品的一种占领市场的手段，其主要形式有（　　）。
   A. 外汇倾销　　　　　　　　B. 偶然性倾销
   C. 长期性倾销　　　　　　　D. 掠夺性倾销

7. 属于出口管制的商品有（　　）。
   A. 战略物资及其有关的先进技术和资料
   B. 国内紧缺的商品
   C. 需要"自动"限制出口的商品
   D. 历史文物和艺术珍品

8. 属于出口限制措施的有（　　）。
   A. 出口税　　　　　　　　　B. 出口配额
   C. 出口许可证　　　　　　　D. 出口卡特尔

9. 外汇倾销应该要具备以下哪些条件（　　）。
   A. 货币对外贬值的程度要大于国内物价上涨的程度
   B. 货币对外贬值的程度要小于国内物价上涨的程度
   C. 其他国家不采取同等程度的货币贬值或其他报复性措施
   D. 其他国家采取贸易报复措施

判断题

1. 买方信贷要求进口商必须将贷款用于购买债权国的商品。　　　　　　　　（　　）
2. 实施本国货币贬值的外汇倾销策略，并不一定能达到扩大出口的目标。　（　　）
3. 发达国家实施农产品出口补贴对发展中国家是有利的。　　　　　　　　（　　）
4. 出口退税是一种鼓励出口的直接的出口补贴形式。　　　　　　　　　　（　　）
5. 由于卖方信贷是向本国出口商提供，因此其风险低于买方信贷。　　　　（　　）
6. 出口加工区一般应设在进出口运输方便，运输费用较节省的地方，如港口、机场附近。　　　　　　　　　　　　　　　　　　　　　　　　　　　　　　（　　）
7. 买方信贷是出口方银行向出口商提供贷款，然后由出口商转向进口商（即买方）提供的信贷。　　　　　　　　　　　　　　　　　　　　　　　　　　　　（　　）
8. 外国商品进入保税区后再从保税区提出进入该国国内市场销售必须缴纳进口税。
　　　　　　　　　　　　　　　　　　　　　　　　　　　　　　　　　（　　）
9. 出口信贷是一种非限制性贷款，这种借款除了用于购买贷款国的出口商品外，还可用于购买其他国家的出口商品。　　　　　　　　　　　　　　　　　　　（　　）
10. 进口国家的生产者与进口商以及消费者对外国商品倾销的态度是一样的。（　　）

简答题

1. 外汇倾销应具备哪些条件？

任务 6　出口管理措施

2. 什么是出口补贴？出口补贴有哪两种形式？
3. 出口限制的目的和对象各是什么？
4. 外汇倾销对本国外贸有何影响？
5. 出口信贷有哪些特点？
6. 一国在鼓励出口的同时为何又管制出口？
7. 你认为我国目前可采取哪些具体措施鼓励商品的出口？
8. 为什么买方信贷要比卖方信贷使用普遍？
9. 出口加工区和自由贸易区各有什么特点？
10. 什么是经济特区？经济特区有何作用？

案例分析

2020年8月，商务部对外贸易司高阳副处长在2020中国汽车论坛上表示，"今年我国新能源汽车竞争力持续提高。1~6月，新能源汽车出口1.4万辆，增长了3.4倍，其中对发达市场出口增长了4倍，平均单价超过4万美元，是传统汽车出口单价的3倍。发达国家已成为新能源汽车出口的主要市场，占比达到了71%。"

2020年以来，新冠肺炎疫情暴发在世界持续绵延，全球贸易环境和不确定性上升，形势复杂严峻。汽车产业是国际化、全球化程度最高的产业之一，也受到了巨大冲击，汽车贸易面临着前所未有的挑战。

2020年上半年，我国汽车进出口数量80万辆，同比下降27.9%，其中出口43.9万辆，下降23.7%，进口36.1万辆，下降32.5%。

汽车产业国际化面临三方面挑战。

第一个挑战，国际需求大幅萎缩。按照WTO最新公布数据测算，69个主要经济体下半年进口额减少5 800亿美元，预计下半年市场需求仍将低迷。多家机构预测全球对交通工具需求大幅度萎缩，汽车全年需求下降20%左右。

第二个挑战，贸易环境不确定性上升。世贸组织6月底报告指出，2019年10月至2020年5月，G20成员共采取31项非疫情原因的暴力性措施，涉及4 175亿美元的贸易额，占G20成员进口额的28%。上半年涉华案件共72起，增长了41.2%。我们汽车产品市场竞争优势将弱化。

第三个挑战，发达国家对外国投资审查趋严。今年以来，又有多个欧洲国家，对外国投资者加强了限制和审查措施，这将加大我国汽车零部件企业在发达国家投资并购本地化经营的不同风险，影响我国汽车企业的投资战略推进和投资国际竞争力的提升。

2019年我国汽车产量占全球比重约为28%，我国汽车整车出口金额占全球出口金额的7.1%，产量和出口额占比相差悬殊。与国际品牌汽车相比，由于我国自主品牌起步晚，技术低，积累少，在技术研发、产品性能、供应链管理、盈利水平、品牌影响力等方面存在差距。

而国内大多数汽车企业尚未实现海外本土生产和经营，国际营销体系仍不完善，海外消费信贷和融资支持相对滞后，这些因素在一定程度上制约着我国汽车企业在国际竞争力的提升。

（郭跃. 率先复苏引领全球变局中国汽车产业转危为机［EB/OL］. 经济日报-中国经济网，2020-08-17.）

阅读以上材料，回答问题：

1. 我国为何对汽车出口采取鼓励措施？
2. 你所了解的中国汽车出口鼓励措施有哪些？

延伸实训：企业出口管理工作

实训目的：
通过接触企业实践，认识外贸企业出口货物的管理工作。

实训安排：

1. 教师与实践基地接洽；
2. 引领学生访问企业跟单员，了解其工作职责。

教师注意事项：

1. 指导学生，认识货物管理工作；
2. 聘请跟单员讲解出口货物管理工作内容；
3. 组织其他相应学习资源。

资源（时间）：
1课时、参考书籍、案例、网页、实践基地企业。

评价标准

表现要求	是否适用	已达要求	未达要求
小组活动中的工作表现（参与度、讨论发言）			
整个认知活动过程的表现			
对整体职业学习活动的认识与把握			
学习活动过程知识与经验的运用与反思			

课程思政园地

我国出口管制法落地

关键词： 国家安全　国家利益　大国责任

南方日报讯（记者/陈晓　通讯员/陈琳　张洁）12月1日，《中华人民共和国出口管制法》（以下简称"出口管制法"）实施。这是我国出口管制领域的第一部专门法律。该法规定，国家对两用物项、军品、核以及其他与维护国家安全和利益、履行防扩散等国际义务相关的货物、技术、服务等物项实施出口管制，采取禁止或限制性措施。

海关总署广东分署法规工作处负责人介绍，国家实行统一的出口管制制度，通过制定管制清单、名录或者目录，实施出口许可等方式进行管理。出口货物的发货人或代理报关企业需要出口管制货物的，应当取得国家出口管制管理部门颁发的许可证件并交由海关验核。

根据出口管制法，对未经许可擅自出口管制物项、超出出口许可证件规定的许可范围出口管制物项，或出口禁止出口的管制物项的，出口经营者将面临没收违法所得以及最高违法经营额十倍的罚款;情节严重的,还将被责令停业整顿,直至被吊销相关管制物项出口经营资格。

该负责人强调,海关将依法严格验核出口许可证件,对有证据表明出口货物可能属于出口管制范围的,将向出口货物发货人提出疑问,必要时向国家出口管制管理部门提出组织鉴别,并依据鉴别结论依法处置。在鉴别或者质疑期间,海关对出口货物不予放行。

管制物项过境、转运、通运、再出口,或是从保税区、出口加工区等海关特殊监管区域和出口监管仓库、保税物流中心等保税监管场所向境外出口,也需要遵守出口管制法。

海关提醒,出口经营者要熟悉掌握法律规定和国家有关政策,主动建立健全出口管制内部合规制度,加强出口合规行为的风险预判,规范经营,防止因违法出口管制货物遭受损失。

(摘自南方日报,2020 - 12 - 01.)

问题:
1. 我国为什么要对两用物项、军品、核产品进行管制?
2. 从中可以看出哪些大国责任?

课程思政

学生自我总结

通过完成任务6 出口管理措施,我能够作如下总结:

1. 主要知识

完成本任务涉及的主要知识有:
(1)
(2)

2. 主要技能

完成本任务的主要技能有:
(1)
(2)

3. 主要原理

完成本任务的主要原理是:
(1)
(2)

4. 相关知识与技能

完成本任务中:
(1) 出口限制措施主要有:
(2) 出口鼓励措施主要有:
(3) 企业出口管理工作主要有:

5. 成果检验

完成本任务的成果：
（1）完成本任务的意义有：
（2）学到的经验有：
（3）自悟的经验有：
（4）我国对稀土出口管制的建议是：

任务 7 国际贸易协调

任务 7　国际贸易协调

学习目标

1. 知识目标

能认识国际贸易条约的概念；能认识国际贸易条约的种类；能认识国际贸易条约的影响。

2. 技能目标

能理解国际贸易协调的作用；能认识世界贸易组织规则；能认识贸易协调对业务活动的影响。

3. 思政目标

理解"公平竞争"原则；理解我国加入国际条约的战略思想；理解大国担当与大国责任。

任务解析

根据国际贸易认知活动工作顺序和职业教育学习规律，国际贸易协调可以分解为以下子任务。

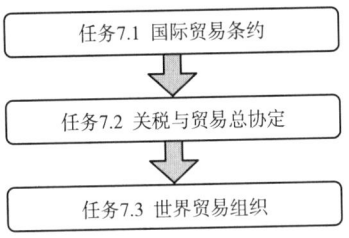

```
任务7.1  国际贸易条约
      ↓
任务7.2  关税与贸易总协定
      ↓
任务7.3  世界贸易组织
```

课前阅读

故事要从中美贸易争端讲起。2018年3月22日，美国时任总统特朗普决定对从中国进口的产品加征惩罚性关税。中方收到加征关税信息的第一时间就给予了回击，拟对30亿美元商品加征关税。一个月时间，贸易影响就波及了东南亚产胶区。美国公布的加税清单中有一项明确规定对中国的橡胶制品加收25%的关税，从而影响中国对东南亚的进口量。市场情绪也被突如其来的加征关税事件影响得比较剧烈，这使本就处于低位的橡胶显得更加难堪。此后，由于美方欲追加千亿关税，以及对中兴下重手，美、澳对中国产品发起"双反"调查等，中美贸易摩擦持续升级。直到2018年5月4日第一轮谈判，当时橡胶市场利多情绪比较严重，短期内出现了反弹；5月15日，双方又进行了第二轮谈判，进入了切磋的相持阶段；6月15日，特朗普决定对中国500亿美元商品征税，中国随即对美国发起等额征税反击。12月1日，中美双方决定，停止加征新的关税。

显然，在世界范围内，国际贸易协调任重道远。

问题：

1. 中美贸易摩擦的原因有哪些？
2. 国际贸易协调有哪些意义？

课前阅读

7.1 国际贸易条约

> **任务提示**：认识国际贸易条约，特别是从经济意义的角度，认识国际贸易条约的作用。在此基础上，能够在进出口市场、客户选择、商品价格制订等方面，考虑到条约的影响。

7.1.1 国际贸易条约的含义

在世界范围内，国际经贸争端之所以频繁发生，一个很大的原因就在于国与国之间缺乏有效的协调与沟通机制。20世纪50~80年代，经济全球化得到了空前发展，其中最具代表性的应属贸易全球化、生产全球化和金融全球化。人们在讨论经济全球化的时候，一般都认为，经济全球化的发展是历史的必然，同时它又是把"双刃剑"。这给一国出于自身利益去管理对外贸易带来了很多不确定性，同时也给世界范围内国际贸易的协调提出了新的课题。于是，建立一种能够对全球性贸易进行协调的共同愿望也就应运而生。

> **重要概念 7-1　　　　　　国际贸易条约**
>
> 国际贸易条约，是两个或两个以上的国家之间、国家与国际组织之间，以及国际组织之间依据国际经济法所缔结的，以条约、公约、协定和协议等名称出现的，以调整国际贸易关系为内容的一切有法律拘束力的文件。

国际贸易条约就是国际贸易协调的主要形式，国际贸易条约可以是双边的，也可以是多边的；前者是指仅有两个缔约方的国际贸易条约，后者是指有三个或三个以上缔约方的国际贸易条约。有的由国家政府签署，有的由民间团体签署。

7.1.2 贸易条约的种类

国际贸易条约按照内容不同，可分为通商航海条约、贸易协定、贸易议定书、支付协定、国际商品协定等。

1. 通商航海条约

通商航海条约又称友好通商条约，是指全面规定缔约国之间经济、贸易关系的条约。它的内容涉及缔约国经济和贸易关系的各个方面，包括关税的征收、海关手续、船舶航行、使用港口、双方公民与企业在对方国家所享受的待遇、知识产权的保护、进口商品征收国内税、过境、铁路、争端仲裁、移民等。

2. 贸易协定

贸易协定是缔约国间为调整和发展相互间经济贸易关系而签订的书面协议。贸易协定的内容通常包括贸易额、双方出口货单、作价办法、使用的货币、支付方式、关税优惠等。

例 7-1　2013年4月15日，中国时任商务部部长高虎城与冰岛外交外贸部长奥叙尔·斯卡费丁松代表各自政府在北京人民大会堂签署了《中华人民共和国政府和冰岛政府自由贸易协定》。根据签署的《中—冰自贸协定》规定，冰岛自协定生效之日起，对从中国进口的所有工业品和水产品实施零关税，这些产品占中国向冰岛出口总额的99.77%；与此同时，中国对从冰岛进口的7830个税号产品实施零关税，这些产品占中方自冰岛进口总额的81.56%，其中包括冰岛盛产的水产品。

3. 贸易议定书

贸易议定书是缔约国就发展贸易关系中某项具体问题所达成的书面协议。这种议定书往往是作为贸易协定的补充、解释或修改而签订的。贸易议定书有的是作为贸易协定的附件而存在；有的则是独立文件，具有与条约、协定相同的法律效力。其签订程序比贸易协定更为简单，一般经签字国有关行政部门的代表签署后即可生效。

4. 支付协定

支付协定大多为双边支付协定，是规定两国间关于贸易和其他方面债权债务结算方法的书面协议。其主要内容包括清算机构的确定、清算账户的设立、清算项目与范围、清算货币、清算办法、差额结算办法的规定等。

5. 国际商品协定

国际商品协定是某项商品的主要出口国和进口国就该项商品的购销、价格等问题，经过协商达成的政府间多边协定。国际商品协定的主要对象是发展中国家所生产的初级产品。其主要目的在于稳定该项商品的价格和供销，消除短期和中期的价格波动。

实务借鉴7-1　　　　　　　我国加入的国际贸易条约

(1)《联合国国际货物销售公约》。我国于1981年签署了该公约，并于1986年交存了核准书。

(2)《统一国际航空运输某些规则的公约》，简称"华沙公约"。我国于1958年加入该公约。

(3)《修订华沙公约的议定书》或《海牙议定书》。我国于1978年加入该公约。

(4)《国际铁路货物联运协定》。我国于1953年加入。

(5)《联合国班轮公会行动守则》。我国于1980年加入。

(6)《关于简化和协调海关业务制度的国际公约》。我国于1988年加入，在加入时对某些条款提出了保留。

(7)《建立海关合作理事会的公约》。我国于1983年加入。

(8)《1972年集装箱关务公约》。我国于1986年加入。

7.1.3　国际贸易条约的法律适用

1. 最惠国待遇原则

最惠国待遇是贸易条约中的一项重要条款，其含义是：缔约一方现在和将来给予任何第三方的一切特权、优惠和豁免，也同样给予缔约对方。其基本要求是使缔约一方在缔约另一方享有不低于任何第三方享有或可能享有的待遇。

例7-2　日本、韩国、欧盟都是世贸组织的成员，则其相同排气量的汽车出口到美国时，美国对这些国家的汽车进口要一视同仁，不能在他们中间搞歧视待遇。如果美国的汽车进口关税是5%，则这几个国家的汽车在正常贸易条件下，美国均只能征收5%的关税，不能对日本征收5%，而对韩国、欧盟征收高于或低于5%的关税。

2. 互惠待遇原则

互惠待遇原则的基本要求是：缔约双方根据协议相互给予对方的法人或自然人对等的权利和待遇。这项原则不能单独使用，必须与其他特定的权利或制度的内容结合在一起，才能成为独立的单项条款。互惠待遇在现代国际贸易中广泛使用，这是因为：互惠待遇可以拓展一国产品的国外市场；可以促进两国的贸易关系；可以维持两国贸易的平衡；可以表示两国互相尊重的平等精神和可以长期保持经济与贸易关系。

3. 国民待遇原则

国民待遇原则就是缔约双方相互承诺，保证对方的公民、企业和船舶在本国境内享有与本国公民、企业和船舶同等的待遇。其基本要求是：缔约一方根据条约的规定，应将本国公民、企业和船舶享有的权利和优惠扩及缔约对方在本国境内的公民、企业和船舶。其适用范围通常包括：外国公民的私人经济权利、外国产品应缴纳的国内税、利用铁路运输转口过境的条件、船舶在港口的待遇、商标注册、著作权及发明专利权的保护等。但沿海航行权、领海捕鱼权、土地购买权、零售贸易权等通常不包括在内。

例 7-3 2012 年 12 月，我国政府部门联合下发《外国人在中国永久居留享有相关待遇的办法》，规定持有外国人在中国永久居留证（中国"绿卡"）的外籍人员除政治权利和法律法规规定不可享有的特定权利和义务外，原则上和中国公民享有相同权利，承担相同义务。如持"绿卡"外国人在办理社会保险参保手续、缴存和使用住房公积金、缴纳所得税、办理金融业务、进行国内商旅消费、申请机动车驾驶证等方面都享受中国公民同等待遇。

同步实训

实训目的：
加深学生对国际贸易条约实践意义的理解。

实训安排：
1. 分析国际贸易条约的法律适用原则，并举例说明；
2. 讨论我国涉外经济发展中最惠国待遇与国民待遇原则的表现。

教师注意事项：
1. 由一般国际贸易协调事例导入对国际贸易条约法律适用原则的认知；
2. 分组搜索资料，查找我国已经参与的国际贸易条约或协定；
3. 组织其他相应学习资源。

资源（时间）：
1 课时、参考书籍、案例、网页。

评价标准

表现要求	是否适用	已达要求	未达要求
小组活动中，外在表现（参与度、讨论发言积极程度）			
小组活动中，对概念的认识与把握的准确程度			
小组活动中，分工任务完成的成效与协作度			
小组活动中，作业或报告制作的完整与适用程度			

7.2 关税与贸易总协定

任务提示：认识关税与贸易总协定，特别是从经济意义的角度，认识关税与贸易总协定的作用。在此基础上，能够在贸易机会选择等方面，考虑到关税与贸易总协定的影响。

7.2.1 关税与贸易总协定的产生

第二次世界大战后，各国为了恢复经济，先后成立了国际货币基金组织和世界银行。为了进一步处理国与国之间的贸易问题，在美国主导下，多个国家在谈判的基础上，准备建立一个世界性国际贸易组织。由于各方的争议和一些国家的国内阻力，成立国际贸易组织的提议未能实现。

尽管国际贸易组织未能正式成立，但是却促成了一个重要的国际贸易协定的诞生。1947年10月，包括中国在内的23个国家共同签署从《国际贸易组织宪章》中抽出的123项关税减让多边协定，这就是《关税与贸易总协定》。由于各国的立法机构未批准《国际贸易组织宪章》，作为一项国际贸易协调的多边协定，于1948年1月1日起开始"临时适用"。此后《关税与贸易总协定》在许多方面担当了国际贸易组织的角色。如在各缔约国贸易政策制定方面确立了某些共同规则，推行了多边贸易和贸易自由化。

7.2.2 关税与贸易总协定的基本原则

1. 非歧视原则

非歧视原则是关贸总协定最基本的原则之一。该原则规定：一缔约方在实施某种限制或禁止措施时，不得对其他缔约方实施歧视待遇。这一原则表明，在缔约国之间不能存在差别和歧视待遇，一国给予第三国的贸易优惠，必须自动地给予其他所有缔约方，不得歧视。这一原则通过最惠国待遇和国民待遇原则来实现。

2. 贸易自由化原则

贸易自由化原则就是限制和取消一切妨碍和阻止国际间贸易开展与进行的障碍，包括法律、法规、政策和措施诸方面。关贸总协定的贸易自由化主要是通过关税减让原则、互惠原则以及一般取消数量限制原则来实现的。

3. 关税减让原则

关税减让原则是执行非歧视原则、互惠原则和最惠国原则的载体。《关贸总协定》中的关税减让有4种形式：削减关税，并将削减后的税率水平加以约束；约束现有的关税税率；上限约束，即将关税约束在高于现行税率的某一特定水平，承诺即使提高税率也不超过该水平；对免税待遇加以约束，即承诺税率保持为零。

4. 互惠原则

在国际贸易中，互惠是指两国相互给予对方的贸易优惠待遇。

5. 一般禁止数量限制原则

指在国际贸易中一般不允许采用数量限制，阻止外国商品的进入。

6. 对发展中国家和最不发达国家优惠待遇原则

关贸总协定是以发达国家居于支配地位的国际组织，它们是主要受益者。而发展中国家则往往处于不利地位。这种局面促使发达国家和发展中国家间经济实力和地位差距越来越悬殊，并因此而产生新的贸易障碍。所以，发达国家应对发展中国家发展工业加以支持。当确认是发展中国家进入世界市场或发达国家市场时受抑制，或涉及对欠发达国家有特殊利益的初级产品和其他出口产品上实行新壁垒时，工业国家应同意，在减少或取消关税和其他壁垒的谈判中，不从发展中国家得到双边对等的承诺。

7.2.3 关贸总协定多边贸易谈判

自1948年1月1日临时实施至1995年1月世界贸易组织成立，在47年的历程中，关贸总协定主持了8轮多边贸易谈判，使其缔约方之间的关税与非关税水平大幅度下降。

1. 第一轮谈判

关贸总协定第一轮多边贸易谈判于1947年4~10月在瑞士日内瓦举行。关贸总协定的23个创始缔约方参加了谈判，并正式创立了关贸总协定。谈判共达成双边减让协议123项，涉及应税商品45 000项，影响近100亿美元的世界贸易额，使占进口值约54%商品的平均关税降低35%。

2. 第二轮谈判

关贸总协定第二轮谈判于1949年4~10月在法国的安纳西进行。29个国家参加了谈判。在此谈判期间，瑞典、丹麦、芬兰、意大利、希腊、海地、尼加拉瓜、多米尼加、乌拉圭、利比亚等国就其加入关贸总协定进行了谈判，9个国家加入关贸总协定。谈判结果达成了147项双边协议，增加关税减让5 000多项，使占应税进口值5.6%的商品平均降低关税35%。

3. 第三轮谈判

第三轮多边贸易谈判于1950年9月~1951年4月，在英国托奎举行，共32个国家参加。又有4个国家加入关贸总协定。黎巴嫩、叙利亚及利比里亚不再是关贸总协定缔约方，中国台湾当局非法地以中国的名义退出了关贸总协定。

4. 第四轮谈判

第四轮贸易谈判于1955年~1956年1~5月在瑞士日内瓦举行，日本加入了关贸总协定。由于美国国会对美国政府的授权有限，使谈判受到严重影响。参加谈判国减少到33个，所达成的关税减让只涉及25亿美元的贸易额，共达成3 000多项商品的关税减让，使应税进口值16%的商品平均降低关税15%。

5. 第五轮谈判

第五轮多边贸易谈判于1960年9月~1961年7月在日内瓦举行，共39个国家参加。因为根据1958年美国贸易协定法，建议发动本轮谈判的是美国副国务卿道格拉斯·狄龙，故命名为"狄龙回合"。谈判结果达成了4 400多项商品的关税减让，涉及49亿美元贸易额，使占应税进口值20%的商品平均降低关税税率20%。

任务 7　国际贸易协调

6. 第六轮谈判

第六轮多边贸易谈判于 1964 年 5 月~1967 年 6 月在日内瓦举行，共 46 个国家参加，而实际缔约方在该轮谈判结束时达到 74 个。由于是当时美国总统肯尼迪根据《1962 年美国贸易扩大法》提议举行的，故称"肯尼迪回合"。

这轮谈判确定了削减关税采取一刀切的办法，在经合组织成员间工业品一律平均削减 35% 的关税，涉及贸易额 400 多亿美元，对出口产品较集中、单一的国家，如加拿大、澳大利亚、新西兰等作出了特殊安排。对 17 个发展中国家根据特殊的、非互惠的优惠待遇原则，要求发达国家对其给予优惠关税待遇。41 个最不发达国家缔结可以按最惠国待遇原则享受其他国家削减关税的利益，但其本身不对其他国家降低关税。

7. 第七轮谈判

第七轮"东京回合"多边贸易谈判。东京回合是 1973 年 9 月在日本首都东京举行的部长级会议上发动的，1979 年 11 月谈判结束。数以千计的工业品和农产品的关税得以削减，削减的结果在 8 年内实施，使世界 9 个主要工业国家市场上工业制成品的加权平均关税降到 6% 左右，并达成了一系列具体的协议，包括使给予发展中国家的和发展中国家之间的优惠关税和非关税措施待遇合法化，以及一系列关于非关税措施或具体产品的守则。守则涉及：（1）补贴与反补贴措施；（2）贸易的技术性壁垒（产品标准）；（3）政府采购；（4）海关估价；（5）进口许可证程序；（6）修订肯尼迪回合反倾销守则。另外还达成牛肉协议、奶制品协议、民用航空器协议。

8. 第八轮谈判

第八轮"乌拉圭回合"多边贸易谈判于 1986 年在乌拉圭的埃斯特角城举行，经过 7 年艰苦谈判，于 1994 年 4 月 15 日在摩洛哥的马拉喀什结束。参加国由最初的 103 个增加到 1993 年底的 117 个和 1995 年初的 128 个。谈判结果使发达国家和发展中国家平均关税降了 1/3，发达国家工业制成品平均关税降为 3.5% 左右。农产品和纺织品重新回到关贸总协定自由化的轨道。创立了世贸组织，达成了《服务贸易总协定》和《与贸易有关的知识产权协定》。

同步实训

实训目的：
加深学生对关税与贸易总协定实践意义的理解。

实训安排：
1. 分析关税与贸易总协定的法律原则，并举例说明；
2. 讨论关税与贸易总协定在长期国际贸易协调中的作用。

教师注意事项：
1. 由一般国际贸易协调事例导入对关税与贸易总协定法律原则的认知；
2. 分组搜索资料，查找我国已经参与的关税与贸易总协定谈判；
3. 组织其他相应学习资源。

资源（时间）：
1 课时、参考书籍、案例、网页。

评价标准

表现要求	是否适用	已达要求	未达要求
小组活动中，外在表现（参与度、讨论发言积极程度）			
小组活动中，对概念的认识与把握的准确程度			
小组活动中，分工任务完成的成效与协作度			
小组活动中，作业或报告制作的完整与适用程度			

7.3 世界贸易组织

任务提示：认识世界贸易组织，特别是从经济意义的角度，认识世界贸易组织的作用。在此基础上，能够在贸易机会选择等方面，考虑到世界贸易组织规则的影响。

7.3.1 世界贸易组织的产生

关贸总协定的"临时适用"经历了 40 多年。在将近半个世纪的历程中虽然 8 轮谈判取得了如前所说的重大成果，但与正式国际组织的地位相差较远，这也影响了其权威性。为此，乌拉圭回合对多边贸易体制的建立尤为重视。最后终于在 1994 年 4 月 15 日，由包括中国在内的 104 个国家和地区的政府正式签署了建立世界贸易组织（WTO）的协议。

1995 年 1 月 1 日，WTO 作为关贸总协定的继承组织，在瑞士日内瓦正式成立。关贸总协定与其共同运行一段时间后，于 1995 年底自动退出历史舞台。从此，世界贸易组织、世界银行、国际货币基金组织并列为世界经济贸易发展中的三大支柱。

7.3.2 世界贸易组织协定的内容

1993 年 11 月 15 日，在日内瓦达成的《关于建立世界贸易组织的协定》（草案），包含序言、条款和附件三部分内容。

1. 序言

序言部分是该协定的宗旨和目标，规定全体成员国在处理贸易和经济领域的关系时，应以提高生活水平、确保充分就业、大幅度稳定地增加实际收入和有效需求、以可持续发展的方式开发世界资源并加以充分利用、拓展货物和服务的生产和贸易为目的；要求各国必须积极努力，确保发展中国家在国际贸易增长中，得到与其经济发展相适应的份额。

2. 主要条款

（1）规定世界贸易组织提供的共同机构框架，是为了处理世界贸易组织成员之间的关系。

（2）规定世界贸易组织的职能是：对世界贸易组织协定及其附件中的协议进行管理；

为实施附件中各项协议和主持以后的多边协议谈判提供一个框架；为其成员根据部长级大会决定的，有关多边贸易关系方面进一步的谈判提供场所；管理综合性争端解决机制和政策审议机制；与国际货币基金组织和世界银行及其所属机构进行合作，使全球经济决策更趋和谐一致。

> **重要概念 7-2**　　　　　　　**WTO 争端解决机制**
>
> WTO 争端解决机制指世界贸易组织处理成员方之间贸易争端的办法。《关于争端解决的规则和程序的谅解协议》（DSU）是整个 WTO 争端解决机制的基本文件，包括解决机构、管辖权、上诉程序、解决时限、裁决的执行力度等。

（3）规定设立向所有成员代表开放的部长级大会和总理事会。总理事会的任务是履行世界贸易组织的职能，在它下面建立一个贸易政策审议机制和若干附属机构。

（4）规定由总理事会任命工作人员，在世界贸易组织和总理事会正式生效时，原关贸总协定的秘书处、总干事，将分别自动成为世界贸易组织的秘书处、总干事。

（5）规定接受世界贸易组织协定和多边贸易协议的关贸总协定缔约方，包括按关贸总协定议定条件的接受者，为世界贸易组织创始成员国；凡是接受本协定和附件1、附件2和附件3中的多边贸易协议者，均可根据它与总理事会议约定的条件加入本协定。

（6）规定世界贸易组织在履行职能和任务时，应尊重关贸总协定的规则、决定和习惯做法；在对国内法做修改时，所有成员都应努力采取一切必要步骤，使其国内法实施附件中协议的规定，以保证它们的法律与这些协议相互一致；综合性争端解决协议，适用于附件4中东京回合4个多边贸易协议外的所有多边协议及该4个多边贸易协议的签字国。

3. 附件

世界贸易组织协定有4个附件。附件1包括乌拉圭回合的全部成果、东京回合6项非关税措施的守则和协议、服务贸易总协定及其有关法律文件、与贸易相关的知识产权问题，包括冒牌货贸易的协议。附件2是综合性争端解决协议。附件3是贸易政策审议机制。附件4包括东京回合另外4个多边贸易协议。根据有关规定，以上4个附件是世界贸易组织协定的组成部分。附件1的多边贸易协议的任何条款均不允许提出保留，附件4中的个别条款可以根据有关规定提出保留。在加入世界贸易组织协定时，未签署附件4中某项协议的任何成员都被鼓励成为该项协议的签字国。

7.3.3 世界贸易组织的原则

世界贸易组织的原则包括以下内容。

1. 非歧视原则

非歧视原则是世界贸易组织全部规则体系的基础，主要并通过以下两个更具可操作性的原则来实现：（1）最惠国待遇原则；（2）国民待遇原则。

> **实务借鉴 7-2**　　　　　　　**美国与加拿大期刊进口争议**
>
> 1996年，加拿大颁布第9958号关税令禁止外国出版的不同版本期刊的进口，即只要进口到加拿大的期刊中有5%以上的广告内容是针对加拿大市场的，就不允许进口；对不同版

本的期刊征收货物税，并且对进口期刊实行与本地期刊不同的邮寄费率。之后，有一家美国期刊离开加拿大市场回到美国，另有一家加拿大的杂志停止发行美国版。

美国认为加拿大的措施违反了WTO的国民待遇原则，向WTO争端解决机构DSB提出上诉并请求成立专家组；1997年2月21日，专家组作出报告；1997年4月29日，加拿大向上诉机构（AB）提出上诉；1997年6月30日，上诉庭举行了开庭审理并于当日作出了上诉报告；1997年7月30日，DSB通过了上诉机构报告和修改后的专家组报告。

专家组的报告认为加拿大9958号关税令和货物税法不符合GATT的规定，而加拿大邮政资助符合GATT规定；上诉机构推翻了专家组关于"同类产品"问题上的结论，并最终认为加拿大货物税法明显地是为了保护加拿大期刊，同时，上诉机构推翻了专家组关于加拿大"受资助"的邮政费率符合GATT的结论。

[马通. 美国诉加拿大期刊进口措施案 [J]. WTO经济导刊，2004（4）.]

2. 贸易自由化原则

贸易自由化原则在世界贸易组织协定中转化为以下两个具体原则：（1）关税稳定减让原则；（2）一般取消数量限制原则。

3. 关税保护原则

关税是世界贸易组织允许的唯一保护形式，因为关税措施的保护程度显而易见，并且各缔约方之间就关税措施的使用容易开展谈判。

4. 透明度原则

各缔约方有关贸易的法规和政策要公诸于世，并事先公布、接受检查。透明度原则的内容有：海关对产品的分类与估价的规定，关税和其他费用的规定，对进口货款支付限制的规定，影响进出口货物的销售、分配、运输、保险、仓储、检验、展览、加工的规定，与其他缔约方达成的有关影响贸易的规定。

5. 公平竞争与贸易原则

世界贸易组织认为，各国在国际贸易中不应该采用不公正的贸易手段进行竞争，尤其是不应该以倾销或补贴的方式出口本国的商品。进口国如果遇到其他国家的商品倾销或商品补贴，就可以采取反倾销和反补贴的措施。但是，应遵守关贸总协定中的反倾销和反补贴条件和程序。

6. 市场准入原则

市场准入原则是指一缔约方对其他缔约方的货物、劳务与资本逐步开放国内市场，并不断加大开放程度。

7. 对发展中国家的优惠待遇原则

关贸总协定给予发展中国家在关税减让、出口补贴、保障措施、服务贸易、农产品贸易等许多方面不同于发达国家的优惠待遇。

7.3.4 世界贸易组织的机构

1. 部长会议

根据《马拉喀什协议》规定，世贸组织整个机构由其最高权力机构——部长会议领导。部长会议由世贸组织所有成员的代表组成，要求至少每两年开会一次，它可对任何多边贸易协定下的所有事务作出决定。

2. 总理事会

世贸组织的日常工作由若干个辅助机构承担，它们是由世贸组织所有成员组成的总理事会。总理事会须向部长会议汇报所有工作，有权代表部长会议处理日常事务并对世贸组织各成员实行定期的贸易政策评审。

3. 理事会

总理事会将部分职权授予另外三个主要机构，即货物贸易理事会、服务贸易理事会及与贸易有关的知识产权理事会。货物贸易理事会监督有关货物贸易的所有协议的实施和运作。尽管许多这样的协议拥有其自身特定的监督机构，但是货物贸易理事会仍被授予更高的权力，以利贸易的有序发展。后两个理事会由各自有关的世贸组织协议负责，并有权在需要时建立其自身的辅助机构。

4. 委员会

部长会议还建立了另外三个机构，它们是：贸易与发展委员会、国际收支委员会和预算、财务与行政委员会。其中贸易与发展委员会负责关心与解决有关发展中国家，尤其是最不发达国家的有关问题；国际收支委员会负责世贸组织成员与根据《关贸总协定》第12条和第18条规定而采取贸易限制措施以解决国际收入困难的国家间的磋商。预算、财务与行政委员会专门负责处理与世界贸易组织的财政与预算有关的问题。

另外，世界贸易组织的四个诸边协议，即关于民用航空器、政府采购、奶制品和牛肉的诸边协议，每个协议都建立了自己的管理机构，需向总理事会报告工作。

相关资讯7-1　　　　　　　　　世界贸易组织的特点

世界贸易组织与关贸总协定相比，在体制上两者存在较大差异，并因此构成了世界贸易组织自身的特点。

（1）管理范围扩大。关贸总协定的管理范围狭窄单一，其规则只涉及货物贸易。世界贸易组织除了包括关贸总协定文本外，还增加与贸易相关的投资措施协议、与贸易相关的知识产权协议和服务贸易总协定。

（2）管理体制权威性和统一性。关贸总协定作为国际多边协定，一般将其视为行政性协定，而非公约。世界贸易组织协定则要求各国代表在草签后，还须通过立法程序，经本国立法机构批准，才能生效。因而使世界贸易组织协定更具完整性和权威性。

（3）法律基础健全。世界贸易组织不但把关贸总协定临时适用变为正式适用，而且决定建立一整套组织机构。这样，该组织与其他国际组织在法律上便处于平等的地位。

（4）争端解决机制完善。世界贸易组织建立、健全了争端解决机制程序，特别是加强了对实施裁决的监督，确保了世界贸易组织对规则的严格遵守和世界贸易组织体制的正常运作。

（5）贸易政策审议机制确立。为了加强对缔约方是否严格维护关贸总协定的情况进行监督，世界贸易组织建立了贸易政策审议机制，以增强国政策的透明度。

（6）全球经济决策协调性增强。世界贸易组织决定加强它与国际货币基金组织和世界银行之间的联系。这有助于它们在全球经济决策过程中加强协调，以便它们的政策和行动更加和谐一致。

（7）缔约方权益明确。世界贸易组织增加了原缔约方参加新要求加入方的关税减让谈判的主动权。这可以确保原缔约方不受牵制,即使它从开始就不愿实施关贸总协定的某项义务,如不给予新要求加入方无条件的最惠国待遇,它仍然可以参加此种关税减让谈判。

7.3.5 中国与世界贸易组织

1. 中国是关税与贸易总协定的原始缔约国

1947年4~10月,当时的中国政府应邀参加了在日内瓦举行的第一轮多边关税减让谈判。同年4月21日,按《临时适用议定书》第3条和第4条(2)款所定规程,当时的中国政府作为最后文件签字国之一签署了该协定书。5月21日,议定书签署后第30天,中国成为关贸总协定原始缔约国之一。

2. 中国与关贸总协定的关系

新中国成立后,国民党当局退居台湾,并于1950年非法退出了关贸总协定。直至1980年,中国政府才恢复与关贸总协定的接触。1982年11月,关贸总协定召开第38届缔约方大会,中国政府被允许以观察员身份列席该次大会。1984年1月18日,中国政府正式签署第三个国际纺织品贸易协议,并成为关贸总协定纺织品委员会的正式会员。1986年7月11日,中国政府向关贸总协定总干事阿瑟·邓克尔正式提出恢复在关贸总协定中合法地位的申请。

3. 中国加入世界贸易组织

中国1986年7月正式提出复关申请后,即向世界表明了中国实行对外开放、对内搞活经济的政策。中国的经济改革进程将有助于扩大中国同各缔约方的经贸往来,中国复关将有助于关贸总协定宗旨的实现。

此后,中国参加了多次多边贸易谈判,并在政策、法律方面作出了相应承诺。1987年6月,关贸总协定"中国的缔约方地位工作组"成立。1992年以后,虽然经过许多次谈判,但是由于一些发达国家对我国经济改革、外贸管理制度、经济政策方面的透明度等问题持有保留态度,中国政府的复关要求在世界贸易组织建立之前未能如愿。

1999年11月9日中美重开双边谈判,并于11月15日签署了《中美关于中国加入WTO的协议》。这标志着中国加入世界贸易组织最大的障碍被清除。11月26日与加拿大签署协议。2000年初与日本签署协议;2000年6月19日与欧盟签署协议。至此,中国加入世界贸易组织基本已成定局。

2001年9月14日,与最后一个谈判对象——墨西哥达成了协议。

2001年11月10日,在卡特尔首都多哈举行的部长级会议上,全票通过接纳中国成为WTO的正式成员的决议,协议后经我国全国人大常务委员会审议批准。2001年12月11日,中国成为WTO第143个正式成员。

相关资讯7-2　　　　中国加入WTO后的权利与义务

(1)基本权利。

①全面参与世界贸易体制。全面参与WTO各理事会和委员会的所有会议;全面参与贸易政策审议;充分利用WTO争端解决机制解决双边贸易争端;全面参与新一轮多边贸易谈判,制定多边贸易规则;对于现在或将来的申请加入方,将要求与其进行双边谈判,为中国

产品和服务扩大出口创造更多的机会。

②享受非歧视待遇。充分享受多边无条件的最惠国待遇和国民待遇，即非歧视待遇。

③享受发展中国家权利。除一般 WTO 成员所能享受的权利外，中国作为发展中国家还将享受 WTO 各项协定规定的特殊和差别待遇。

④获得市场开放和法规修改的过渡期。为使中国相关产业在加入 WTO 后获得调整和适应的时间及缓冲期，并对有关的法律和法规进行必要的调整，经过谈判，中国在市场开放和遵守规则方面获得了过渡期。

⑤保留国营贸易体制。经过谈判，中国保留了对粮食等 8 种关系国计民生的大宗产品的进口实行国营贸易管理（即由中国政府指定的少数公司专营）。

⑥对国内产业提供必要的支持。其中包括：地方预算提供给某些亏损国有企业的补贴；经济特区的优惠政策；经济技术开发区的优惠政策；上海浦东经济特区的优惠政策；外资企业优惠政策；国家政策性银行贷款；用于扶贫的财政补贴；技术革新和研发基金；用于水利和防洪项目的基础设施基金；出口产品的关税和国内税退税；进口税减免等。

⑦维持国家定价。保留了对重要产品及服务实行政府定价和政府指导价的权利。其中包括：对烟草、食盐、药品等产品，民用煤气、自来水、电力、热力、灌溉用水等公用事业以及邮电、旅游景点门票、教育等服务保留政府定价的权利等。

⑧保留征收出口税的权利。保留对鳗鱼苗、铅、锌、锑、锰铁、铬铁、铜、镍等共 84 个税号的资源性产品征收出口税的权利。

⑨保留对进出口商品进行法定检验的权利。

⑩有条件、有步骤地开放服务贸易领域并进行管理和审批

（2）基本义务

①遵守非歧视原则。承诺在进口货物、关税、国内税等方面，给予外国产品的待遇不低于给予国产同类产品的待遇。

②统一实施贸易政策。承诺在整个中国关境内统一实施贸易政策。

③确保贸易政策的透明度。承诺公布所有涉外经贸法律和部门规章。

④为当事人提供司法审议的机会。

⑤逐步放开外贸经营权。承诺在加入 WTO 后 3 年内取消外贸经营审批权，已享有部分进出口权的外资企业将逐步享有完全的贸易权。

⑥逐步取消非关税措施。

⑦不再实行出口补贴。

⑧实施《与贸易有关的投资措施协议》。

⑨以折中方式处理反倾销、反补贴条款的可比价格。

⑩接受特殊保障条款。

同步实训

实训目的：
加深学生对世界贸易组织实践意义的理解。

实训安排：
1. 分析世界贸易组织的法律原则，并举例说明；

2. 讨论世界贸易组织在国际贸易协调中的作用。

教师注意事项：

1. 由一般国际贸易协调事例导入世界贸易组织法律原则的认知；
2. 分组搜索资料，查找我国运用世界贸易组织规则处理贸易争端的案例；
3. 组织其他相应学习资源。

资源（时间）：

1课时、参考书籍、案例、网页。

评价标准

表现要求	是否适用	已达要求	未达要求
小组活动中，外在表现（参与度、讨论发言积极程度）			
小组活动中，对概念的认识与把握的准确程度			
小组活动中，分工任务完成的成效与协作度			
小组活动中，作业或报告制作的完整与适用程度			

小 结

```
                    ┌─ 国际贸易条约 ─┬─ 条约种类
                    │                └─ 法律适用原则
国际贸易协调 ───────┼─ 关税与贸易总协定 ─┬─ 基本原则
                    │                    └─ 多边谈判
                    └─ 世界贸易组织 ─┬─ 主要原则
                                     └─ 中国与WTO
```

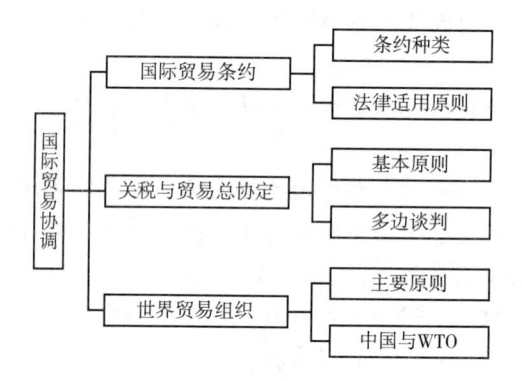

教学做一体化练习

重要概念

国际贸易条约　WTO争端解决机制

课堂讨论

1. 国际贸易协调的意义。
2. 贸易活动中最惠国待遇。
3. 贸易活动中的国民待遇。
4. 经济交往中互惠待遇的意义。
5. 你所了解的贸易条约。

课后自测

选择题

1. 世界贸易组织的宗旨有（　　　）。
 A. 确保充分就业　　　　　　　　　　　B. 持久开发和合理利用世界资源
 C. 加强环保　　　　　　　　　　　　　D. 取消国际贸易中的歧视待遇
 E. 确保发达国家在国际贸易中的主导地位

2. WTO 的组织机构有（　　　）。
 A. 部长会议　　　B. 分理事会　　　C. 临时性机构　　　D. 总理事会
 E. 专门委员会

3. 在贸易条约和协定中通常使用的法律待遇原则是（　　　）。
 A. 最惠国待遇原则　　　　　　　　　　B. 国民待遇原则
 C. 公平贸易待遇原则　　　　　　　　　D. 磋商与争端解决原则
 E. 对发展中国家的特殊优惠原则

4. 常见的贸易条约和协定的种类有（　　　）。
 A. 国际商品协定　　B. 贸易议定书　　C. 贸易协定　　D. 通商航海条约
 E. 支付协定

5. 世界贸易组织的主要特点有（　　　）。
 A. 具有法人地位　　　　　　　　　　　B. 管辖范围的广泛性
 C. 具备贸易政策评审机制　　　　　　　D. 完善了争端解决机制
 E. 是联合国分管贸易的一个独立机构

6. 世界贸易组织主张各国在贸易自由化的前提下进行公平竞争，它认为属于不公平竞争的是（　　　）。
 A. 倾销　　　　　B. 关税　　　　　C. 补贴　　　　　D. 许可证
 E. 配额

7. 乌拉圭回合多边贸易谈判的新议题是（　　　）。
 A. 服务贸易　　　　　　　　　　　　　B. 纺织品贸易
 C. 农产品贸易　　　　　　　　　　　　D. 与贸易有关的知识产权
 E. 与贸易有关的投资措施

8. 下列权利中适用于国民待遇原则范围的有（　　　）。
 A. 版权　　　　　B. 专利权　　　　C. 土地购买权　　　D. 商标注册权
 E. 沿海贸易权

判断题

1. 贸易条约和协定一般都采用无条件的最惠国待遇原则。（　　）
2. 通商航海条约的内容主要涉及船舶航行和港口的使用。（　　）
3. 贸易议定书一般由签字国有关行政部门代表签署即可生效。（　　）
4. 国际商品协定的主要对象是发展中国家和发达国家的初级产品。（　　）
5. 关税与贸易总协定是联合国的一个专门机构。（　　）
6. 世界贸易组织的最高权力和决策机构是总理事会。（　　）
7. 世界贸易组织的最惠国待遇的特点是单边、有条件的。（　　）

8. 世界贸易组织进一步加强了对发展中国家的特殊优惠待遇原则。（　　）
9. 世界贸易组织与关贸总协定一样均为具有法人地位的正式的国际经济组织。（　　）
10. 世界贸易组织所实施的争端解决机制比关贸总协定更为完善。（　　）

简答题

1. 我国加入了哪些国际贸易条约？
2. 关税与贸易总协定为什么不是国际组织？
3. 如何理解最惠国待遇？
4. 如何理解国民待遇？
5. 在我国，对待外商投资企业为什么会有"超国民待遇"的说法？
6. 世界贸易组织的特点有哪些？
7. 世界贸易组织的机构是怎样的？
8. 我国加入世界贸易组织后的权力有哪些？

案例分析

美国于美东时间 2018 年 4 月 3 日公布对华 301 调查征税产品建议清单。征税产品建议清单涉及我国 500 亿美元出口，建议税率为 25%。中国方面第一时间作出回应，在谴责美方做法的同时，毫无悬念地表示，将针对美方征税建议清单出台同等力度、同等规模的对等措施。

美中两国之间千亿美元量级的贸易逆差一直是美国的"心头之痛"。此次美方挑起贸易争端，把立论基础建立在所谓"美国对华贸易巨额逆差"上。

但事实上，美国对华贸易逆差是美国产业几十年来主动转出美国，使美国从商品生产国变成进口国所造成的，完全是美国自己的问题，是美国在全球价值链时代迷失了自我。美国用这一点来指责中国，相当于美国生病却要求中国吃药。

更重要的是，美国抓的这副"虎狼之药"不仅不能治病，还有可能害命。

经济全球化走到今天，各国在贸易上已经是"一荣俱荣，一损俱损"。没有一个国家能够置身于全球产业和全球贸易往来之外。贸易战这剂猛药下去，有如打开了潘多拉魔盒，将给美国、中国，乃至整个世界造成伤害。其示范效应和连锁反应，还可能让复苏基础仍不牢固的全球经济再陷泥潭。

历史和事实也一再证明，靠打贸易战解决不了美国自身发展带来的问题，反而会在泥潭里越陷越深。也难怪在中国正式公布了对原产于美国 7 类 128 项进口商品加征关税的决定后，美国大豆农急着自掏腰包在总统特朗普常看的电视台购买了黄金时段，用以劝特朗普"罢兵息战"。

其实，美国要解决贸易逆差，也并非没有办法，关键是美国要对症下药。正如一家美国研究机构报告所显示，如果美国对华出口管制放宽，对华贸易逆差就可减少 35% 左右。只是，美国却作出了最不可取的选择，不仅找错了"病灶"，还抓错了"药方"。

(摘编自新华网，2018 - 04 - 04.)

阅读以上材料，回答问题：

1. WTO 争端解决机制的意义？
2. 面对中美贸易摩擦，中国企业该如何应对？

任务 7　国际贸易协调

拓展实训：国际贸易协调

实训目的：

参观企业，了解国际贸易协调对企业的影响。

实训安排：

1. 教师与企业接洽；
2. 引领学生访问企业业务人员。

教师注意事项：

1. 指导学生，认识所访企业遇到贸易争端情形；
2. 聘请业务人员讲解应对措施；
3. 组织其他相应学习资源。

资源（时间）：

1 课时、参考书籍、案例、网页、实践基地企业。

评价标准

表现要求	是否适用	已达要求	未达要求
小组活动中的工作表现（参与度、讨论发言）			
整个认知活动过程的表现			
对整体职业学习活动的认识与把握			
学习活动过程知识与经验的运用与反思			

课程思政园地

中国不会屈服于恫吓

关键词： 世贸规则　竞争实力　大国自信

美东时间 2018 年 4 月 3 日，美方罔顾世贸规则、背弃自身对世贸组织的承诺，公布对华 301 调查项下征税建议，拟对中国约 1 300 个税号的产品加征 25% 关税，涉及中国约 500 亿美元出口。

同一天，中国商务部发布公告，拟对原产于美国的大豆等农产品、汽车、化工品、飞机等进口商品对等采取加征关税措施，税率为 25%，涉及 2017 年中国自美国进口金额约 500 亿美元。

来而不往非礼也。中国以实际行动再次重申：面对美国的贸易战威胁，我们"不想打"，但也"不怕打"，妄图通过施压或恫吓使中国屈服，过去没有成功过，今天也不会。

中国不怕打贸易战，我们有信心、有能力应对任何挑战。美方措施会对中方产生影响，但我们可以承受。中国经济已从出口导向转为内需驱动，出口对我国经济的拉动作用不断减小，2017 年已缩至 9.1%；而消费对经济增长的贡献率稳步提升，2017 年增至 58.8%。中国经济体量巨大，国内需求大有潜力可挖。而且，随着"一带一路"开展国际合作，中国的对外出口市场更加多元。美方的贸易制裁造成的出口损失，无碍中国经济发展大局。

反击贸易战，中国有很多"底牌"。面对美方的频频挑衅，中方一直非常克制，并不是因为我们害怕，而是希望以充分的诚意敦促美方摒弃错误做法，回到对话协商、合作共赢的正确轨道上来。既然美国挥起了贸易"大棒"，我们必将以同样的规模、同样的金额和同样的强度，坚决予以回击，坚决捍卫自身合法利益。

中华民族是非常有韧性的，中国人的抗压能力是非常强的。回首中国改革开放 40 年来的历程，我们经历了诸多挑战和困难、干扰和打压，但正是在化解、克服、应对的过程中，我们的实力不断增强，自信不断增长。

对于美方的恶劣行径，中国的态度已经很明确，如果美方不悬崖勒马，中国必将奉陪到底。

（摘编自新华网，作者李东标，2018-04-04.）

问题：
1. 美方为什么要挑起贸易战？
2. 我国应对的底气是什么？

课程思政

学生自我总结

通过完成任务 7 国际贸易协调，我能够作如下总结：
1. **主要知识**

本任务涉及的主要知识点有：
（1）
（2）

2. **主要技能**

本任务涉及的主要技能有：
（1）
（2）

3. **主要原理**

国际贸易协调的主要原理是：
（1）
（2）

4. 相关知识与技能

完成本任务中：

(1) 贸易协调对于货物贸易的影响有：

(2) 贸易协调对于国家经济的影响有：

(3) 贸易协调对于贸易企业的影响有：

5. 成果检验

完成本任务的成果：

(1) 完成本任务的意义有：

(2) 学到的经验有：

(3) 自悟的经验有：

(4) 你认为我国应该怎样应对贸易摩擦：

任务 8 国际经济现象

任务 8　国际经济现象

📖 **学习目标**

1. 知识目标

能认识经济一体化的概念；能认识跨国公司的含义与特征；能认识国际要素移动的含义。

2. 技能目标

能理解经济一体化的影响；能理解跨国公司的影响；能认识国际要素移动的影响。

3. 思政目标

理解我国共建人类命运共同体战略思想；理解我国"一带一路"倡议思想；理解我国助推全球化战略的做法。

任务解析

根据国际贸易认知活动工作顺序和职业教育学习规律，国际经济现象可以分解为以下子任务。

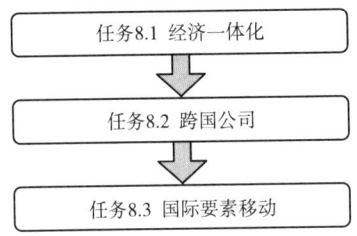

```
任务8.1 经济一体化
    ↓
任务8.2 跨国公司
    ↓
任务8.3 国际要素移动
```

课前阅读

故事要从法国著名的浪漫主义作家维克多·雨果讲起。1849 年 8 月 21 日是一个有特殊意义的日子，雨果以主席身份在巴黎和平代表大会上致辞。

"会有一天，你们法国，你们俄国，你们意大利，你们英国，你们德国，你们大陆上的每一个国家，你们会并不丧失自己不同的品质，并不丧失你们光荣的个性，而又严密地组成一个更高层次的统一体，你们会组成欧洲的兄弟姐妹……会有一天，我们会看到这两大群体，美利坚合众国，欧罗巴合众国，面对着面，隔着大海，彼此伸出手来，交换各自的产品，贸易，工业，艺术，天才，开垦地球，殖民沙漠，在造物主的注视下改善万物，为了取得大家的幸福，共同把这两股无穷的力量联合起来，即人与人之间的兄弟情谊和上帝的威力。"

这里雨果第一次提出"欧罗巴合众国"的名字，也神奇地预见了欧洲一体化的未来。

我们知道，1999 年 1 月，11 个欧洲国家开始向欧洲统一货币"欧元"过渡。2002 年，欧元的纸币以及硬币取代了各国成员 12 个国家的货币，欧元区已经增至 17 个国家。

2002 年 11 月 18 日，欧盟 15 国外长在布鲁塞尔举行会议，决定邀请马耳他、塞浦路斯、波兰、匈牙利、捷克、斯洛伐克、斯洛文尼亚、爱沙尼亚、拉脱维亚、立陶宛等 10 个国家加入欧盟。2004 年 5 月 1 日，10 个新成员正式加入欧盟。欧盟现有 27 个成员，是一个集政治实体和经济实体于一身、在世界上具有重要影响的区域一体化组织。

问题：
1. 欧盟一体化有哪些巨大成就？
2. 欧盟一体化现状如何？

8.1 经济一体化

> **任务提示**：认识经济一体化现象，特别是从国际货物贸易的角度，认识经济一体化的作用。在此基础上，能够在进出口市场、客户选择、商品价格制定等方面，考虑到国际经济一体化的影响。

经济一体化是当代国际经济活动发展中的重要现象之一，与国际贸易活动关系密切。广义的经济一体化是指世界经济一体化或经济全球化，指世界各国经济之间彼此相互开放，形成相互联系、相互依赖的有机体。

狭义经济一体化，即地区经济一体化，指区域内两个或两个以上国家或地区，在一个由政府授权组成的并具有超国家性的共同机构下，通过制定统一的对内对外经济政策、财政与金融政策等，消除国别之间阻碍经济贸易发展的障碍，实现区域内互利互惠、协调发展和资源优化配置，最终形成一个政治经济高度协调统一的有机体的这一过程。

> **重要概念 8-1　　经济一体化**
>
> 经济一体化指国家（地区）间签署协议，制定具体措施协调彼此经济贸易政策，以促进经济的共同发展所形成的多国经济联盟。在联盟内，生产要素能够自由流动，并由统一的机构来监督条约的执行和实施。

8.1.1 经济一体化的形式

目前国际上常见的经济一体化组织形式主要有以下几种。

1. 按照一体化进程由低到高划分

（1）优惠贸易安排。区域经济一体化的初级形式，在实行优惠贸易安排成员间，通过协定或其他形式，对全部商品或部分商品规定特别的关税优惠。

例 8-1　《中国—秘鲁自由贸易协定》于 2010 年 3 月 1 日起实施，在货物贸易方面，秘鲁将逐步取消 92% 以上的自华进口产品关税，其中 90% 在 10 年内降为零；中国逐步取消 94.6% 的从秘鲁进口产品关税，其中 93% 在 10 年内降为零。我国轻工、电子、家电、机械、汽车、化工、蔬菜、水果等众多产品和秘鲁的鱼粉、矿产品、水果、鱼类等产品都从降税安排中获益。

（2）自由贸易区。一种古老的一体化形式，通常是指签订自由贸易协定的国家所组成的经济贸易集团,在成员之间废除关税与数量限制,使区域内各成员的商品自由流动,每个成员仍保持自己对非成员的贸易壁垒。

例 8-2 中国—东盟自由贸易区(CAFTA),是中国与东盟 10 国组建的自由贸易区,于 2010 年 1 月 1 日正式建成。中国—东盟自由贸易区涵盖 19 亿人口、国民生产总值达 6 万亿美元、贸易额达 4.5 万亿美元,是中国对外商谈的第一个自贸区,也是发展中国家间最大的自由贸易区。

(3) 关税同盟。一体化的较高级形式,是指两个或两个以上的国家完全取消关税或其他壁垒,并对非同盟国家实行统一的关税税率而结成的同盟。其目的在于使参加国的商品在统一关税内的市场上处于有利的竞争地位,排除非同盟国家商品的竞争,如 1826 年成立的北德意志关税同盟、1920 年成立的比荷卢经济联盟等。

(4) 共同市场。一种更高级形式,是指两个或两个以上的国家完全取消关税与数量限制,建立对非成员国的统一关税,在实现商品自由流动的同时,还实现生产要素(劳动力、资本)的自由移动。欧洲经济共同体在 20 世纪 80 年代接近此阶段。

例 8-3 海湾共同市场由海湾阿拉伯国家合作委员会(海合会)6 个成员组成的海湾共同市场,于 2008 年 1 月 1 日起正式启动。海湾共同市场的启动,标志着以石油为主要收入来源的海湾国家朝着经济一体化目标迈出了重要一步。海湾共同市场正式启动后,海合会 6 国公民在其中任何一国就业、居住和投资时都将享受与所在国公民同等的待遇。海湾共同市场有助于促进海湾国家的一体化进程,并增强海湾国家在世界经济中的竞争力。

(5) 经济同盟。这种形式一体化程度很高,是指实行经济同盟的国家不仅实现商品、生产要素的自由流动,建立共同对外的关税,并且制定和执行统一对外的某些共同的经济政策和社会政策,逐步废除政策方面的差异,使一体化的程度从商品交换扩展到生产、分配乃至整个国民经济,形成一个有机的经济实体。欧洲联盟就属这一类一体化组织。

(6) 完全经济一体化。这是区域经济一体化的最高阶段。在这一阶段,域内各国在经济、金融、财政等方面均完全统一,在成员之间完全取消商品、资本、劳动力、服务等自由流动的人为障碍,在经济性质上已等同于一个国家。欧盟正在迈进这一阶段。

2. 按经济一体化的范围划分

(1) 部门一体化。是指区域内成员间的一个或几个部门或商品的一体化。欧洲煤钢联营、欧洲原子能联营便属此类。

(2) 全盘一体化。是指区域内成员国间的所有经济部门一体化的形态,如欧洲联盟。

3. 按参加国的经济发展水平划分

(1) 水平一体化。是指经济发展水平大致相同或接近的国家共同形成的经济一体化组织。

(2) 垂直一体化。是指经济发展水平不同的国家所形成的一体化。

8.1.2 主要地区经济一体化组织

1. 欧洲联盟

欧洲联盟,简称欧盟(EU),总部设在比利时首都布鲁塞尔,是由欧洲共同体(又称欧洲共同市场，简称"欧共体"）发展而来的，初始成员有6个，分别为法国、联邦德国、意大利、比利时、荷兰以及卢森堡。主要经历了三个阶段：荷卢比三国经济联盟、欧洲共同体、欧盟。

欧盟的宗旨是：通过建立无内部边界的空间，加强经济、社会的协调发展和建立最终实行统一货币的经济货币联盟，促进成员经济和社会的均衡发展；通过实行共同外交和安全政策，在国际舞台上弘扬联盟的个性。

欧盟是一个集政治实体和经济实体于一身、在世界上具有重要影响的区域一体化组织。

欧盟已经制定了一个单一市场，通过一个标准化的法律制度，其中适用于所有会员国，保证人、货物、服务和资本的迁徙自由。它保持了一个共同的贸易政策，包括农业、渔业政策和区域发展政策。17个会员国共同的货币是欧元。在对外政策上，代表其成员在世界贸易组织，在八国集团首脑会议和在联合国的会议上发言，维护其成员利益。在内政、国防、外交等其他方面则类似一个独立国家所组成的同盟。

相关资讯8-1　　　　　　　　欧盟成员

欧共体创始国为法国、联邦德国、意大利、荷兰、比利时和卢森堡6国。至2009年1月共有27个成员：英国、法国、德国、意大利、荷兰、比利时、卢森堡、丹麦、爱尔兰、希腊、葡萄牙、西班牙、奥地利、瑞典、芬兰、马耳他、塞浦路斯、波兰、匈牙利、捷克、斯洛伐克、斯洛文尼亚、爱沙尼亚、拉脱维亚、立陶宛、罗马尼亚、保加利亚。2013年7月1日零时，克罗地亚正式加入欧洲联盟，成为第28个欧盟成员。2020年1月31日23时，英国正式"脱欧"，结束其47年的欧盟成员身份。

2. 北美自由贸易区

北美自由贸易区（NAFTA）由美国、加拿大和墨西哥3国组成，于1992年8月12日就《北美自由贸易协定》达成一致意见，并于同年12月17日由三国领导人分别在各自国家正式签署。1994年1月1日，协定正式生效，北美自由贸易区宣布成立。三个会员彼此必须遵守协定规定的原则和规则，如国民待遇、最惠国待遇及程序上的透明化等来实现其宗旨，藉以消除贸易障碍。自由贸易区内的国家货物可以互相流通并减免关税，而贸易区以外的国家则仍然维持原关税及壁垒。美墨之间因北美自由贸易区使得墨西哥出口至美国受惠最大。目前，美国是墨西哥最大的贸易伙伴和投资来源国，双边贸易占墨外贸总额的70%，对美出口占墨出口总额的83%，美国资本占墨吸收外资总额的65%以上。墨主要经济部门（石油行业、制造业、出口加工业、纺织服装业等）均面向美国市场。此外，海外移民汇款（主要来自美国）已经成为墨仅次于石油收入的第二大外汇来源。因此，墨西哥对于美国的依赖程度很深，美国经济的情况往往决定着墨西哥的经济发展。

北美自由贸易协定的宗旨是：取消贸易壁垒，创造公平竞争的条件，增加投资机会，保护知识产权，建立执行协定和解决争端的有效机制，促进三边合作。其具体规定是：在15年时间内，分三个阶段逐步取消三国间的关税，实现商品和服务的自由流通。在三国9 000多种商品中，约50%商品的关税立即取消，15%将在5年内取消，其余的大部分在10年内取消，少数商品在15年内取消。此外，还将开放金融市场，放宽对外资的限制，保护知识产权等。

北美自由贸易区是世界上第一个由最富裕的发达国家和发展中国家组成的经济一体化组

织。它打破了传统的一体化模式，开创了发达国家和发展中国家共处同一经济贸易集团的先例。北美这三个国家在经济上有着较大的互补性和相互依存性。自由贸易的开展有力地促进了相互间贸易的发展，从而推动各国经济的增长。对美国来说，在世界市场竞争日益激烈的情况下，还可增强它对日本和西欧的抗衡力量。

3. 亚太经济合作组织

亚太经济合作组织（APEC）是亚太地区最具影响的经济合作官方论坛。1989年11月5~7日，澳大利亚、美国、加拿大、日本、韩国、新西兰和东盟6国在澳大利亚首都堪培拉举行亚太经济合作会议首届部长级会议，标志着亚太经济合作会议的成立。1993年6月改名为亚太经济合作组织。1991年11月，中国以主权国家身份，台湾地区和香港地区以地区经济体名义正式加入亚太经合组织。亚太经合组织共有21个成员经济体，其国内生产毛额总量约占世界的60%、贸易量约占世界的47%。

亚太经合组织采取自主自愿、协商一致的合作原则，所作决定必须经各成员一致同意认可。亚太经合组织的组织机构包括领导人非正式会议、部长级会议、高官会、委员会和专题工作组等。其中，领导人非正式会议是亚太经合组织最高级别的会议。

相关资讯 8-2　　　　　　　　　亚太经合组织成员

亚太经合组织（APEC）现有21个成员，分别是澳大利亚、文莱、加拿大、智利、中国、中国香港、印度尼西亚、日本、韩国、马来西亚、墨西哥、新西兰、巴布亚新几内亚、秘鲁、菲律宾、俄罗斯、新加坡、中国台湾、泰国、美国、越南，1997年温哥华领导人会议宣布APEC进入10年巩固期，暂不接纳新成员。2007年，各国领导人对重新吸纳新成员的问题进行了讨论，但在新成员须满足的标准问题上未达成一致，于是决定将暂停扩容的期限延长3年。此外，APEC还有3个观察员，分别是东盟秘书处、太平洋经济合作理事会和太平洋岛国论坛。

自成立以来，亚太经合组织在推动区域和全球范围的贸易投资自由化和便利化、开展经济技术合作方面不断取得进展，为加强区域经济合作、促进亚太地区经济发展和共同繁荣作出了突出贡献。

1991年11月，中国正式加入亚太经合组织。从中国加入亚太经合组织起，亚太经合组织便成为中国与亚太地区其他经济体开展互利合作、开展多边外交、展示中国国家形象的重要舞台。中国通过参与亚太经合组织合作促进了自身发展，也为该地区乃至世界经济发展作出了重要贡献。

同步实训

实训目的：
加深学生对经济一体化实践意义的理解。

实训安排：
1. 分析说明亚太经合组织中关于优惠贸易安排的规定；
2. 讨论这些优惠安排对我国贸易的影响。

教师注意事项：
1. 由一般国际贸易协调事例导入对经济一体化的认知；

2. 分组搜索资料，查找我国已经参与的经济一体化；
3. 组织其他相应学习资源。

资源（时间）：
1 课时、参考书籍、案例、网页。

评价标准			
表现要求	是否适用	已达要求	未达要求
小组活动中，外在表现（参与度、讨论发言积极程度）			
小组活动中，对概念的认识与把握的准确程度			
小组活动中，分工任务完成的成效与协作度			
小组活动中，作业或报告制作的完整与适用程度			

8.2 跨国公司

任务提示：认识跨国公司，特别是从国际货物贸易的角度，认识跨国公司的作用。在此基础上，能够在进出口市场、客户选择、商品价格制定等方面，考虑到跨国公司活动的影响。

8.2.1 跨国公司的概念

跨国公司的历史可以追溯到19世纪60年代，当时西欧和美国的一些大企业开始在海外设立生产性分支机构，从事制造业跨国经营活动，已初具跨国公司的雏形。第二次世界大战后，特别是20世纪50年代后，随着西方发达国家垄断资本的大规模对外扩张和生产的进一步国际化，对外直接投资迅猛增加，跨国公司得到了迅速发展。第一家跨国公司是1600年成立的东印度公司。此外，美国的胜家缝纫机器公司、威斯汀豪斯电气公司、爱迪生电器公司、英国的帝国化学公司等都先后在国外活动。这些公司都是现代跨国公司的先驱。

重要概念 8-2　　　　　　　　　跨国公司

跨国公司又称多国公司、国际公司和宇宙公司等，是指以母国为基地，通过对外直接投资，在两个或更多的国家建立子公司或分支机构，从事生产和经营活动的国际化企业。

跨国公司的迅速发展和膨胀是当今国际经济发展的典型特征，是全球经济一体化在企业组织形式上的微观表现，其重要性在于它在日益深刻的意义上打破了国家的经济疆界，而从另一种与国家不同意义上作为世界经济活动的主体而存在。它已成为国际产业转移、国际投资和国际贸易的主要承担者。

据我国商务部统计，2005年全球6.1万家跨国公司，占据全球跨国直接投资的90%、全球贸易总量的65%、全球技术交易总量的80%和全球高新技术的95%以上。但是，跨国公司的地区与行业分布很不平衡。美国《财富》杂志2020年8月公布的世界500强企业中，中国大陆企业超过了美国，上榜企业数量位列第一。

中国企业联合会、中国企业家协会于2020年9月发布了"2020中国100大跨国公司及跨国指数"，中国石油天然气集团有限公司、中国石油化工集团有限公司、中国海洋石油集团有限公司、华为投资控股有限公司、联想控股股份有限公司、腾讯控股有限公司、中国兵器工业集团有限公司、浙江吉利控股集团有限公司、中国交通建设集团公司、复星国际有限公司位列前10位，民营企业已占到了一半。

8.2.2 跨国公司的特征

与其他企业相比，跨国公司有以下特征。

1. 经营规模庞大

跨国公司的全年销售额超过国际商品贸易的一半以上，国际技术贸易和国际服务贸易的3/4是跨国公司和跨国公司之间进行的。跨国公司具有雄厚的经济实力，拥有在全世界配置资源和开拓市场的优势，因此今后还会有更大的发展。不仅发达国家会进一步发展跨国公司，而且一些发展中国家也会发展自己的跨国公司。

2. 实行全球战略

在国际分工不断深化的条件下，跨国公司凭借其雄厚的资金、技术、组织与管理等方面的力量，通过对外直接投资在海外设立子公司与分支机构，形成研究、生产与销售一体化的国际网络，并在母公司控制下从事跨国经营活动。跨国公司总部根据自己的全球战略目标，在全球范围内进行合理的分工，组织生产和销售，而遍及全球的各个子公司与分支机构都围绕着全球战略目标从事生产和经营。

3. 公司内部一体化经营

为实现全球战略目标，跨国公司实行全球一体化经营，对全球范围内各子公司与分支机构的生产安排、投资活动、资金调遣以及人事管理等重大活动拥有绝对的控制权，按照全球利益最大化的原则进行统一安排。

4. 经营策略灵活多样

跨国公司根据国际政治经济形势、东道国的具体情况及其对跨国公司的政策法规、自身的实力以及在竞争中的地位，采取灵活多样的经营策略安排，以便更好地满足东道国当地的实际情况，获得良好的经营效益，也有利于与东道国政府建立融洽的关系。

5. 技术创新能力较强

跨国公司是当代新技术的源泉，其实力主要体现在它们拥有雄厚的技术优势和强大的开发能力。跨国公司要在国际分工和国际竞争中保持领先，就必须不断地投入巨额资金，加强技术研究与开发，保持自己的技术优势。技术领先地位带来的丰厚市场回报，又激励着跨国公司不断进行技术创新，推动技术进步。

8.2.3 跨国公司的类型

按照不同的分析角度和划分标准,对跨国公司可以有不同的分类。

1. 按经营项目分类

按照跨国公司经营项目的性质,可以将跨国公司分为三种类型。

(1) 资源开发型跨国公司。资源开发型跨国公司以获得母国所短缺的各种资源和原材料为目的,对外直接投资主要涉及种植业、采矿业、石油业和铁路等领域。目前,资源开发型跨国公司仍集中于采矿业和石油开采业,如著名埃克森—美孚公司、英荷壳牌公司。

(2) 加工制造型跨国公司。加工制造型跨国公司主要从事机器设备制造和零配件中间产品的加工业务,以巩固和扩大市场份额为主要目的。这类公司以生产加工为主,进口大量投入品生产各种消费品供应东道国或附近市场或者对原材料进行加工后再出口。这类公司主要生产和经营诸如金属制品、钢材、机械及运输设备等产品,随着当地工业化程度的提高,公司经营逐步进入到资本货物部门和中间产品部门。加工制造型跨国公司是当代一种重要的公司形式,为大多数东道国所欢迎。美国通用汽车公司作为世界上最大的汽车制造公司,是制造业跨国公司的典型代表。

(3) 服务提供型跨国公司。服务提供型跨国公司主要是指向国际市场提供技术、管理、信息、咨询、法律服务以及营销技能等无形产品的公司。这类公司包括跨国银行、零售业巨头、保险公司、咨询公司、律师事务所以及注册会计师事务所等。20 世纪 80 年代以来,随着服务业的迅猛发展,服务业已逐渐成为当今最大的产业部门,服务提供型跨国公司也成为跨国公司的一种重要形式。

2. 按经营结构分类

按照跨国公司的产品种类和经营结构,可以将跨国公司分为以下三种类型。

(1) 横向型跨国公司,是指母公司和各分支机构从事同一种产品的生产和经营活动的公司。在公司内部,母公司和各分支机构之间在生产经营上专业化分工程度很低,生产制造工艺、过程和产品基本相同。横向型跨国公司地理分布区域广泛,通过在不同的国家和地区设立子公司与分支机构就地生产与销售,以克服东道国的贸易壁垒,巩固和拓展市场。

(2) 垂直型跨国公司,是指母公司和各分支机构之间实行纵向一体化专业分工的公司。垂直型跨国公司全球生产的专业化分工与协作程度高,各个生产经营环节紧密相扣,便于公司按照全球战略发挥各子公司的优势,有利于实现标准化、大规模生产,获得规模经济效益。

(3) 混合型跨国公司,是指母公司和各分支机构生产和经营互不关联产品的公司。混合型跨国公司加强了生产与资本的集中,规模经济效果明显;同时,跨行业非相关产品的多样化经营能有效地分散经营风险。

相关资讯 8-3　　　　　中国依然是跨国公司的首要目标

日益优化的营商环境、快速成长的中国市场,不断吸引跨国公司"安家落户"。根据联合国贸发会议数据,自 1992 年起,中国已连续 27 年成为吸收外资最多的发展中国家。2018 年中国实际利用外资 1 383 亿美元,稳居发展中国家首位。

"我们相信中国市场还远未达到饱和。从中长期来看,博世在中国仍具有巨大的发展空

任务 8 国际经济现象

间"。邓纳尔说,中国已经是全球汽车工业的核心:拥有 70 多个车厂,新车产量占全球的四分之一以上,并拥有数亿潜在客户。是全球最大的汽车市场。

韩国 OCI 集团会长白禹锡说,中国表示会持续扩大开放,这为韩国企业在华投资、延长产业链提供了机会。"尤其是中国加强知识产权保护力度,这会加快外国企业投资步伐,包括韩国的一些尖端产业可能也会进入中国市场"。

住友商事株式会社自 1979 年在北京开设事务所进入中国市场以来,目前已经开设了 12 家门店与 70 家集团公司,累计聘用超过 1.2 万名中国员工。住友商事株式会社会长中村邦晴说,中国在进一步放宽政策、开放市场的同时,制定了知识产权保护等方针,表明中国致力于商业环境的进一步改善。

"微软于 1992 年在北京开设了首家办事处,我们将继续向中国市场提供新的注资,支持中国经济成功地进行数字化转型"。微软公司资深副总裁、大中华区董事长兼首席执行官柯睿杰认为,中国的经济发展速度非常惊人,中国现在已经成为全球创新之源。

(徐冰,孙晓辉等. 跨国公司为何 40 年来坚持选择中国 [EB/OL]. 新华网,2019-10-19.)

8.2.4 跨国公司对国际贸易的影响

跨国公司凭借先进的技术、雄厚的资本、庞大的经营规模,促进了国际贸易和世界经济的增长,已成为当代国际经济、科学技术和国际贸易中最活跃最有影响力的力量。而这种力量随着跨国公司投资总体的呈上升趋势还会得到增强。

1. 跨国公司对发达国家对外贸易的影响

发达国家的产品能够通过对外直接投资的方式在东道国生产并销售,从而绕过了贸易壁垒,提高了其产品的竞争力。从原材料、能量的角度看,减少了发达国家对发展中国家的依赖,也使得发达国家的产品较顺利地进入和利用东道国的对外贸易渠道,并易于获得商业情报信息。

2. 跨国公司对发展中国家对外贸易的影响

(1) 跨国公司对外直接投资和私人信贷,补充了发展中国家进口资金的短缺。

(2) 跨国公司的资本流入,加速了发展中国家对外贸易商品结构的变化。发展中国家引进外国公司资本、技术和管理经验,大力发展出口加工工业,使某些工业部门实现了技术跳跃,促进了对外贸易商品结构的改变和国民经济的发展。

(3) 跨国公司的资本流入,促进了发展中国家工业化模式和与其相适应的贸易模式的形成和发展。

3. 跨国公司控制了重要制成品、原料和技术的贸易

跨国公司控制了许多重要的制成品和原料的贸易。跨国公司 40% 以上的销售总额和 49% 的国外销售集中在化学工业、机器制造、电子工业和运输设备等四个部门。特别是来自美国、日本、德国、英国等发达国家的跨国公司掌握了世界上 80% 左右的专利权,基本上垄断了国际技术贸易。

4. 跨国公司主导了国际贸易结构的调整

在全球化的今天,国际贸易主角从国家向跨国公司转变,国际贸易更多地反映跨国公司内部的全球资源配置与交换。在跨国公司的主导下,国际贸易结构变化主要体现出以下特点：(1) 服务贸易上升速度快于商品贸易；(2) 商品贸易中，高技术制成品比例上升较快；(3) 发达国家之间产业内贸易盛行。

相关资讯 8-4　　　　　　　跨国公司的内部贸易

跨国公司内部贸易是指一家跨国公司内部的产品、原材料、技术与服务在国际间流动，这主要表现为跨国公司的母公司与国外子公司之间，以及国外子公司之间在产品、技术和服务等方面的交易活动。跨国公司内部交易在交易方式和交易动机上，与正常的国际贸易交换大相径庭。公司内部交易的利益原则，即获利动机并不一定是以一次性交易为基础，而往往以综合交易为基础。交易价格不是由国际市场供需关系所决定的，而是由公司内部自定的。从这个意义上讲，跨国公司内部交易是公司内部经营管理的一种形式，是把世界市场通过企业跨国化的组织机构内部化了，可以说公司内部市场是一种理想的真正的国际一体化市场。

同步实训

实训目的：
加深学生对跨国公司实践意义的理解。

实训安排：
1. 收集跨国公司经营管理实例；
2. 讨论这些跨国公司活动对贸易的影响。

教师注意事项：
1. 由国际经济一般现象导入对跨国公司的认知；
2. 分组搜索资料，看看我国有哪些跨国公司；
3. 组织其他相应学习资源。

资源（时间）：
1 课时、参考书籍、案例、网页。

评价标准

表现要求	是否适用	已达要求	未达要求
小组活动中，外在表现（参与度、讨论发言积极程度）			
小组活动中，对概念的认识与把握的准确程度			
小组活动中，分工任务完成的成效与协作度			
小组活动中，作业或报告制作的完整与适用程度			

8.3　国际要素移动

任务提示： 认识国际要素移动，特别是从国际货物贸易的角度，认识国际要素移动的作用。在此基础上，能够在进出口市场、客户选择、商品价格制订等方面，考虑到要素移动的影响。

8.3.1 国际资本移动

国际资本移动是指资本从一国或地区跨越国界向别的国家或地区转移、进行生产和金融方面的投资活动。它是当代国际经济活动中极其重要的国际经济现象。

1. 国际资本移动的形式

（1）对外直接投资是一个国家的投资者输出生产资本直接到另一个国家的厂矿企业进行投资，并由投资者直接进行该厂矿企业的经营和管理。

对外直接投资主要有以下四种方式：①举办独资企业。②举办合资企业。③收买外国企业的股权达到一定比例。④投资所得利润的再投资。

（2）对外间接投资包括证券投资和借贷资本输出，其特点是投资者不直接参与这些企业的经营和管理。

证券投资是指投资者在国际证券市场上购买外国企业和政府的中长期债券，或在股票市场上购买上市的外国企业股票的一种投资活动。由于属于间接投资，证券投资者一般只能取得债券、股票的股息和红利，对投资企业并无经营和管理的直接控制权。

借贷资本输出是以贷款或出口信贷的形式把资本借给外国企业和政府。一般有以下方式：①政府援助贷款。②金融机构贷款。③金融市场贷款。④中长期出口信贷。

2. 国际资本移动对国际贸易的影响

由于资本的移动对生产的国际化和各国的专业化协作会产生深远的影响，导致国际分工发生变化。所以，资本移动对国际贸易各方面会产生影响。

（1）国际资本移动显著地扩大了国际贸易的规模。一方面，国际资本流动本身往往会直接或间接地带动商品的进出口，如对外直接投资会直接带动设备、技术及关键原料的出口，资本输出国实行的出口信贷措施把出口和信贷结合在一起，增强了资本输入国的进口能力，带动了资本输出国商品的出口；另一方面，资本输出国在减少了资本输出部门国内生产的同时，往往发展起新的效率更高的部门，而资本输入国也因资本输入而增强了生产能力、增加了收入。因此，双方的进出口能力最终都会因资本输出、输入而得到提高。

（2）国际资本移动影响了国际贸易的格局。一般来说，国际资本流动的方向，也就是国际贸易的主要方向。20世纪50年代中期以后，随着资本输出的主要部门由初级产品部门转向制造业和服务业部门，工业制成品贸易和服务贸易在国际贸易上的份额日益上升，初级产品的比重不断下降。

（3）国际资本移动推动了贸易方式的多样化。传统的国际贸易主要由专业性进出口公司来经营。随着跨国公司对外投资的迅速发展及其内部贸易的不断上升，跨国公司纷纷设立自己的贸易机构，经营进出口业务，使得贸易中间商、代理商的地位日益降低。此外，资金流动还产生了一系列新的贸易方式，如补偿贸易、加工贸易、国际租赁业务和国际分包等。

（4）国际资本移动推动了贸易自由化。资本流动促进了生产国际化程度的日益提高，而生产的国际化必然要求贸易的自由化。跨国公司通过对外直接投资实行全球化经营，在全球范围内调动资源，安排生产和销售，以获取投资收益最大化。

（5）国际资本移动促使各国贸易政策取向发生了变化。由于国际资本移动的加速发展，生产国际化日益扩大，跨国公司作为国际资本移动的载体起着重要的作用。跨国公司的经营活动与其所处的贸易环境不可分，有利于全球化经营。跨国公司倡导贸易自由化原则，同时，还影响本国政府的贸易政策，要求政府为其创造良好的自由贸易政策。所以，跨国公司及其代表的投资国不仅需要实现资本的自由移动，也更加需要实现商品的自由移动。

相关资讯 8-5　　　　　　　　　　热　钱

热钱又称游资，是投机性短期资金，只为追求高回报而在市场上迅速流动。热钱炒作的对象包括股票、黄金、其他贵金属、期货、货币、房产乃至农产品，如红豆、绿豆、大蒜。从2001~2010年，流入中国的热钱平均为每年250亿美元，相当于中国同期外汇储备的9%。热钱与正当投资的最大分别是热钱的根本目的在于投机盈利，而不是制造就业、商品或服务。

8.3.2　国际劳动力转移

1. 国际劳动力转移的含义及阶段

劳动力转移是指劳动力在空间上的位移。人类历史上发生过三次大规模的劳动力转移。

（1）15世纪新大陆发现到20世纪初第一次世界大战前。西方殖民主义者一方面将欧洲大量的破产农民、冒险家、异教徒招募到美洲去从事劳动；另一方面将从非洲掠夺到的黑奴劳动力贩卖到美洲。

（2）第一次世界大战前后至第二次世界大战期间。新兴的资本主义工业国工业突飞猛进，因而导致这些国家熟练工人和技术工人奇缺。而一些老牌资本主义国家出现大量的熟练工人和技术工人失业。因此，形成了资本主义国家的熟练工人和技术工人大转移。

（3）第二次世界大战结束以后至今。第二次世界大战结束至20世纪50年代，西欧、北欧成为吸纳国际劳动力的主要市场，南欧各国则成为主要输出国。据不完全统计，20世纪70年代，中东地区输入外籍工人总数在650万人以上。20世纪80年代以来，随着世界经济重心由大西洋两岸逐渐转移到太平洋两岸，亚太地区又成为世界上最重要的国际劳动力转移的地区。

2. 国际劳动力转移的原因

国际间劳动力的转移可能由经济因素引起，也可能由非经济因素引起。

（1）地区经济不平衡引起国际劳动力转移。富裕的国家经济发达，国内劳动力供给难以满足经济持续增长的劳动力需求，因此，必须从国外输入劳动来弥补国内劳动力的供求缺口。穷困的国家由于经济落后、欠发达或正处于发展中，其国内劳动力供给通常都超过甚至大大超过国内劳动力需求。因此，有必要向国外输出富余劳动力。

（2）世界产业结构大调整带动国际间劳动力转移。发达国家将一些传统产业或"夕阳产业"逐步向一些新兴的工业化国家和地区转移，而新兴工业化国家和地区又将自己的一些传统产业，逐渐向一些发展中国家转移。因此，移出传统产业的国家将会出现从事传统产业工作的劳动力过剩，而这方面过剩的劳动力有一部分经过培训后，可转移到国内其他产业工作，而另一部分就可能转移到移入产业的国外相同产业工作。

（3）世界经济一体化、区域化为国际间劳动力的转移提供了条件。在典型的、程度较高的经济一体化、区域化组织内部各成员间的商品，甚至劳动力、资本、技术均能够自由地流动，而对外实行统一的关税同盟。例如，欧洲统一大市场就是一种典型的、一体化程度最高的经济组织。由于在经济一体化组织内部各成员间不仅商品能够自由流动，而且劳动力、资本、技术等生产要素同样能够自由移动。因此，世界经济一体化、区域化为国际间的劳动力转移提供了客观条件。

（4）跨国公司在国际间劳动力转移过程中起了重要作用。跨国公司实行全球经营战略。它在其他国家获得一块投资场所后，会将原先在国内生产的一部分工序，特别是消耗劳动力较多、污染重、利润率较低的生产工序迁往发展中国家。这样，就为迁入跨国公司生产工序的东道国提供了额外的就业机会。该工序的部分劳动力需求由国外、有该工序生产专长的劳动力来满足，另一部分由东道国的劳动力经过培训来满足，形成相对的国际劳动力转移。

同步实训

实训目的：
加深学生对国际要素移动实践意义的理解。

实训安排：
1. 收集我国近年引进外资的资料；
2. 讨论这些外国投资活动对我国贸易的影响（如以汽车业为例）。

教师注意事项：
1. 由国际经济一般现象导入对要素移动的认知；
2. 分组搜索资料，看看我国历年外资引进情况；
3. 组织其他相应学习资源。

资源（时间）：
1 课时、参考书籍、案例、网页。

评价标准

表现要求	是否适用	已达要求	未达要求
小组活动中，外在表现（参与度、讨论发言积极程度）			
小组活动中，对概念的认识与把握的准确程度			
小组活动中，分工任务完成的成效与协作度			
小组活动中，作业或报告制作的完整与适用程度			

小　　结

国际要素现象
- 经济一体化
  - 经济一体化形式
  - 经济一体化组织
- 跨国公司
  - 特征、分类
  - 对贸易的影响
- 国际要素移动
  - 国际要素移动的含义
  - 对贸易的影响

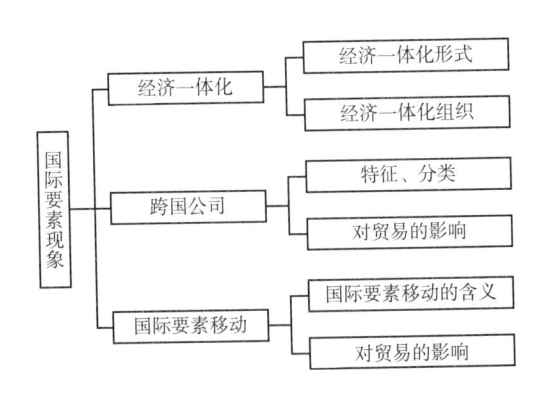

教学做一体化练习

重要概念

经济一体化　跨国公司

课堂讨论

1. 经济一体化的意义。
2. 经济一体化的阶段性。
3 跨国公司的内部贸易。
4. 跨国公司的技术垄断。
5. 资本移动与国际贸易。
6. 热钱的表现。

课后自测

选择题

1. 自由贸易区是（　　）。
A. 一种古老的一体化形式
B. 通常是指签订自由贸易协定的国家所组成的经济贸易集团，在成员之间废除关税与数量限制
C. 使区域内各成员的商品自由流动
D. 每个成员仍保持自己对非成员的贸易壁垒

2. 经济同盟（　　）。
A. 这种形式一体化程度很高
B. 实行经济同盟的国家不仅实现商品、生产要素的自由流动，建立共同对外的关税
C. 制定和执行统一对外的某些共同的经济政策和社会政策，逐步废除政策方面的差异
D. 从商品交换扩展到生产、分配乃至整个国民经济，形成一个有机的经济实体

3. 完全经济一体化（　　）。
A. 这是区域经济一体化的最高阶段
B. 域内各国在经济、金融、财政等方面均完全统一
C. 在成员之间完全取消商品、资本、劳动力、服务等自由流动的人为障碍
D. 在经济性质上已等同于一个国家

4. 早期的跨国公司有（　　）。
A. 东印度公司
B. 胜家缝纫机器公司
C. 威斯汀豪斯电气公司
D. 爱迪生电器公司

5. 跨国公司可以分为（　　）。
A 资源开发型
B. 加工制造型
C. 提供服务型
D. 研究型

6. 国际劳动力转移的原因包括（　　）。
A. 地区经济发展不平衡
B. 跨国公司推动
C. 全球经济一体化
D. 产业结构调整

7. 借贷资本输出一般有（　　）。
   A. 政府援助贷款
   B. 金融机构贷款
   C. 金融市场贷款
   D. 中长期出口信贷
8. 对外直接投资主要有（　　）。
   A. 举办独资企业
   B. 举办合资企业
   C. 收买外国企业的股权达到一定比例
   D. 投资所得利润的再投资

判断题

1. 欧盟是一个集政治实体和经济实体于一身、在世界上具有重要影响的区域一体化组织。（　　）
2. 北美自由贸易区是世界上第一个由最富裕的发达国家和发展中国家组成的经济一体化组织。（　　）
3. 领导人非正式会议是亚太经合组织最高级别的会议。（　　）
4. 跨国公司是当代新技术的源泉，其实力主要体现在它们拥有雄厚的技术优势和强大的开发能力。（　　）
5. 跨国公司可以不遵守东道国法律。（　　）
6. 混合型跨国公司是指母公司和各分支机构生产和经营关联产品的公司。（　　）
7. 国际资本移动不能扩大国际贸易的规模。（　　）
8. 国际间劳动力的转移可能由经济因素引起，也可能由非经济因素引起。（　　）

简答题

1. 我国加入了哪些一体化组织？
2. 经济一体化对国际贸易的影响？
3. 跨国公司的发展对国际贸易的影响？
4. 国际资本移动对国际贸易的影响？
5. 中国的著名跨国公司有哪些？
6. 什么是热钱？热钱是国际资本移动吗？

案例分析

从 11 名员工、20 万元人民币贷款起家，历经 10 余年时间，联想公司不仅享誉中国市场，而且还走出国门，成为一个年出口创汇超过 5 000 万美元、拥有 20 多个海外分公司、累计盈利近亿元的跨国横向经营计算机集团，这在计算机发展起步晚，相关产业落后的我国不能不算是一个奇迹。随着世界经济的逐渐一体化，企业走向国际市场已成为一种潮流。

联想公司是由中国科学院创办的科技开发企业，成立于 1984 年 11 月，主要从事计算机生产、维修、技术服务以及计算机软件开发。公司的跨国经营始于 1988 年，最初只是在香港设立了分部，到 1991 年，公司已发展成为一个全球性的跨国公司，除了包括北京联想和香港联想两大部外，还在美国的洛杉矶、费城，加拿大的多伦多，德国的柏林、德斯多夫，澳大利亚的悉尼，新加坡以及中国国内设有 24 个分公司，年度经营额达 10 亿元人民币，累计盈利超过 8 000 万元。联想公司的跨国经营之所以能取得如此成就，起决定作用的是其正确的跨国经营策略。

阅读以上材料，回答问题：

1. 结合资料，查找并归纳总结联想跨国经营发展阶段状况。
2. 联想跨国经营给中国企业走向世界提供了哪些启示？

拓展实训：国际经济现象

实训目的：

理解国际经济现象对国际贸易活动的影响。

实训安排：

1. 教师带领学生走访一些跨国企业；
2. 学生资助查找国际经济活动案例并分析。

教师注意事项：

1. 指导学生，认识所访跨国企业贸易状况；
2. 聘请业务人员讲解国际经济现象对其影响；
3. 组织其他相应学习资源。

资源（时间）：

1课时、参考书籍、案例、网页、实践基地企业。

评价标准

表现要求	是否适用	已达要求	未达要求
小组活动中的工作表现（参与度、讨论发言）			
整个认知活动过程的表现			
对整体职业学习活动的认识与把握			
学习活动过程中知识与经验的运用与反思			

课程思政园地

关键词： 投资便利　营商环境　双循环

2021年1月20日，中国商务部发布数据显示，2020年我国成功应对新冠肺炎疫情带来的严重冲击，在全球跨国直接投资大幅下降的背景下，全年实际使用外资逆势增长，实现了引资总量、增长幅度、全球占比"三提升"，圆满完成稳外资工作目标。全年利用外资呈现四个特点：

一是引资规模创历史新高。2020年，全国实际使用外资9 999.8亿元，同比增长6.2%（折合1 443.7亿美元，同比增长4.5%；不含银行、证券、保险领域，下同），规模再创历史新高。

二是引资结构进一步优化。服务业实际使用外资7 767.7亿元，增长13.9%，占比77.7%。高技术产业吸收外资增长11.4%，高技术服务业增长28.5%，其中研发与设计服务、科技成果转化服务、电子商务服务、信息服务分别增长78.8%、52.7%、15.1%和11.6%。

三是主要来源地保持稳定。对华投资前15位国家和地区，投资增长6.4%，占比98%，其中荷兰、英国分别增长47.6%、30.7%。东盟对华投资增长0.7%。

四是区域带动作用明显。东部地区吸收外资增长8.9%，占比88.4%，其中江苏、广东、上海、山东、浙江等主要引资省份分别增长5.1%、6.5%、6.6%、20.3%和18.3%。东北地区和中西部地区部分省份增长明显，辽宁、湖南、河北等省份分别增长13.7%、28.2%和35.5%。

(商务部网站)

问题：
1. 为什么我国能够吸引大量外资？
2. 跨国投资为什么会首选中国？

课程思政

学生自我总结

通过完成任务8国际经济现象，我能够作如下总结：

1. 主要知识

本任务涉及的主要知识点有：
（1）
（2）

2. 主要技能

本任务涉及的主要技能有：
（1）
（2）

3. 主要原理

国际经济现象出现的主要原因是：
（1）
（2）

4. 相关知识与技能

完成本任务中：
（1）经济一体化对国际贸易的影响有：
（2）跨国公司对国际贸易的影响有：
（3）要素移动对国际贸易的影响有：

5. 成果检验

完成本任务的成果：
（1）完成本任务的意义有：
（2）学到的经验有：
（3）自悟的经验有：
（4）你认为我国能够吸引外资的主要原因是：

任务 9 中国对外贸易

任务 9　中国对外贸易

📖 学习目标

1. 知识目标

能认识中国对外贸易发展历程；能认识中国对外贸易发展战略；能认识中国对外贸易管理。

2. 技能目标

能理解中国对外贸易发展特点；能理解中国对外贸易战略的实践意义；能认识中国对外贸易管理的变化。

3. 思政目标

理解对外贸易在我国经济发展中的作用；理解改革开放战略思想；理解"双循环"战略思想。

任务解析

根据国际贸易认知活动工作顺序和职业教育学习规律，中国对外贸易可以分解为以下子任务。

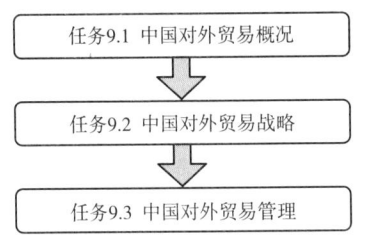

```
任务9.1 中国对外贸易概况
       ↓
任务9.2 中国对外贸易战略
       ↓
任务9.3 中国对外贸易管理
```

课前阅读

故事要从茶马古道讲起。"茶马古道"是唐宋至民国时期，云南、四川与西藏之间的古代贸易通道，由于是用川滇茶叶与西藏的马匹交易，以马帮运输，故称"茶马古道"。"茶马古道"连接川滇藏，延伸入不丹、尼泊尔、印度境内，直抵西亚、西非红海岸。它南起云南茶叶主产区思茅、普洱，中间经过今天的大理和丽江、香格里拉进入西藏，直达拉萨。有的还从西藏转口印度、尼泊尔，是古代中国与南亚地区一条重要的贸易通道。抗日战争中，当沿海沦陷和滇缅公路被日寇截断之后，"茶马古道"成为中国当时唯一的陆路对外贸易通道。

茶马古道的形成，首先是茶叶生产和对外贸易的大力发展，宋代西南的四川、云南地区茶叶产量巨大，西南地区又与西藏为邻，茶是藏族"不可一日无"的生活必需品，为茶马贸易的顺利开展奠定了可靠的物质基础。同时，茶马古道的行程，并不仅仅是茶叶运输和贸易的需求。茶是商品，但在某个特定历史时期，它的政治属性远远超过商品属性，在我国宋代，由于国家加强战备，渴求战马，积极开展茶马贸易，成为边陲要政。宋代把茶叶和战争捆在一起，茶马贸易坚定不移地贯彻实施。

茶马古道异常艰险，其作用不仅仅是茶叶运输与贸易，通过茶叶的对外贸易，更是藏传佛教在茶马古道上的广泛传播，还进一步促进了各兄弟民族经济文化交流，发展了经济。与此同时，沿途地区的艺术、宗教、风俗文化、意识形态也得到空前的繁荣和发展。

问题：
1. 茶马古道是指什么？
2. 我国今天的对外贸易与茶马古道时代有什么不同？

9.1 中国对外贸易概况

任务提示： 认识我国对外贸易发展阶段以及表现出的特点。在此基础上，能够在进出口市场、客户选择、商品价格制定等方面，考虑到我国对外贸易大环境的影响。

9.1.1 中国对外贸易的发展

经历了多个发展阶段，对外贸易成为中国经济最为活跃、增长最快的部分之一，中国也成为跻身世界前列的贸易大国。

1. 新中国成立初期至 1978 年的对外贸易

这一时期，我国的经济体制还在实行配给制，采用计划经济制度。外贸局限于互通有无，调剂余缺，农副及矿产资源型产品构成了出口商品的主流，贸易关系受制于外交政策和国家关系的变化，对外贸易主要被看作社会扩大再生产的补充手段。新中国成立初期，中国出口商品以农副产品等初级产品为主，约占出口总额的 80%，反映出中国当时的经济结构和生产水平。随着国内工业的迅速发展，出口商品结构也发生较大变化，轻纺产品成为主要出口商品，重工业产品出口比重呈上升趋势。但直到 1978 年，初级产品出口占出口总额的比重仍高达 53.5%。进口商品结构方面，旧中国以进口消费品、奢侈品为主的状况得以改变，生产资料在进口中占据了主要地位，每年占总进口的 80% 左右。[①] 按照"自力更生为主，争取外援为辅"的经济建设方针，这一阶段中国在利用国外资金为本国经济建设服务方面也进行了一些尝试和实践。

2. 1978 年至 1990 年的对外贸易

这一时期，国家对外贸的重视程度空前提高，外贸体制改革和外商直接投资极大地促进了外贸发展。1978～1991 年，进出口总额由 206.4 亿美元增长到 1 356.3 亿美元，其中出口由 97.5 亿美元增长到 718.4 亿美元，进口由 108.9 亿美元增长到 637.9 亿美元，年均增速分别达到 16.6% 和 14.6%。[②]

为吸引资金、技术、设备，拓展国际市场渠道，创造外汇收入，同时增加就业机会，

---

① 对外贸易之 1949～1978 年计划经济体制下的互通有无，凤凰网财经版。
② 对外贸易之 1979～1991 年改革开放初期的尝试，凤凰网财经版。

任务 9 中国对外贸易

1979年，国务院批准在沿海地区开展加工贸易。在当时历史条件下，加工贸易使中国成功地承接了国际劳动密集型产业的转移，带动了国内工业发展，促进了出口商品结构的优化升级，实现了外贸出口由初级产品、资源型产品为主向以工业制成品为主的转变。1986年，工业制成品取代初级产品成为中国主要出口商品，实现了出口结构的一次根本性转变。1991年，工业制成品占出口总额的比重上升到77%。市场日益多元化，日本、中国香港、美国、欧共体成为中国最主要的出口市场和贸易伙伴，而与俄罗斯和东欧国家的贸易份额则大幅下降。

3. 1992～2001年的对外贸易

1992年10月，中国共产党十四大确立社会主义市场经济改革目标后，对外贸易从"互通有无、调剂余缺"转为市场经济条件下，充分利用国际国内两个市场、两种资源，积极参与国际分工，积极参与国际竞争与国际经济合作，发挥比较优势。国家陆续提出了市场多元化、"大经贸""引进来"和"走出去"相结合、以质取胜、科技兴贸、积极参与区域经济合作和多边贸易体系等战略思想。

由此，中国对外贸易进入快速发展阶段，贸易规模持续扩大。1999年实现11.3%的增长，2000年更达到了27.8%的高速增长，其中出口增长31.5%。1995年，机电产品出口超过纺织产品，成为出口最大类产品，实现了出口商品结构的又一次重大转变。2001年，外商投资企业进出口占中国外贸总额的比重首次超过50%，达到50.8%。1993年，加工贸易出口额达到442.3亿美元，首次超过一般贸易，1995～2007年，加工贸易出口所占比重一直在50%以上，成为中国货物出口最主要的贸易方式。1992～2001年，中国货物进出口总额由1 655.3亿美元上升到5 095.6亿美元，增长了2.1倍，在全球贸易中的地位上升到第6位。

货物贸易快速发展的同时，随着中国申请恢复GATT地位谈判的深入，中国对服务市场开放作出初步承诺，由此推动了服务贸易的发展。1992～2001年，服务贸易进出口总额由182.4亿美元扩大到726.1亿美元，增长了3倍。由于国内服务业发展水平与发达国家差距大、竞争力低，其间除1994年呈现少量顺差外，其余年份服务贸易均为逆差，且逆差呈逐年扩大趋势。[①]

4. 2001年以后的对外贸易

以2001年11月中国加入WTO为里程碑，中国对外贸易进入又一个新的阶段。中国加入WTO以来，切实履行承诺，积极参与多边贸易体制下的经贸合作，大力实施自由贸易区战略，推进贸易自由化和便利化；基本建立起了与市场经济要求相适应的、符合国际惯例与规则的外贸政策与体制，建立和完善贸易救济制度，维护公平贸易；建立和完善对外贸易的促进与服务体系，规范对外贸易秩序。政策体系的完善，促进了对外贸易又好又快发展。

2001年以来，中国货物进口总额扩大了约5倍，年均增长约20%，中国迅速扩张的进口已成为世界经济增长的重要推动力，为贸易伙伴扩大出口创造了巨大市场空间。中国已经是日本、韩国、东盟、巴西、南非等国家第一大出口市场，是欧盟的第二大出口市场，是美国和印度的第三大出口市场。中国工业化、城镇化正在快速推进，内需持续增长，不断扩大

---

① 对外贸易之1992～2001年市场经济的转型与发展，凤凰网财经版。

和开放的市场将为贸易伙伴提供越来越多的发展机会。

2001~2010 年，中国服务贸易总额（不含政府服务）从 719 亿美元增加到 3 624 亿美元，增长了 4 倍多。中国服务贸易出口在世界服务贸易出口中的比重从 2.4% 提高到 4.6%，2010 年达 1 702 亿美元，从世界第 12 位上升到第 4 位；服务贸易进口比重从 2.6% 提高到 5.5%，2010 年达 1 922 亿美元，从世界第 10 位上升到第 3 位。据世界贸易组织统计数据，2013 年，中国超越美国成为货物贸易第一大国，进出口总额比美国高出 2 500 亿美元。[①]

2020 年，我国全年进出口总值 32.16 万亿元，同比增长 1.9%。其中，出口 17.93 万亿元，增长 4%；进口 14.23 万亿元，下降 0.7%。进口、出口规模均创历史新高。12 月当月进出口 3.2 万亿元，也创下单月最高水平。据世贸组织最新数据，2020 年前 3 季度，我国出口增速高于全球 9.6 个百分点，国际市场份额大幅跃升，货物贸易第一大国地位更加巩固。[②]

可以说，随着时代的发展和技术的进步，中国对外贸易额度不断加大，将世界市场作为未来发展的主攻市场，在扩大内需的同时扩大海外市场，增大海外市场的市场占有率。不仅仅局限于加工贸易等，而是不断推出自有品牌，将中国品牌推广世界。

9.1.2　中国对外贸易的特点

改革开放 30 多年来，对外贸易是我国发展对外经贸关系的重要基础，利用外资是我国深化对外经贸关系的重要纽带。我国对外贸易的重要伙伴国也是我国利用外资的主要来源地。

1. 全方位和多元化进出口市场已经形成

加入 WTO 后，我国经济增长的巨大潜能通过对外贸易和吸引投资得到充分显现，迅速崛起为世界贸易大国、利用外资大国和对外投资大国，对全球经济贸易增长起到重要的引擎作用。现在，我国是世界第一大出口国、第二大进口国、利用外资最多的国家之一，2010 年是世界第五大投资国。目前，我国与全世界 231 个国家或地区建立了经贸关系，利用外资的来源国或地区超过 190 个。

我国的对外开放是全方位的开放，对外贸易分布具有全方位特点。20 世纪 90 年代初开始，我国在拓展、深化和发展与欧洲、北美、日本等发达国家和地区传统外贸市场的同时，不断开辟新市场，与其他国家和地区的贸易迅速发展，初步形成了市场多元化格局。从我国对各大洲的出口情况看，2001 年亚洲占 53%，北美洲占 21.7%，欧洲占 18.5%，大洋洲、拉丁美洲和非洲分别占 1.5%、3.●% 和 2.3%。

加入 WTO 以来，欧盟、美国和日本三大经济体是我国重要的货物贸易伙伴。我国与新兴市场和发展中国家的贸易增长强劲，显示了巨大的发展潜力。2010 年，我国的前十大贸易伙伴分别为欧盟、美国、日本、东盟、中国香港、韩国、中国台湾、澳大利亚、巴西和印度，与这 10 个国家和地区的贸易额占我国对外贸易总额的 75.7%。从我国对各大洲的出口

---

① 对外贸易之 2002 年以来全方位多层次的对外开放，凤凰网财经版。
② 商务部网站。

任务9 中国对外贸易

情况看，2010年亚洲占46.4%，北美洲占19.4%，欧洲占22.5%，大洋洲、拉丁美洲和非洲分别占2.1%、5.8%和3.8%。2020年，我国贸易伙伴更趋多元，前五大贸易伙伴依次为东盟、欧盟、美国、日本和韩国，对上述贸易伙伴进出口额分别为4.74万亿、4.5万亿、4.06万亿、2.2万亿和1.97万亿元，分别增长7%、5.3%、8.8%、1.2%和0.7%。此外，我国对"一带一路"沿线国家进出口9.37万亿元，增长1%。①

2. 与发达国家的贸易持续稳定增长

欧盟、美国和日本是我国的传统市场。欧盟对我国的主要出口商品是工业制成品，其中技术领先的机械、电子产品、运输车辆、成套设备、核心零部件和精密元器件等在我国市场颇具竞争力。欧盟目前成为我国第一大贸易伙伴和第一大技术来源地。我国与美国贸易有着坚实的发展基础。我国出口的丰富多样的消费品适应了美国各阶层消费者的喜好，同时我国不断扩大自美国的电子、航空、生物、医药、农产品以及服务贸易进口，以满足自身需要。美国目前是我国第二大贸易伙伴，是我国高新技术和吸收外资的主要来源国。我国与日本贸易具有地缘相近的有利条件。中日贸易促进了两国产业的持续合作和进步，带动了东亚区域经济分工与合作的深入发展。此外，我国与其他发达国家，如加拿大、瑞士、新西兰等的贸易及投资合作均保持良好发展势头。

3. 与新兴市场和发展中国家贸易快速增长

2010年中国与东盟自由贸易协议全面实施，90%的商品实现零关税，各自有特色和竞争力的商品更加自由地进入对方市场，适应了双方的市场需求，有力地推动了相互贸易的迅速增长。我国与韩国贸易保持持续稳定增长，两国相互投资和经济合作领域十分宽广，2010年与韩国的贸易占我国货物贸易总额的比重提高到7%。近年来，我国与其他"金砖国家"（巴西、俄罗斯、印度和南非）的贸易快速增长，带动了各自优势产业的强劲发展，显示了新兴经济体市场间具有广阔的发展前景。我国与其他发展中国家贸易均以较快速度增长，与西亚和中东国家的贸易源远流长，与拉美国家经济贸易合作领域不断拓宽，与非洲国家的贸易充分发挥了双方资源条件和经济结构的互补性，促进了各自的发展。2005~2010年，与东盟货物贸易占我国货物贸易总额的比重由9.2%提高到9.8%，与其他"金砖国家"货物贸易所占比重由4.9%提高到6.9%，与拉丁美洲和非洲货物贸易所占比重分别由3.5%和2.8%提高到6.2%和4.3%。自2011年4月起，东盟超过了日本成为我国的第三大贸易伙伴。2020年前三季度，东盟成为我国最大的对外贸易伙伴，进出口增长7.7%，占比达到了14.6%。②

4. 与香港、澳门、台湾地区的经贸往来日益密切

中国大陆、香港、澳门、台湾均是WTO成员。加入WTO以来，内地与港澳台地区的经贸合作不断加强。2003年，内地与香港、澳门特区政府分别签署了内地与香港、澳门《关于建立更紧密经贸关系的安排》（CEPA），其后又陆续签订七个补充协议。CEPA的实施加强了内地与港澳地区的经贸关系与合作，内地与港澳地区的经贸交流结出丰硕果实。2001~2010年，内地与港澳地区的进出口贸易总额从569亿美元增加到2 300亿美元，年均增长40%。2010年，与香港地区货物贸易占我国货物贸易总额的7.8%，香港地区为内地第五大贸易伙伴、第三大出口市场。2020年1~12月，大陆与台湾贸易额为2 608.1亿

---

①② 商务部网站。

175

美元，同比增长 14.3%。其中，大陆对台出口 601.4 亿美元，同比增长 9.1%；自台进口 2 006.6 亿美元，同比增长 16.0%；大陆对台贸易逆差 1 405.2 亿美元。台湾是大陆第八大贸易伙伴和第三大进口来源地。大陆是台湾最大的贸易伙伴和贸易顺差来源地。[①]

5. 区域经济合作与多边体制建设效果显著

我国在 WTO 框架下积极参加双边、区域经贸合作。我国实施了自由贸易区战略，大力推进自由贸易区建设。目前，我国与东盟、巴基斯坦、智利、新西兰、新加坡、秘鲁、哥斯达黎加等地区和国家建立了自由贸易关系。正在进行的自由贸易协定谈判 5 个。我国倡议建立东亚自由贸易区。同时，我国深入参与亚太经合组织（APEC）、东盟与中日韩（10 + 3）、东亚峰会、上海合作组织、中非合作论坛等区域和次区域经济合作机制。

加入 WTO 后，我国切实履行承诺，遵守 WTO 规则，在国外赢得了信誉，在国内推动了改革。作为 WTO 成员，我国全面参与 WTO 各项事务和活动，不断加强与 WTO 秘书处和其他成员的联系与沟通，增强了参与 WTO 事务的深度和力度，提高了参与 WTO 事务的能力，逐渐成为规则制定的参与者和推动者，成为世界贸易体系中的一个重要国家。

同步实训

实训目的：
加深学生对我国对外贸易发展历史的认知。

实训安排：
1. 查找资料，收集我国对外贸易不同发展阶段的主要出口商品；
2. 对比、讨论这些商品的时代特征。

教师注意事项：
1. 由我国经济发展历史导入对对外贸易发展历史的认知；
2. 分组搜索资料，查找我国对外贸易的规模、地位以及影响力；
3. 组织其他相应学习资源。

资源（时间）：
1 课时、参考书籍、案例、网页。

评价标准

表现要求	是否适用	已达要求	未达要求
小组活动中，外在表现（参与度、讨论发言积极程度）			
小组活动中，对概念的认识与把握的准确程度			
小组活动中，分工任务完成的成效与协作度			
小组活动中，作业或报告制作的完整与适用程度			

---

① 商务部网站。

9.2 中国对外贸易战略

任务提示：认识我国对外贸易发展阶段以及表现出的特点。在此基础上，能够在进出口市场、客户选择、商品价格制定等方面，考虑到我国对外贸易大环境的影响。

中国改革开放以来对外贸易的发展取得的巨大成就，是中国实行对外开放政策的结果，是成功实施对外贸易发展战略的结果。对外贸易已逐渐从国民经济的"调剂余缺"的辅助地位，上升到重要的战略地位。国家对对外贸易的战略规划，在把握国际经济和技术进步发展趋势的基础上，重视发挥我国的比较优势，营建我国的竞争优势，对我国对外贸易的快速发展和结构升级，起到了不可替代的作用。

9.2.1 出口商品战略

重要概念 9-1　　　　　　　　　出口商品战略

出口商品战略是我国根据本国在一定时期内比较优势与竞争优势的状况，对出口商品构成所作出的战略性安排。一国的出口商品结构不仅受国际经济环境的影响，也受国内经济发展水平、产业结构和发展政策的制约。

我国经过改革开放以来的经济发展，产业结构和出口商品结构都有较大的提升，特别是高科技产业发展迅速、产品出口快速增长。但是，21世纪初期，我国出口商品结构总体上尚未实现第二个转变，即由粗加工制成品出口为主向精加工制成品为主的转变，出口产品中低技术、低附加值产品仍占主导地位。因此，我国提出要继续贯彻以质取胜战略，重视科技兴贸，优化出口商品结构，不断提高出口商品的技术含量和附加值，增加高新技术产品和高附加值产品出口。

《中华人民共和国国民经济和社会发展第十三个五年规划纲要》提出，适应国际市场需求变化，加快转变外贸发展方式，优化贸易结构，发挥出口对增长的促进作用。加快培育以技术、标准、品牌、质量、服务为核心的对外经济新优势，推动高端装备出口，提高出口产品科技含量和附加值。扩大服务出口，健全售后保养维修等服务体系，促进在岸、离岸服务外包协调发展。加大对中小微企业出口支持力度。

9.2.2 "以质取胜"战略

实施"以质取胜"战略，必须正确认识并处理好质量和数量、效益和速度、内在质量与外观质量、样品质量和批量质量，以及质量和档次等方面的关系，把出口商品本身的质量同国际市场的需要有机结合起来。"以质取胜"战略包括三个方面的内容。

1. 提高出口商品的质量和信誉

通过提高出口商品生产者和外贸企业经营者对商品质量和信誉的认识，加强对生产过程、产品品质以及包装储运的质量管理，加大对我国出口商品质量的监督检查和执法力度，提高我国出口商品的质量和信誉。

2. 优化出口商品结构

《质量振兴纲要（1996—2010）》提出"经过5~15年的努力，从根本上提高我国主要产业的整体素质和企业的质量管理水平，使我国的产品质量、工程质量和服务质量跃上一个新台阶"，强调"必须加快两个根本性转变"。实施"以质取胜"战略，要提高出口的总体结构水平，加大高附加值、高技术含量产品及大型成套设备的出口比重；提高传统出口商品的质量、档次和水平，以适应不断变化的国际市场需求。

3. 创名牌出口商品

名牌出口商品的多少，反映一个国家的综合实力、经济竞争能力和科技发展水平。创立名牌，也是提高产品附加值的有效途径。实施"以质取胜"战略，要加快培育和创立在国际市场上有影响和竞争力的系列化名牌出口商品。

9.2.3 科技兴贸战略

科技兴贸战略是以提高我国出口产业和产品的国际竞争力、加强体制创新和技术创新、提高我国高新技术产业国际化水平为基本指导思想，以"有限目标、突出重点、面向市场、发挥优势"为发展思路，进一步转变政府职能，通过面向国际市场的科研开发、技术改造、市场开拓、社会化服务等部署，提高企业出口竞争力和自主创新能力，加快出口商品结构的战略性调整，实现我国由贸易大国向贸易强国的跨越。

科技兴贸是以市场为导向，以企业为主体，以创新为动力的贸易发展战略，政府的作用主要体现在提供服务保障方面：建立较为完善的政策、法律、知识产权保护和出口促进服务体系；为高新技术产品和传统出口产品的优势领域形成高新技术研究、开发与应用提供有力支撑，提高高新技术产品出口持续发展能力和传统出口产品的技术含量和附加值，取得全球市场的战略性突破。

科技兴贸战略主要包括两个方面的内容：

（1）大力推动高新技术产品出口，在我国优势领域培育一批国际竞争力强、附加值高、出口规模较大的高新技术出口产品和企业。

（2）运用高新技术成果改造传统出口产业，提高传统出口产品的技术含量和附加值。选择出口额最大的机电产品和纺织品作为高新技术改造传统产业重点，初步完成我国出口商品结构由以低附加值、低技术含量产品为主向以高新技术产品为主的转变。

9.2.4 出口市场多元化战略

扩大出口规模、优化出口结构，必须有市场拓展作保证。任何市场的容量都是有限的，市场的分散和多元化成为市场扩展的主要方面。我国从"七五"计划提出实施出口市场多元化战略，并于"八五"计划正式启动出口市场多元化战略。

出口市场多元化战略是根据国际政治经济条件的变化，有重点、有计划地调整出口市场结构，在巩固传统市场的基础上努力开拓新市场，改变出口市场过于集中的状况，逐步建立起出口市场多元化的总体格局。

出口市场多元化的重点是：深度开发发达国家传统出口市场；稳定和扩大东南亚市场；开拓非洲、拉美发展中国家市场；积极扩大独联体、东欧国家市场。

9.2.5 "一带一路"贸易

"一带一路"（B&R）是"丝绸之路经济带"和"21世纪海上丝绸之路"的简称，2013年9月和10月由中国国家主席习近平分别提出建设"新丝绸之路经济带"和"21世纪海上丝绸之路"的合作倡议。依靠中国与有关国家既有的双多边机制，借助既有的、行之有效的区域合作平台，借用古代丝绸之路的历史符号，高举和平发展的旗帜，积极发展与沿线国家的经济合作伙伴关系，共同打造政治互信、经济融合、文化包容的利益共同体、命运共同体和责任共同体。

2015年3月28日，国家发展改革委、外交部、商务部联合发布了《推动共建丝绸之路经济带和21世纪海上丝绸之路的愿景与行动》。2015年，中国企业共对"一带一路"相关的49个国家进行了直接投资，投资额同比增长18.2%。2015年，中国承接"一带一路"相关国家服务外包合同金额178.3亿美元，执行金额121.5亿美元，同比分别增长42.6%和23.45%。到2020年11月底，中欧班列累计开行32 000列。

截至2020年11月，中国已经与138个国家、31个国际组织签署201份共建"一带一路"合作文件。[①]

9.2.6 进口商品战略

> **重要概念9-2　　　　　　　　进口商品战略**
>
> 进口商品战略是指一国根据国内生产、消费的需要，对一定时期进口商品的构成所作的战略性规划。进口商品战略是以国民经济的发展目标为依据的。

我国"十五"至"十三五"对进口商品结构进行了规划。

1. "十五"计划时期进口商品结构规划

"十五"计划时期，进口商品结构规划强调增加国内急需的关键技术设备和重要资源的进口，弥补国内资源的不足，促进产业结构和技术水平的升级。进口商品结构的重点是：引进先进技术和关键设备；保证重要资源和加工贸易物资的进口；按照我国对国际社会承诺的市场开放进程和国内市场的需求，扩大消费品进口。

2. "十一五"计划时期进口商品结构规划

"十一五"期间，进口商品结构规划鼓励进口先进技术设备和国内短缺资源，完善大宗

---

① 商务部网站。

商品进出口协调机制。继续发展加工贸易，着重提高产业层次和加工深度，增强国内配套能力，促进国内产业升级。大力发展服务贸易，不断提高层次和水平。完善公平贸易政策，健全外贸运行监控体系，增强处置贸易争端能力，维护企业合法权益和国家利益。积极参与多边贸易谈判，推动区域和双边经济合作，促进全球贸易和投资自由化便利化。

3. "十二五"规划时期进口商品结构规划

"十二五"时期，是我国由贸易大国向贸易强国迈进的关键时期，也是转变外贸发展方式的攻坚时期，国民经济和社会发展对外贸发展提出更高要求，外贸发展面临新的挑战和机遇。我们遇到的挑战主要包括，全球经济增速放缓，有关国家贸易保护主义抬头，主要货币汇率和大宗商品价格波动较大，我国与不同类型国家的竞争加剧；国内的经营成本全面上升，外贸结构调整难度加大，外贸企业创新能力与发达国家企业差距明显。同时我们也面临一些发展机遇，一是经济全球化仍将深入发展，全球贸易量继续放大，产业内国际贸易进一步增长，低碳经济带来新的商机；二是国内的出口产业综合优势依然存在，不断涌现新的外贸增长点，中西部和沿边地区外贸增长势头强劲。总体而言，"十二五"仍是我国外贸发展的重要战略机遇期，同时面临的形势更加严峻复杂，保持平稳发展的难度增大。

2012年4月，商务部印发了《对外贸易发展"十二五"规划》，提出外贸发展的主要任务包括六个方面（共计17项）：稳定外贸增长、调整贸易结构（出口产业和商品结构、经营主体结构、贸易方式结构）、促进贸易平衡、优化空间布局（国际市场布局、国内区域布局）、推进基地和平台及网络建设（转型升级基地、国际商务平台、国际营销网络）、推动"走出去"带动贸易。"十二五"时期，进出口总额年均增长10%左右，到2015年达到约4.8万亿美元；机电产品进出口总额年均增长10%左右，到2015年达到约2.5万亿美元。[1]

4. "十三五"规划时期进口商品结构规划

2017年1月，商务部印发了《对外贸易发展"十三五"规划》，鼓励先进技术设备和关键零部件进口。完善进口贴息政策，及时调整《鼓励进口技术和产品目录》，加大进口信贷支持力度，扩大先进技术、关键设备及零部件等进口，鼓励企业引进消化吸收再创新，促进国内产业结构调整和优化升级，提高国际竞争能力；稳定资源性产品进口。完善深化大宗商品进口体制改革，鼓励能源资源商品贸易持续稳定增长，保障国内市场供应；合理增加一般消费品进口。

同步实训

实训目的：
加深学生对我国对外贸易发展战略的认知。
实训安排：
1. 查找资料，收集我国对外贸易不同发展阶段的主要政策方向；
2. 对比、讨论这些政策的时代特征。
教师注意事项：
1. 由我国经济发展历史导入对对外贸易发展政策变化的认知；

---

[1] 商务部网站。

2. 分组搜索资料，查找我国对外贸易政策的变迁；
3. 组织其他相应学习资源。

资源（时间）：
1课时、参考书籍、案例、网页。

评价标准

表现要求	是否适用	已达要求	未达要求
小组活动中，外在表现（参与度、讨论发言积极程度）			
小组活动中，对概念的认识与把握的准确程度			
小组活动中，分工任务完成的成效与协作度			
小组活动中，作业或报告制作的完整与适用程度			

9.3 中国对外贸易管理

任务提示：认识我国对外贸易管理。在此基础上，能够在进出口市场、客户选择、商品价格制定等方面，考虑到我国对外贸易管理措施的影响。

9.3.1 中国对外贸易立法

中国对外贸易立法大致经历了四个阶段。

1. 第一阶段：1949～1977年

1950～1956年先后颁布了《对外贸易管理暂行条例》等30多项法律法规，涉及进出口、海关、商检、外汇、仲裁等各个方面，初步形成了新中国的对外贸易法律体系。1957～1977年，由于国家外贸计划和行政命令对控制外贸活动起着主导作用，并行使了带有法律性质的职能，再加上"文革"10年对外贸管理制度的冲击和破坏，使我国外贸立法受到严重影响，法律手段在外贸管理中的作用被大大削弱。

2. 第二阶段：1978～1991年

1978～1991年颁布的主要外贸法律法规有《涉外经济合同法》《海关法》《进出口商品检验法》《技术引进合同管理条例》《进口货物许可制度暂行条例》《出口货物原产地规则》《一般商品进口配额管理暂行办法》等。

3. 第三阶段：1992～2000年

1992～2000年，国家先后制定和颁布的外经贸法律、法规共700多项，包括《对外贸易法》《合同法》《公司法》《票据法》《仲裁法》《海商法》《进口商品经营管理暂行办法》《出口商品管理暂行办法》《反倾销和反补贴条例》《技术引进和设备管理规定》《外资金融机构管理条例》等。初步建立了符合社会主义市场经济要求的立法体系，法律法规实体和程序规范更加符合市场经济的一般规律,更加注意与国际经济条约、规则和惯例相衔接。随着外贸立法的不断完善,外贸宏观调控正从行政直接控制为主转向运用经济和法律手段调节为主的轨道。

4. 第四阶段:2001 年至今

中国在《中华人民共和国加入议定书》中承诺:"将通过修改现行法规和制定新法的方式,全面履行世贸组织协定的义务"。因此,中国针对外贸法制建设制定了详细的废、改、立计划,并确定了各项计划完成的具体时间表。

中国根据世贸组织的要求,在法制统一、非歧视和公开透明的原则下,对与世贸组织规则和中国对外承诺不一致的法律、行政法规、部门规章和其他政策措施进行了全面清理。在此基础上,抓紧进行法律、行政法规和规章的修改和制定工作。进一步提高外经贸立法的透明度。

《中华人民共和国对外贸易法》(以下简称"外贸法")于 1994 年 5 月 12 日第八届全国人民代表大会常务委员会第七次会议审议通过,并于 1994 年 7 月 1 日正式实施。2001 年 12 月 31 日国务院制定发布了《货物进出口管理条例》(以下简称"条例")。条例是外贸法关于货物进出口规定的实施细则。条例共八章 77 条。此外,分别修订了《商检法》《海关法》《外汇管理条例》《技术进出口管理条例》等。

9.3.2 中国对外贸易经营管理

1. 对外贸易经营者管理

中国在加入世界贸易组织后,在外贸经营权管理上与国际规则接轨,取消对外贸易经营权的审批制,实行对外贸易经营依法登记制,对所有的经济实体提供进出口贸易权。外贸法规定,对外贸易经营者,是指依照本法规定从事对外贸易经营活动的法人和其他组织。

> **重要概念 9-3　　　　　　　　　对外贸易经营资格**
>
> 对外贸易经营资格是指我国企业对外洽谈并签订进出口贸易合同的资格。企业在从事对外贸易经营前,必须按照国家的有关规定,依法定程序经国家对外贸易经济主管部门核准,取得对外贸易经营资格,方可从事对外贸易经营活动。

对外贸易经营资格可分为:①外贸流通经营权,指经营各类商品和技术的进出口的权利,但国家限定公司经营或禁止进出口的商品及技术除外。②生产企业自营进出口权,指经营本企业自产产品的出口业务和本企业所需的机械设备、零配件、原辅材料的进口业务的权利,但国家限定公司经营或禁止进出口的商品及技术除外。

2. 对重要货物贸易经营者的管理

按照《货物进出口管理条例》的规定,我国对部分货物进出口实行国营贸易管理与指定经营管理。

(1)国营贸易管理。我国规定可以对部分货物的进出口实行国营贸易管理,将某些特别重要的商品的进出口经营权划归国家确定的国营贸易企业,只有被允许的国营贸易企业可以从事这部分商品的经营活动,其目的是维护国家的正常贸易秩序。

(2)指定经营管理。我国规定基于维护进出口经营秩序的需要,可以在一定期限内对部分货物实行指定经营管理。国家对进出口指定经营管理的货物实行目录管理，即对少数关系国计民生以及国际市场垄断性强、价格敏感的大宗原材料商品录入目录，由国务院外经贸主管部门指定的企业进行经营。

9.3.3 货物进出口管理

货物进出口管理是国家有关部门对进出境货物的实际管理。实行货物与技术自由进出口，是中国外贸法的基本原则之一。

1. 货物进出口管理分类

我国把货物进出口管理划分为禁止进出口货物、限制进出口货物、自由进出口货物、特殊进出口货物四类，分别进行管理。

（1）限制或者禁止进出口货物。国家基于下列原因，可以限制或者禁止有关货物的进口或者出口：①为维护国家安全、社会公共利益或者公共道德，需要限制或者禁止进口或者出口的；②为保护人的健康或者安全，保护动物、植物的生命或者健康，保护环境，需要限制或者禁止进口或者出口的；③为实施与黄金或者白银进出口有关的措施，需要限制或者禁止进口或者出口的；④国内供应短缺或者为有效保护可能用竭的自然资源，需要限制或者禁止出口的；⑤输往国家或者地区的市场容量有限，需要限制出口的；⑥出口经营秩序出现严重混乱，需要限制出口的；⑦为建立或者加快建立国内特定产业，需要限制进口的；⑧对任何形式的农业、牧业、渔业产品有必要限制进口的；⑨为保障国家国际金融地位和国际收支平衡，需要限制进口的；⑩依照法律、行政法规的规定，其他需要限制或者禁止进口或者出口的。

（2）自由进出口货物。主要包括：①自由进出口的货物由有进出口经营权的企业放开经营；②属于自由进出口的货物，进出口不受限制；③基于监测货物进出口情况的需要，对部分属于自由进出口的货物实行自动进口许可管理。

（3）特殊进出口货物。主要包括：①国家对与裂变、聚变物质或者衍生此类物质的物质有关的货物进出口，以及与武器、弹药或者其他军用物资有关的进出口，可以采取任何必要的措施，维护国家安全；②属于文物、野生动植物及其产品等货物，其他法律、行政法规有禁止进出口或者限制进出口规定的，依照有关法律、行政法规的规定进出口；③在战时或者为维护国际和平与安全，国家在货物进出口方面可以采取任何必要的措施。

2. 货物进出口管理的主要手段

我国通过进出口许可证、进出口配额等手段对货物进出口实施管理。

（1）进出口许可证管理。进出口货物许可证是国家管理货物出入境的法律凭证。

> **重要概念 9-4　　　　　　　进出口许可证管理**
>
> 进出口许可证管理是指国家限制进出口目录项下的商品进出口，必须从国家指定的机关领取进出口许可证，没有许可证一律不准进口或出口。

①进出口许可证管理体制。商务部是全国进出口许可证的归口管理部门，负责制定进出口许可证管理的规章制度，发布进出口许可证管理商品目录和分级发证目录，设计、印制有关进出口许可证书和印章，监督、检查进出口许可证管理办法的执行情况，处罚违规行为。

商务部授权配额许可证事务局、商务部驻各地特派员办事处和各省、自治区、直辖市及计划单列市外经贸委（厅、局）为进出口许可证发证机构，在许可证局的统一管理下，负责授权范围内的发证工作。

②进出口许可证的签发原则。实行分级管理原则；实行"一关一证""一批一证"管理。"一关一证"指进口许可证只能在一个海关报关；"一批一证"指进口许可证在有效期内一次报关使用。必须讲求时效性，进口许可证应当在进口管理部门批准文件规定的有效期内签发。凡符合要求的申请，发证机构应当自收到申请之日起3个工作日内发放进口许可证，特殊情况下最多不超过10个工作日。

进口许可证的有效期为1年，一般在当年有效，特殊情况需要跨年度使用时，有效期最长不得超过次年3月31日。出口许可证有效期为6个月中，逾期自行失效，海关不予放行。

③进出口许可证管理的商品范围。进口许可证管理的商品按管理方法分为进口配额许可证管理商品和进口许可证管理商品。按照商品的类别可分为机电产品进口配额管理的商品、重要工业品进口配额许可证管理的商品、重要农产品进口配额许可证管理的商品、国家有关部门审批的进口商品。

我国实行出口许可证管理的商品主要是关系国计民生，大宗的、资源性的，国际市场垄断的和某些特殊的出口货物和国际市场容量有限，有配额限制和竞争激烈、价格比较敏感的出口货物。出口许可证管理商品可分为出口配额许可证管理商品和出口许可证管理商品。根据管理方法的差别和配额分配方法的不同，出口许可证管理商品可分为实行出口配额许可证、出口配额招标、出口配额有偿使用、出口配额无偿招标和出口许可证管理的商品。

（2）进出口货物配额管理。

重要概念 9 – 5　　　　　　　进出口配额管理

进出口货物配额管理，是指国家在一定时期内对某些货物的进出口数量或金额直接加以限制的管理措施。我国目前实行的是配额与许可证结合使用的管理方式，即需要配额管理的货物必须申请许可证。

---

①进口货物配额管理。列入进口配额管理的商品主要有三种：一是国家需适量进口以调节国内市场供应，但过量进口会严重损害国内相关工业发展的进口产品；二是直接影响进口商品结构、产业结构调整的进口商品；三是危及国家外汇收支地位的进口商品。

进口配额管理部门应当在每年7月31日前公布下一年度进口配额总量。进口配额管理部门可以根据需要对年度配额总量进行调整，并在实施前21天予以公布。

我国进口配额管理主要包括机电产品配额管理、农产品的关税配额管理以及重要工业品进口配额管理、重要农产品进口配额管理。

②出口货物配额管理。我国规定对有数量限制的限制出口货物实行配额管理，包括主动配额管理和被动配额管理两类。

重要概念 9 – 6　　　　　　　主动配额管理

主动配额管理是指在输往国家或地区市场容量有限的情况下，国家对部分商品的出口，针对具体国家或地区主动实施的数量限制。

任务9　中国对外贸易

主动配额管理的商品具有以下主要特点：一是我国在国际市场或某一市场上占主导地位的重要出口商品；二是外国要求我国主动限制的出口商品；三是国外易进行市场干扰调查、反倾销立案的出口商品。

被动配额管理是指由于进口国对某种商品的进口实行数量限制，并通过政府间贸易协定谈判，要求出口国控制出口数量，出口国因而对这类出口商品进行数量限制。被动配额管理的商品主要包括两类，纺织品和其他商品。其中纺织品是最重要的被动配额管理商品。

同步实训

实训目的：

加深学生对我国对外贸易管理的认知。

实训安排：

1. 查找资料，收集我国对外贸易不同发展阶段的主要管理措施；
2. 对比、讨论这些管理措施的时代特征。

教师注意事项：

1. 由我国经济发展历史导入对对外贸易管理措施发展变化的认知；
2. 分组搜索资料，查找我国对外贸易管理的变迁；
3. 组织其他相应学习资源。

资源（时间）：

1课时、参考书籍、案例、网页。

评价标准

表现要求	是否适用	已达要求	未达要求
小组活动中，外在表现（参与度、讨论发言积极程度）			
小组活动中，对概念的认识与把握的准确程度			
小组活动中，分工任务完成的成效与协作度			
小组活动中，作业或报告制作的完整与适用程度			

小　　结

```
                          ┌── 对外贸易的发展
           ┌── 中国对外贸易概况 ──┤
           │                  └── 对外贸易的特点
           │
           │                  ┌── 出口商品战略
中国对外贸易 ──┤── 中国对外贸易战略 ──┤
           │                  └── 进口商品战略
           │
           │                  ┌── 对外贸易立法
           └── 中国对外贸易管理 ──┤
                              └── 对外贸易管理
```

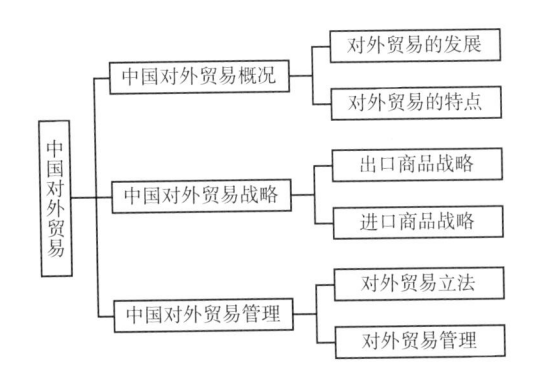

教学做一体化练习

重要概念

出口商品战略　进口商品战略　对外贸易经营资格　进出口许可证管理　进出口配额管理

课堂讨论

1. 新中国成立初期的对外贸易。
2. 加入世界贸易组织后的对外贸易。
3. 进口商品结构的变化。
4. 对外贸易立法的变化。
5. 你所了解的配额管理情形。

课后自测

选择题

1. 1979 年，国务院批准在沿海地区开展加工贸易，主要目的有（　　）。
   A. 为吸引资金、技术、设备　　　　　B. 拓展国际市场渠道
   C. 创造外汇收入　　　　　　　　　　D. 增加就业
2. 党的十四大后，我国对外贸易改革目标为（　　）。
   A. 充分利用国际国内两个市场、两种资源
   B. 积极参与国际分工
   C. 积极参与国际竞争与国际经济合作
   D. 发挥比较优势
3. （　　）是我国的传统市场。
   A. 欧盟　　　　　　B. 美国　　　　　　C. 日本　　　　　　D. 韩国
4. 实施"以质取胜"战略，必须正确认识并处理好（　　）等方面的关系。
   A. 质量和数量　　　　　　　　　　　B. 效益和速度
   C. 内在质量与外观质量　　　　　　　D. 样品质量和批量质量
   E. 质量和档次
5. 中国根据世贸组织的要求，在（　　）原则下，修订了对外贸易法。
   A. 法制统一　　　　B. 非歧视　　　　　C. 公开透明　　　　D. 不溯及既往
6. 我国把货物进出口管理划分为（　　）。
   A. 禁止进出口货物　　　　　　　　　B. 限制进出口货物
   C. 自由进出口货物　　　　　　　　　D. 特殊进出口货物

判断题

1. 1986 年，工业制成品取代初级产品成为中国主要出口商品，实现了出口结构的一次根本性转变。　　　　　　　　　　　　　　　　　　　　　　　　　　（　　）
2. 1995 年，机电产品出口超过纺织产品，成为出口最大类产品，实现了出口商品结构的又一次重大转变。　　　　　　　　　　　　　　　　　　　　　　（　　）
3. 我国的对外开放是全方位的开放，对外贸易分布具有全方位特点。　（　　）

任务9 中国对外贸易

4. 欧盟对我国的主要出口商品是初级产品。（　　）
5. 2010年中国与东盟自由贸易协议全面实施。（　　）
6. 名牌反映一个国家的综合实力、经济竞争能力和科技发展水平。（　　）
7. 我国对部分货物进出口实行国营贸易管理与指定经营管理。（　　）
8. "十五"计划时期进口商品结构规划强调增加国内急需的关键技术设备和重要资源的进口。（　　）

简答题
1. 简述我国对外贸易的发展历程。
2. 简述我国对外贸易的特点。
3. 经济特区与对外贸易的关系？
4. 海峡两岸经贸合作的成果如何？
5. "以质取胜"战略是怎样的？
6. "科技兴贸"战略的内容？
7. 出口市场多元化是指什么？

案例分析

2012年初，美国的一系列动作，凸显其国内对华贸易保护主义情绪明显升温。

1. 美国"防守"与"进攻"并举。在"防守"方面，设立跨部门贸易执法中心将强化对国内贸易法律的执行，调查中国产品对美出口是否存在不公正的竞争优势，是否对美国相关产业造成伤害等。同时，通过对中国产品接连发起"双反"调查，阻止有竞争力的中国产品进入美国市场。

在"进攻"方面，美国贸易代表罗恩·柯克近期多次表示，美国政府今后将帮助美国企业和产品打开他国市场，特别是美国具有竞争优势的农产品、机械产品和服务产品市场。而新成立的跨部门贸易执法中心的一项工作就是监视竞争对手在汇率政策、市场准入和知识产权保护等方面的情况，提高美国在推行市场开放方面的能力，为美国企业创造竞争和扩张机会。

2. 美国频频动用隐蔽性更强的"337调查"手段，以保护专利为名打压中国产品。涉案产品包括激光打印墨盒、照相手机、平板电脑、可调节能荧光灯等。据统计，2011年美国对中国企业发起的"337调查"多达16起（强制应诉）。

由于"337调查"不仅监督国际贸易，还管控美国国内的州际贸易，因此该调查表面上并不针对某个国家或地区，而作为一种事实上的技术壁垒，这种调查具有更强的隐蔽性。"337调查"的处罚比"双反"调查更为严厉，最坏的结果将是彻底丧失进入美国市场的资格。

3. 除自身发起的"双反"和"337调查"等单边贸易制裁行动，美国还联合其他发达国家利用世贸组织等多边平台对中国稀土等原材料出口管制施压，试图打着"尊重国际规则和程序"的旗号行贸易救济之实。

（中国贸易救济信息网，作者王宗凯等，http://www.cacs.gov.cn）

阅读以上材料，回答问题：
1. 查找资料，"337调查"是指什么？
2. 从对外贸易管理的角度看，中国政府该如何应对？

拓展实训：中国对外贸易

实训目的：
结合教材内容，收集资料并分析，初步较为全面认识我国对外贸易。

实训安排：
1. 教师设计对外贸易概况框架或了解某一外贸易业发展历史；
2. 引领学生查找相关资料并分析。

教师注意事项：
1. 指导学生，认识所访企业遇到的问题；
2. 聘请业务人员讲解应对措施；
3. 组织其他相应学习资源。

资源（时间）：
1课时、参考书籍、案例、网页、实践基地企业。

评价标准

表现要求	是否适用	已达要求	未达要求
小组活动中，外在表现（参与度、讨论发言积极程度）			
小组活动中，对概念的认识与把握的准确程度			
小组活动中，分工任务完成的成效与协作度			
小组活动中，作业或报告制作的完整与适用程度			

课程思政园地

70年来，我国已成全球贸易第一大国

关键词： 贸易大国　贸易成就

回顾中华人民共和国成立以来，外贸所走过的历程：从全球贸易体系中积贫积弱的一员，跃升为当今世界第一大货物贸易国，同时也完成了由经济全球化的参与者向贡献者的角色转变。

根据国家统计局的数据，1950年，国内货物进出口总额仅为11.3亿美元，而到了2018年，国内货物进出口总额已达到4.62万亿美元，增逾4 080倍，并且已经连续多年雄踞全球第一大货物贸易国的位置。

党的十八大以来，我国稳步推进贸易强国建设，着力优化营商环境，加快实施自由贸易区战略，积极促进"一带一路"国际合作，正以更加开放的心态、更加自信的步伐融入世界经济。

自新中国成立70年来，我国对外经贸作为连接国内经济和世界经济的纽带，已取得了辉煌的成就。

1. 货物贸易方面，进出口规模不断迈上新台阶

2018年我国货物进出口规模超过4.6万亿美元，以人民币计价首次突破30万亿元大关。

货物贸易大国地位不断稳固,2018年,我国货物进出口占全球份额为11.8%,其中外贸出口占12.8%,外贸进口占10.8%。

商品结构优化升级,2018年我国出口商品中高新技术产品所占比重为30.0%,较1999年提升17.3个百分点。外贸出口商品结构的优化有力地提升了货物贸易发展的质量和效益。

贸易方式创新发展,2018年,我国一般贸易进出口2.7万亿美元,占外贸进出口总额的57.8%,较2012年提升5.8个百分点。

贸易伙伴日益多元,市场布局更趋平衡。遍布全球的多元化贸易格局逐步形成,2018年,我国贸易伙伴数量由1978年的40多个发展到230多个。

2. 区域经贸合作持续推进,推动建设开放型世界经济

新中国成立以来,特别是改革开放以来,我国和世界各国积极发展经贸关系,合作的形式和内容不断深化,有力地促进了多双边关系稳定健康发展,实现了互利共赢。

"一带一路"建设取得丰硕成果。2018年,我国与"一带一路"沿线国家货物贸易进出口额8.4万亿元,同比增长13.3%,占比达27.4%;沿线国家对华直接投资60.8亿美元,增长11.9%;对沿线国家直接投资156亿美元,增长8.9%,占比为13.0%;在沿线国家对外承包工程完成营业额893亿美元,增长4.4%,占比为52.8%。

自贸区网络加快建设。据世贸组织统计,截至2018年10月份,全球实际生效的自贸协定或优惠贸易协定有284个,正在谈判过程中的有385个。截至2019年5月,我国已与25个经济体达成了17个自贸协定,未来也将继续积极推进实施自由贸易区战略,不断提升对外开放水平。

(国家统计局. 新中国成立70周年经济社会发展成就报告[R/OL]. 新华网,2019-08-27.)

问题:
1. 新中国成立以来,对外贸易取得哪些成就?
2. 我国在经济实力和全球贸易版图中的地位有何变化?

课程思政

学生自我总结

通过完成任务9中国对外贸易,我能够作如下总结:

1. 主要知识

本任务涉及的主要知识点有:
(1)
(2)

2. 主要技能

本任务涉及的主要技能有:
(1)
(2)

3. 主要原理

中国对外贸易主要发展过程是：
（1）
（2）

4. 相关知识与技能

完成本任务中：
（1）中国对外贸易的特点有：
（2）中国对外贸易发展战略有：
（3）中国对外贸易管理措施有：

5. 成果检验

完成本任务的成果：
（1）完成本任务的意义有：
（2）学到的经验有：
（3）自悟的经验有：
（4）你认为我国对外贸易经营管理变化的好处是：

任务 10 部分国家对外贸易

任务10　部分国家对外贸易

📖 **学习目标**

1. 知识目标

了解美国对外贸易概况；了解欧盟对外贸易概况；了解日本对外贸易概况。

2. 技能目标

能理解美国对外贸易管理；能理解欧盟对外贸易管理；能理解日本对外贸易管理。

3. 思政目标

理解人类命运共同体的意义；理解我国地缘政治策略的意义；体会打造全球供应链的意义。

任务解析

根据国际贸易认知活动工作顺序和职业教育学习规律，主要国家对外贸易可以分解为以下子任务。

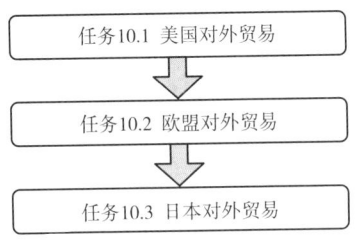

```
任务10.1  美国对外贸易
     ↓
任务10.2  欧盟对外贸易
     ↓
任务10.3  日本对外贸易
```

课前阅读

故事要从人类蒙昧时代讲起。话说人类尚处在以物易物的蒙昧时代，某甲制造了两柄犀利的斧头，某乙射死了两只肥壮的野羊，甲只需其中的一柄便足够自己砍伐树木，另一柄只是闲置；乙一时半会也吃不了两只羊，另一只放长了时间就会腐烂变质。于是，两人便自发地将多余的东西进行交换，尽管斧头还是斧头，野羊仍是野羊，他们的数量与质量并未发生任何变化，但是双方的境况却因为交换而得到了改善，因为双方都用自己多余的物质换回了对自己有用的财富。

这个故事告诉我们，平等自愿的交换使各种资源更加合理有效地得到分配，能使交换的双方增长财富。贸易是一种双边或多边的价值需求的交换过程，其核心是交换，要素是交换条件的科学性、合理性、便利性、公平性。贸易强国是指国家在世界贸易活动中从总数量上、产品与服务的科技含量上、质量上、产品品牌的知名度上，以及对世界经济增长的贡献上都占据前茅位置，会对世界经济发展产生重大影响的国家。

分析发达国家走过的路程，抓住战略机遇期，发挥优势，加快发展。中国加入WTO以来的对外贸易发展成就，可以发现，得益于贸易条件的改善、全球产业转移以及一定时期内劳动力成本的比较优势，中国迅速成长为全球第一出口大国和制造大国，积累了巨额外汇储备，并在全球价值链分工环节取得了相对稳定的收益。中国也被视为全球制造业高、中、低三个产业链均比较完整的少数国家之一。

问题：
1. 故事里所说平等交换是怎样的？
2. 我国充分利用了加入WTO的哪些机遇？

10.1 美国对外贸易

> **任务提示：** 认识美国对外贸易，特别是从国际贸易业务的角度，认识美国对外贸易概况。在此基础上，能够在进出口市场、客户选择、商品价格制订等方面，考虑到其政策的影响。

10.1.1 美国贸易概况

美国是世界上最大的服务贸易国和第二大商品贸易国，主要贸易伙伴为中国、加拿大、墨西哥、德国和日本等。

1. 主要进出口商品

美国主要出口商品为化工产品、机械、汽车、飞机、电子信息设备、武器、食品、药品、饮料等。主要进口商品是食品服装、电子器材、机械、钢材、纺织品、石油、天然橡胶以及锡、铬等金属。

2. 对外贸易规模

根据美国商务部公布的数据，2019年美国货物进出口额为41 435.8亿美元，比上年（下同）下降1.5%。其中，出口16 451.7亿美元，下降1.2%；进口24 984.0亿美元，下降1.7%。贸易逆差8 532.3亿美元，下降2.5%。整体来看，2019年美国仍是仅次于中国的全球第二大商品贸易国、第二大商品出口国、最大的商品进口国。此外，中国与美国的双边贸易额出现了下滑，从而使得中国下降为美国的第三大贸易伙伴国。[①]

10.1.2 中美经贸概况

2013年，中国货物进出口贸易总额首次突破4万亿美元这一历史性关口，高达4.16万亿美元，取代美国成为全球最大贸易国。2018年，中国货物进出口总额4.62万亿美元，增长12.6%，继续保持货物贸易第一大国的地位。

1. 双边贸易额

据中国海关统计，2019年，中美货物贸易额5 413.8亿美元，同比下降14.5%。其中，中国自美进口1 227.1亿美元，同比下降20.9%；对美出口4 186.7亿美元，同比下降12.5%。中方顺差2 959.6亿美元，同比下降8.5%。

[①] 商务部网站。

2019年，中美服务贸易额1265.4亿美元，同比增长1.0%。其中，中国自美进口834.7亿美元，同比下降4.0%；对美出口430.7亿美元，同比增长12.1%。中方逆差404亿美元，同比下降18.7%。[①]

2. 双边投资额

多年来，中美在投资领域进行了卓有成效的合作。2019年，中国实际使用美资金额26.9亿美元，同比下降0.1%。截至2019年底，美对华实际投入878.8亿美元。

2019年，中国企业在美直接投资38.1亿美元，同比下降49.1%。截至2019年底，中国企业在美累计直接投资778亿美元。[②]

3. 中美贸易摩擦

近年来，随着美国本土逆全球化思潮的涌现，中美贸易环境极度恶化。美国前总统特朗普上台以后，中美贸易摩擦已升级至贸易、科技、金融、外交、地缘政治、国际舆论、国际规则等全领域。在经贸领域，美对华加征关税规模不断扩大、税率不断提高，签署《美加墨自贸协定》设置"毒丸条款"针对中国。在国际组织与规则领域，美国不承认中国市场经济和发展中国家地位等，单方面施压WTO修改国际规则。

10.1.3 美国贸易管理

美国的对外贸易管理是其经济政策中的一个重要组成部分。从第二次世界大战结束到今天，美国对外贸易管理经历了多次变化。

（1）以立法形式强调单边协调管理，使外贸管理制度法律化。先后签署了《1984年关税与贸易法》《1988年综合贸易法》，主要目的在于扩大出口，限制进口，改善美国大量贸易逆差的状强，以及以单方面的政策手段来解决贸易争端或迫使对方开放市场。

（2）从加强国际多边合作转为更多地使用双边协调管理的方式。随着世界经济贸易区域集团化的加强，国际多边贸易体制的削弱，美国贸易政策的重心已由多边向双边转移，加强有针对性的双边贸易谈判，以解决贸易争端与冲突，同时寻求建立区域性贸易集团，以获取更大的贸易与经济利益。

（3）突出对知识产权的管理。美国是世界上最大的知识产权贸易国，《1988年综合贸易法》针对外国对美国知识产权存在的保护问题而制定了"特殊301条款"，授权美国贸易代表将对知识产权没有提供保护的国家认定为"重点国家"，并可自行根据该条款对上述国家的"不公正"贸易做法进行调查和采取报复措施。

同步实训

实训目的：

加深学生对美国对外贸易的了解。

实训安排：

1. 查找美国对外贸易发展历史，总结其政策变化趋势；
2. 讨论我国与美国贸易发展历史，分析美国外贸政策变化对我国的影响。

[①][②] 商务部网站。

教师注意事项：

1. 由一般贸易事例导入美国与中国贸易摩擦事例；
2. 分组搜索资料，查找我国出口遭遇美国限制的产品案例；
3. 组织其他相应学习资源。

资源（时间）：

1 课时、参考书籍、案例、网页。

评价标准			
表现要求	是否适用	已达要求	未达要求
小组活动中，外在表现（参与度、讨论发言积极程度）			
小组活动中，对概念的认识与把握的准确程度			
小组活动中，分工任务完成的成效与协作度			
小组活动中，作业或报告制作的完整与适用程度			

10.2 欧盟对外贸易

任务提示：认识欧盟对外贸易，特别是从国际贸易业务的角度，认识欧盟对外贸易概况。在此基础上，能够在进出口市场、客户选择、商品价格制定等方面，考虑到其政策的影响。

10.2.1 欧盟贸易概况

欧盟是当今世界上最发达的区域经济集团，同时又构成了我国出口贸易三个主要的区域市场之一欧洲市场的主体。

1. 贸易规模

据欧盟统计局统计，2018 年欧盟 27 国货物进出口总额为 46 666.6 亿美元，比上年（下同）增长 10.1%。其中，出口 23 248.5 亿美元，增长 8.8%；进口 23 418.1 亿美元，增长 11.4%。贸易逆差 169.6 亿美元，下降 148.0%。①

2. 贸易国别

分国别（地区）看，2018 年欧盟 27 国对美国、中国和瑞士的出口额分别为 4 728.2 亿美元、2 451.2 亿美元和 1 835.5 亿美元，增长 13.0%、10.8% 和 9.0%，占欧盟 27 国出口总额的 20.3%、10.5% 和 7.9%；欧盟 27 国自中国、美国、俄罗斯和瑞士的进口额为

---

① 商务部网站。

4 635.0亿美元、3 136.2亿美元、1 792.0亿美元和1 273.6亿美元，分别增长9.5%、9.0%、21.3%和2.1%，占欧盟27国进口总额的19.8%、13.4%、7.7%和5.4%。2018年欧盟27国的贸易逆差主要来源地是中国、俄罗斯、越南和挪威，逆差额分别为2 183.8亿美元、794.4亿美元、320.7亿美元和225.6亿美元。欧盟27国的贸易顺差主要来自美国和瑞士，2018年顺差额分别为1 592.1亿美元和562.0亿美元。①

3. 贸易商品

分商品看，机电产品、化工产品和运输设备是欧盟27国的主要出口商品，2018年这三类商品出口额为5 936.7亿美元、3 768.2亿美元和3 626.3亿美元，增长7.7%、12.7%和4.2%，占欧盟27国出口总额的25.5%、16.2%和15.6%。其中，机电产品主要出口至美国，占欧盟机电产品出口总额的20.2%。机电产品、矿产品和化工产品是欧盟27国前三大类进口商品，2018年进口额分别为5 689.5亿美元、5 193.2亿美元和1 963.3亿美元，增长10.6%、27.8%和9.1%。其中，机电产品主要自中国进口，占欧盟27国机电产品进口总额的41.2%。②

10.2.2　中欧双边贸易概况

据欧盟统计局统计，2018年欧盟27国与中国的双边货物贸易额为7086.3亿美元，增长10.0%。其中，欧盟27国对中国出口2 451.2亿美元，增长10.8%，占其出口总额的10.5%，提高了0.2个百分点；欧盟27国自中国进口4 635.0亿美元，增长9.5%，占其进口总额的19.8%，下降了0.4个百分点。欧盟27国对中国贸易逆差2 183.8亿美元，增长8.1%。③

1. 对中国出口商品

机电产品、运输设备和化工产品是欧盟27国对中国出口的主要产品，2018年，这三类产品出口额为750.5亿美元、560.0亿美元和262.3亿美元，分别增长8.7%、7.8%和14.1%，合计占欧盟27国对中国出口总额的64.2%。④

2. 从中国进口商品

欧盟27国自中国进口的商品主要为机电产品、纺织品及原料和家具、玩具等制品，2018年这三类商品进口额分别为2 343.5亿美元、440.1亿美元和401.8亿美元，增长10.7%、3.9%和2.2%，合计占欧盟27国自中国进口总额的68.7%。中国在欧盟27国多类商品进口来源地位列首位，包括机电产品、纺织品及原料、家具玩具杂项等制品、贱金属及制品、塑料橡胶、鞋靴伞等轻工产品、皮革制品和箱包，分别占欧盟27国同类产品进口市场份额的41.2%、32.4%、68.1%、20.1%、23.0%、46.3%和43.6%。⑤

10.2.3　欧盟对外贸易管理

在50多年的一体化进程中，欧盟逐步建立和完善了一系列共同政策。《欧共体条约》第133条是欧盟实施共同贸易政策的法律依据。欧盟的共同贸易政策主要分为进口贸易法规

---

①②③④⑤　商务部网站。

和出口贸易法规两大部分，法律文件主要采取规则、指令和决议的形式。

1. 关税同盟

欧盟实行共同关税政策，各成员执行统一的关税税率和管理制度。1987年，欧盟颁布了《关于关税和统计术语以及关于共同海关关税（EEC）的第2658/87号理事会规则》，建立欧盟统一关税税率，包含欧盟对外贸易适用的所有海关税率和共同体规则。该规则是欧盟在关税方面的基本法律。

2. 进口管理制度

欧盟的进口管理制度主要涉及共同进口原则、针对某些第三国实施的共同进口原则、配额管理的共同体程序、普惠制以及其他进口管理措施等方面。

（1）共同进口原则。1994年，欧盟颁布《关于对进口实施共同原则的第（EC）3285/94号理事会规则》，规范来自第三国除纺织品以外其他产品的进口。

（2）针对某些第三国实施的共同进口原则。1994年，欧盟颁布《关于对某些第三国实施共同进口原则的第（EC）519/94号理事会规则》，规范来自某些国营贸易国家除纺织品以外其他产品的进口，并规定了欧盟采取必要监管和保障措施的执行程序。

（3）配额管理的共同体程序。1994年，欧盟颁布《关于建立配额管理的共同体程序的第（EC）520/94号理事会规则》及其实施条例第（EC）738/94号欧委会规则，成为欧盟实行统一进口配额管理制度的法律依据，内容包括相关进口配额分配办法、进口许可证的管理原则以及管理过程中的行政决定程序等。

（4）普惠制。欧盟的普惠制每10年调整一次。2005年6月27日，欧盟颁布《关于适用普惠制的第（EC）980/2005号理事会规则》，新的普惠制方案将普惠类型由原来的5种安排简化为3种：一般普惠制安排、"加惠"安排和"除武器外所有商品"的安排。

3. 出口管理制度

欧盟出口管理制度主要涉及共同出口原则、出口信用保险、两用产品及技术出口、文化产品出口、酷刑器具贸易以及其他出口管理制度等方面。

（1）共同出口原则。1969年，欧盟颁布《关于实施共同出口原则的第（EC）2603/1969号理事会规则》，确立了欧盟对外自由出口的原则以及采取必要监控和保护措施的执行程序。该规则适用《欧共体条约》覆盖的所有工业和农业产品，并对建立共同农业市场的规则以及针对加工农产品的特别规则起补充规范作用。近年欧盟未对该规则做修改。

（2）出口信用保险。1998年，欧盟颁布《关于协调有关中长期出口信用保险主要条款的第98/29/EC号理事会指令》，统一了欧盟各成员有关中长期出口信用保险的构成、保险费率以及保险计划等原则和规定。2003年4月14日欧盟颁布第（EC）806/2003号理事会规则，对该指令进行了第一次修改。

（3）两用产品及技术出口。2007年9月18日，欧盟颁布《关于修改和更新〈关于建立两用产品及技术出口控制体系的第（EC）1334/2000号理事会规则〉的第1183/2007号理事会规则》。根据"瓦森纳安排""澳大利亚集团""导弹技术控制体系""核供应国集团"等国际组织对有关常规武器和两用产品及技术出口控制规则进行的调整，欧盟对第（EC）1334/2000号规则附件一和附件四所列两用产品和技术的清单进行了更新。该规则已于2007年11月21日起生效。

（4）文化产品出口。1992 年，欧盟颁布《关于文化产品出口的第（EEC）3911/1992 号理事会规则》，以确保文化产品的出口得到统一检查，并对出口到欧盟境外的文化产品实行强制许可证制度。欧盟于 2003 年 4 月对该规则作出了最新修定。

（5）其他出口管理措施。2007 年 5 月 30 日，欧盟颁布了《关于修改〈有关牛肉部门进出口许可证第（EC）1445/95 号规则〉的第（EC）586/2007 号欧委会规则》，规定未接受资助的出口不再受监控，出口许可证的要求也仅对申请资助的出口有效。欧盟成员每周一应向欧盟委员会通报上一周的许可证申请情况。

同步实训

实训目的：
加深学生对欧盟对外贸易的了解。

实训安排：
1. 查找欧盟对外贸易发展历史，总结其政策变化趋势；
2. 讨论我国与欧盟贸易发展历史，分析欧盟外贸政策变化对我国的影响。

教师注意事项：
1. 由一般贸易事例导入欧盟与中国贸易摩擦事例；
2. 分组搜索资料，查找我国出口遭遇欧盟限制的产品案例；
3. 组织其他相应学习资源。

资源（时间）：
1 课时、参考书籍、案例、网页。

评价标准

表现要求	是否适用	已达要求	未达要求
小组活动中，外在表现（参与度、讨论发言积极程度）			
小组活动中，对概念的认识与把握的准确程度			
小组活动中，分工任务完成的成效与协作度			
小组活动中，作业或报告制作的完整与适用程度			

10.3 日本对外贸易

> **任务提示**：认识日本对外贸易，特别是从国际贸易业务的角度，认识日本对外贸易概况。在此基础上，能够在进出口市场、客户选择、商品价格制定等方面，考虑到其政策的影响。

10.3.1 日本主要的贸易伙伴

日本主要的贸易伙伴有美国、东亚、东南亚、欧盟、沙特阿拉伯等，近年来与中国和亚洲地区的贸易额大幅增长，而对于各国的进出口长期维持顺差，尤其是中国取代美国成为日本最大出口伙伴。不过该趋势在2011年遭到改变，由于2011年福岛核电站泄漏事故，日本政府逐步停止核电，改为大量进口天然气发电，使得2011年日本外贸变为逆差。2012年日本进出口逆差日元兑美元计价扩大至874亿美元（世界贸易组织统计数据）。主要的进口物品以原材料为主，包括石油、铁矿石、半成品和食品等，出口货物为汽车、电子产品、家电、机械和工业用机器人等科技产品。

1. 贸易规模

据日本海关统计，2019年日本货物进出口额为14 262.7亿美元，比上年（下同）下降4.1%。其中，出口7 055.3亿美元，下降4.4%；进口7 207.4亿美元，下降3.7%。贸易逆差152.1亿美元。①

2. 贸易国别

分国别（地区）看，美国、中国和韩国是日本前三大出口贸易伙伴，2019年日本对三国出口1 398.0亿美元、1 346.9亿美元和462.5亿美元，分别下降0.2%、6.4%和11.9%，占日本出口总额的19.8%、19.1%和6.6%。日本进口排名靠前的国家依次是中国、美国和澳大利亚，2019年日本自三国进口1 692.2亿美元、790.8亿美元和454.5亿美元，分别下降2.5%、3.1%和0.6%，占日本进口总额的23.5%、11.0%和6.3%。2019年日本贸易逆差主要来源国是中国、澳大利亚和中东产油国。美国、中国香港和韩国是日本前三大贸易顺差来源地，2019年顺差额分别为607.2亿美元、315.6亿美元和166.4亿美元。②

3. 贸易商品

分商品看，机电产品、运输设备和化工产品是日本的主要出口商品，2019年出口额为2 400.5亿美元、1 678.4亿美元和615.5亿美元，机电产品、运输设备分别下降6.7%、2.8%，化工产品增长0.8%，占日本出口总额的34.0%、23.8%和8.7%。矿产品、机电产品和化工产品是日本的前三大类进口商品，2019年进口额为1 790.4亿美元、1 692.7亿美元和649.8亿美元，下降9.7%、2.7%和3.0%，占日本进口总额的24.8%、23.5%和9.0%。③

10.3.2 中日双边贸易概况

据日本海关统计，2019年日本与中国双边货物进出口额为3 039.1亿美元，下降4.3%。其中，日本对中国出口1 346.9亿美元，下降6.4%；自中国进口1 692.2亿美元，下降2.5%。日本与中国的贸易逆差345.3亿美元。④

1. 对中国出口商品

日本对中国出口的主要产品是机电产品、化工产品和运输设备，2019年出口额分别为548.8亿美元、168.9亿美元和138.2亿美元，其中机电产品出口下降11.5%，化工产品出

---

①②③④ 商务部网站。

口增长 2.3%，运输设备出口下降 0.7%，占日本对中国出口总额的 40.7%、12.5% 和 10.3%。①

2. 从中国进口商品

日本自中国进口的主要商品为机电产品、纺织品及原料和家具、玩具、杂项制品，2019 年进口额为 781.1 亿美元、206.7 亿美元和 105.1 亿美元，分别下降 1.0%、5.5% 和 2.3%，占日本自中国进口总额的 46.2%、12.2% 和 6.2%。在日本市场上，中国的劳动密集型产品依然占有较大优势，如纺织品及原料、鞋靴伞和箱包等轻工产品，这些产品在日本进口市场的占有率均在 60% 左右，在这些产品上，中国的主要竞争对手来自亚洲国家及地区（如越南、泰国、中国台湾）以及意大利、美国等国家。②

3. 中日经贸关系变化

20 世纪 90 年代以来特别是进入 21 世纪以来，在中国经济迅速崛起而日本经济日渐消沉的过程中，中日两国的国际经济地位和国际贸易地位都发生了截然相反的变化。

（1）中国在日本对外贸易中的地位迅速提高。日本对华贸易增长速度大大超过日本对外贸易，2001 年，中国是日本第四大贸易对象，2002 年，日本从中国进口一举超过从美国的进口，中国首次成为日本第一大进口来源地。2004 年，日本向中国出口超过向东盟出口，中国首次成为日本第三大出口对象。2007 年，日中贸易首次超过日美贸易，中国首次成为日本第一大贸易对象。

（2）日本在中国对外贸易中的地位趋于下降。尽管中日贸易在 21 世纪出现了新发展，但在中国对外贸易发展更为迅速的情况下，日本在中国对外贸易中的地位却趋于下降。1993～2003 年，日本曾连续 11 年保持中国最大贸易伙伴的地位。2003 年，日本是中国第四大出口对象，日本是中国第一大进口来源地。2010 年，日本退居中国第三大贸易伙伴，日本仍是中国第四大出口对象。2011 年，日本退居中国第四大贸易伙伴，仍然是中国第四大出口对象，继续保持中国第一大进口来源地的地位。2015 年，中日贸易额跌至 2 700 亿美元，时隔 5 年重新回到 3 000 亿美元之下，2018 年仍维持在这一水平，与 2008 年时的规模大致相当。③

10.3.3 日本对外贸易管理

1. 日本对外贸易立法

日本有关对外贸易的法律体系包括作为基本法的《外汇及对外贸易管理法》和具体涉及对外贸易管理的《进出口交易法》，促进对外贸易发展的《贸易保险法》《日本贸易振兴会法》等。

2. 日本对外贸易管理机构

日本政府的贸易管理组织主要包括日本贸易会议、通产省、大藏省、日本银行、日本进出口银行、经济企划厅、公正交易委员会等。

3. 日本对外贸易管理

（1）进口贸易管理。进口贸易管理范围包括实行进口配额的商品；来自指定原产地或启运地的指定商品；以特殊结算方式进口的商品；按规定须事前确认的商品，主要有蚕茧、丝

---

①②③　商务部网站。

织品等 15 种。此外，日本的关税法规定了五种禁止进口的货物，包括毒品、手枪、假币、违反公共安全和道德的书籍及其他商品；侵犯专利权和其他知识产权权利的商品。

（2）出口贸易管理。根据《外汇及外贸管理法》第 48 条的规定，下列出口需要获得经济产业大臣的许可：向特定地区出口特定货物；用特定贸易方式的出口；采用特殊结算方式的出口。

4. 日本关税制度

日本的关税表包括三种不同系列的税率：法定税率（包括普通和临时税率）、WTO 约束税率和普惠制优惠税率。临时税率通常用来代替较高的普通税率，而且这种临时税率的应用几乎是没有期限的；根据最惠国待遇的要求，除非普惠制优惠税率适用，法定和约束税率的低者适用于 WTO 成员；在临时或者普通税率高于 WTO 约束税率的场合，适用后者。

5. 普惠制

日本通过普惠制单方面给予来自某些发展中国家的产品以优惠的市场准入条件。但是，日本的普惠制并不是绝对的。在普惠制下，日本对某些商品规定了免责条款，对另外一些商品则规定了最高进口限额。

6. 贸易救济措施：反倾销和反补贴

日本在 1980 年对它的反倾销条款做了全面修正，以便与关税总协定反倾销守则保持一致。日本在以下情况下要采取反倾销措施：倾销商品已经进口；倾销商品的进口危害了国内有关产业或已经形成了损害威胁；确实存在着保护国内有关产业的必要。

反倾销行为由内阁行政命令实施；在实施之前须由日本大藏省与有关的国内产业及通产省共同进行反倾销调查，并向海关署报告。

反补贴行动的条件：日本进口了得到生产补贴或者出口补贴的外国商品；这类进口商品对日本生产相同或者类似商品的产业造成了损害或损害威胁；客观上有必要采取行动来保护国内有关产业。

反补贴行为由内阁行政命令实施；在实施之前须由日本大藏省与有关产业部门及通产省共同进行反倾销调查，并向海关署报告。日本所采取的反补贴措施是按等于或低于经调查核实的补贴额加征反补贴税。

7. 日本的贸易促进措施

日本的贸易促进措施主要包括两个方面：出口保险制度；贸易振兴会制度。

同步实训

实训目的：
加深学生对日本对外贸易的了解。

实训安排：
1. 查找日本对外贸易发展历史，总结其政策变化趋势；
2. 讨论我国与日本贸易发展历史，分析日本外贸政策变化对我国的影响。

教师注意事项：
1. 由一般贸易事例导入日本与中国贸易摩擦事例；
2. 分组搜索资料，查找我国出口遭遇日本限制的产品案例；
3. 组织其他相应学习资源。

任务 10　部分国家对外贸易

资源（时间）：

1 课时、参考书籍、案例、网页。

评价标准

表现要求	是否适用	已达要求	未达要求
小组活动中，外在表现（参与度、讨论发言积极程度）			
小组活动中，对概念的认识与把握的准确程度			
小组活动中，分工任务完成的成效与协作度			
小组活动中，作业或报告制作的完整与适用程度			

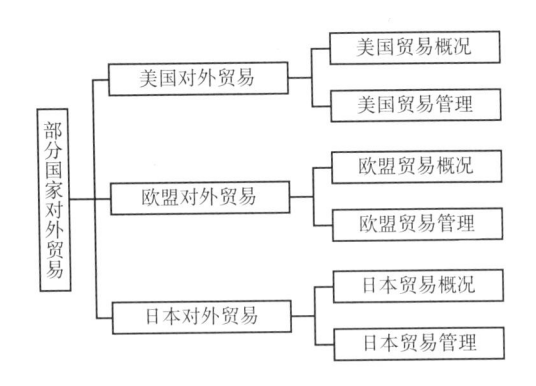

小　　结

```
                    ┌─ 美国对外贸易 ─┬─ 美国贸易概况
                    │                └─ 美国贸易管理
部分国家对外贸易 ───┼─ 欧盟对外贸易 ─┬─ 欧盟贸易概况
                    │                └─ 欧盟贸易管理
                    └─ 日本对外贸易 ─┬─ 日本贸易概况
                                     └─ 日本贸易管理
```

教学做一体化练习

课堂讨论

1. 美国对外贸易特点。
2. 欧盟对外贸易特点。
3. 日本对外贸易特点。
4. 中日贸易地位的变化。

课后自测

选择题

1. 美国是世界上最大的商品和服务贸易国，主要贸易伙伴有（　　）。
   A. 加拿大　　　　　B. 日本　　　　　C. 中国　　　　　D. 欧盟
   E. 墨西哥

2. 欧盟的共同贸易政策主要分为（　　）。
   A. 进口贸易法规　　　　　　　　　　B. 出口贸易法规
   C. 国别法规　　　　　　　　　　　　D. 歧视性法规

3. 欧盟的进口管理制度主要涉及（　　）。

203

A. 共同进口原则
B. 针对某些第三国实施的共同进口原则
C. 配额管理的共同体程序
D. 普惠制以及其他进口管理措施等方面

4. 2012 年，分国别（地区）看，（　　）是日本前三大出口贸易伙伴。
A. 中国、美国和韩国　　　　　　　　B. 美国、中国和欧盟
C. 美国、中国和韩国　　　　　　　　D. 美国、欧盟和中国

5. 日本的贸易促进措施主要包括（　　）。
A. 出口保险制度　　　　　　　　　　B. 贸易振兴会的制度
C. 外贸促进制度　　　　　　　　　　D. 外贸改善制度

6. 日本所采取的反补贴措施是按（　　）经调查核实的补贴额加征反补贴税。
A. 等于或低于　　B. 等于　　C. 低于　　D. 高于

判断题

1. 2013 年中美经贸关系保持稳定发展势头，美国还是中国最大的出口市场。（　　）
2. 2013 年，在美国经济复苏迟缓以及大选背景下，涉华经贸摩擦和矛盾增多。（　　）
3. 随着世界经济贸易区域集团化的加强，国际多边贸易体制的削弱，美国加强了有针对性的双边贸易谈判。（　　）
4. 美国"国家出口战略"，目的是限制企业的对外竞争能力。（　　）
5. 新兴市场是美国政府遴选出将导致未来世界进口量以压倒之势增长的十大潜在市场。（　　）
6. 欧盟的普惠制每十年调整一次。（　　）
7. 日本在中国对外贸易中的地位趋于下降。（　　）
8. 日本反倾销行为在实施之前须由大藏省与有关的国内产业及通产省共同进行反倾销调查，并向海关署报告。（　　）

简答题

1. 2013 年美国对外贸易概况？
2. 2013 年欧盟对外贸易概况？
3. 美国贸易管理制度的内容？
4. 美国国家出口战略的内容？
5. 中日经贸关系正经历着哪些变化？

案例分析题

长城汽车四款产品正式通过了"欧盟整车型式认证"（WVTA 认证），达到欧盟整车标准，这是自主品牌汽车首次获此殊荣。业内人士认为，长城顺利通过此项认证，将为国内其他自主品牌厂家进军国际成熟汽车市场提供有益借鉴。

"为了取得这个认证，我们做了两年多的准备，"长城汽车副总经理兼宣传部长商玉贵说。由于是第一个吃螃蟹的人，长城公司为取得这项认证进行了充分的准备，其"海外国际贸易部"中细分出了研究欧盟法规的"欧盟部"，"技术研究院"也成立了专门进行技术攻关与认证的"认证部"，并且根据需要调整了公司的供应商与供应链。

商玉贵认为，获得"欧盟整车型式认证"的最大意义，在于证明了长城汽车是产品开

发、制造控制、供应商管理等诸多方面，均达到了世界最为严格的要求。

对长城汽车来说，欧盟市场仍处于开发阶段，难以成为主要出口市场。但是"欧盟整车型式认证"得到了世界多个国家的认可，长城汽车由此提升了国际形象，不但可以顺利进军北美等其他成熟汽车市场，还可以提升在俄罗斯、南非等国家的市场份额。

从 2009 年 4 月 1 日开始，欧盟整车认证取代了欧盟各成员的国内整车型式认证，所有出口至欧洲的汽车必须获得该认证才能在欧盟国家无限制自由销售。本次长城汽车取得的"欧盟整车型式认证"包括了欧盟法规、企业生产一致性、质量控制体系和汽车回收报废等多方面的综合认证体系，共包括 48 项测试项目。据长城方面介绍，这是一个复杂而严格的过程，对汽车排放水平、安全性能及环保方面均设定很高的标准。

在成功取得该项认证后，长城公司下阶段计划于 2010 年在一些国家进行上市批量销售，首先会在中东欧一些国家有选择性地进行销售并举行上市推广活动。在采访中商玉贵告诉记者，目前的首要任务是寻找合作经销商。

未来长城还面临着 E-NCAP 碰撞测试等考验。知名汽车分析师贾新光认为，欧盟属于竞争充分的市场，加上国家总数超过 20 个，市场情况错综复杂。长城汽车要顺利打开市场有一定的难度。未来车厂应该深入研究当地消费者需求，并且加强售后服务网络建设。

今年受全球金融危机以及贸易保护等因素影响，自主品牌在海外市场销量下滑。今年无法完成原定 7 万辆的销售目标。

为了开拓北美、欧盟等成熟汽车市场，奇瑞、吉利、上汽等自主品牌厂家还与 VCA（英国车辆认证局）建立了紧密的联系，希望能够在其帮助下获得欧盟整车型式认证。以往陆风、华晨等品牌在德国全德汽车俱乐部进行的安全碰撞测试中失利，客观上增加了中国汽车进入欧盟市场的难度。

此次长城汽车顺利通过这一认证，不仅为其他企业顺利通过国外各种技术认证积累了宝贵的借鉴经验，也有助于改变发达汽车市场对中国产品的认识。

(轶名. 长城叩开欧盟关 利于开拓海外市场 [N]. 云南信息报, 2009-09-14.)

阅读以上材料，回答问题：
1. 长城叩开欧盟市场大门，给中国汽车业带来什么样的影响？
2. 中国汽车企业还应该做哪些努力？

拓展实训：主要国家对外贸易

实训目的：
了解主要经济体对外贸易状况。

实训安排：
1. 教师提供主要国家对外贸易资料；
2. 引领学生做横向比较。

教师注意事项：
1. 指导学生，查找主要经济体对外贸易发展概况；
2. 聘请业务人员讲解贸易摩擦情形；
3. 组织其他相应学习资源。

资源（时间）：
1课时、参考书籍、案例、网页、实践基地企业。

评价标准

表现要求	是否适用	已达要求	未达要求
小组活动中，外在表现（参与度、讨论发言积极程度）			
小组活动中，对概念的认识与把握的准确程度			
小组活动中，分工任务完成的成效与协作度			
小组活动中，作业或报告制作的完整与适用程度			

课程思政园地

关键词： 自由化　便利化　合作共赢

2020年7月14日，海关总署新闻发言人、统计分析司司长李魁文在国新办发布会上表示，今年上半年，我国与东盟进出口总值2.09万亿元，同比增长5.6%，占我国外贸总值的14.7%，其中出口1.15万亿元，增长3.4%；进口9 385.7亿元，增长8.5%。今年上半年东盟取代了欧盟，成为我国第一大贸易伙伴。

上半年与东盟进出口增长有以下几个主要原因：

一是电子制造产业联系紧密，带动相关产品进出口大幅增长。作为全球电子制造产业链的一部分，我国与越南、马来西亚、新加坡等东盟国家产业联系密切，相关产品如集成电路等进出口规模不断攀升。今年上半年，我国自东盟进口集成电路2 268.1亿元，增长23.8%，占自东盟进口总值的24.2%，对东盟出口集成电路896.8亿元，增长29.1%，占对东盟出口总值的7.8%。集成电路进出口贸易活跃，拉动我国与东盟贸易增长3.2个百分点。

二是对越南、马来西亚、泰国进出口稳步增长，拉动我国对东盟贸易整体增长5.7个百分点。今年上半年，我国与越南进出口增长18.1%，进出口规模位列东盟各国首位，增速高出与东盟整体贸易增速12.5个百分点。我国与泰国进出口增长9.2%，对越南、泰国进出口增长合计拉动我国与东盟贸易增长5.7个百分点。

三是中国—东盟自由贸易区升级议定书全面生效，与东盟农产品贸易快速增长。去年10月，《中国—东盟自由贸易区升级协议书》对所有协定成员全面生效，在原产地规则、贸易通关协定、服务贸易、投资领域等方面都降低了门槛，进一步释放了自贸区实施的红利，也有力促进了双边农产品贸易发展。今年上半年，我国与东盟农产品进出口1 370.5亿元，同比增长13.2%，拉动与东盟贸易增长0.8个百分点。

中国和东盟国家山水相连、人文相通。中国始终把东盟作为周边外交优先方向和共建"一带一路"的重点地区。自新冠肺炎疫情暴发以来，中国与东盟国家始终保持密切合作，在携手抗疫的同时，推动经贸往来，取得了"双丰收"，双边关系展现出强大的内生动力。

中国与东盟在贸易上的合作已久，迄今中国已连续11年成为东盟最大商品出口国、连续10年成为东盟最大商品进口国，2019年，东盟超越美国，首次成为中国第二大货物贸易伙伴。

此次成为中国第一大贸易伙伴，在许利平看来是"预料之外"，主要原因是疫情。他表示，与欧盟相比，东盟的经济体量还有一段差距；与此同时，疫情让过细、过长的全球产业链、供应链备受打击，对于距离中国相对遥远的欧洲来说，遭受的冲击显然比东盟更大，因此在中国与东盟原本就具备贸易存量的基础上，形成了这个结果。

(李魁文. 国新办发布会 [R/OL]. 中国网，2019-07-22.)

问题：
1. 中国东盟经贸合作的意义有哪些？
2. 为什么说中国与东盟是合作国际经贸合作的典范？

学生自我总结

通过完成任务10主要国家对外贸易，我能够作如下总结：

1. 主要知识

本任务涉及的主要知识点有：
(1)
(2)

2. 主要技能

本任务涉及的主要技能有：
(1)
(2)

3. 主要原理

主要经济体对外贸易的表现是：
(1)
(2)

4. 相关知识与技能

完成本任务中：
(1) 美国对外贸易概况：
(2) 欧盟对外贸易概况：
(3) 日本对外贸易概况：

5. 成果检验

完成本任务的成果：
（1）完成本任务的意义有：
（2）学到的经验有：
（3）自悟的经验有：
（4）你认为主要国家十分重视对外贸易发展的原因是：

参考文献

[1] 薛荣久. 国际贸易 [M]. 北京：对外经济贸易大学出版社，2009.
[2] 薛荣久. 世界贸易组织概论 [M]. 北京：高等教育出版社，2006.
[3] 张锡嘏. 国际贸易 [M]. 3版. 北京：中国人民大学出版社，2011.
[4] 张炳达. 国际贸易 [M]. 上海：立信会计出版社，2011.
[5] 徐复. 中国对外贸易 [M]. 北京：清华大学出版社，2006.
[6] 李凤荣. 国际贸易基础 [M]. 北京：北京大学出版社，2011.
[7] 徐宣全. 国际贸易基础 [M]. 杭州：浙江大学出版社，2012.
[8] 周文恩. 国际贸易基础知识 [M]. 大连：东北财经大学出版社，2012.
[9] 赵轶. 国际贸易原理与实务 [M]. 大连：东北财经大学出版社，2005.
[10] 李滋植. 国际贸易 [M]. 4版. 大连：东北财经大学出版社，2006.
[11] 王绍媛. 中国对外贸易 [M]. 2版. 大连：东北财经大学出版社，2007.
[12] 蔡茂森. 国际贸易理论与实务 [M]. 北京：清华大学出版社，2011.
[13] 石广生. 中国加入世界贸易组织知识读本 [M]. 北京：人民出版社，2002.
[14] 张汉林. 世界贸易组织概论 [M]. 北京：北京师范大学出版社，2012.
[15] 商务部、海关总署网站。